구약성경 이야기

三浦綾子 지음／崔正善 옮김

志成文化社

야훼는 나의 목자
아쉬울 것 없어라.
푸른 풀밭에 누워 놀게 하시고
물가로 이끌어 쉬게 하시니
지쳤던 이 몸에 생기가 넘친다.
그 이름 목자이시니
인도하시는 길 언제나 곧은 길이요,
나 비록 음산한 죽음의 골짜기를 지날지라도
내 곁에 주님 계시오니 무서울 것 없어라.
막대기와 지팡이로 인도하시니
걱정할 것 없어라.
원수들 보라는 듯
상을 차려 주시고,
기름 부어 내 머리에 발라 주시니
내 잔이 넘치옵니다.
한평생 은총과 복에 겨워 사는 이 몸,
영원히 주님 집에 거하리이다.

——시편 제23편 다윗의 〈목자의 노래〉

역자의 머리말

성경은 참으로 크고 신비스러운 책이다. 굳이 저자의 얘기를 빌리지 않더라도 '최고의 문학'이요 '영원한 베스트셀러'임에 분명하다. 나 역시 이 책을 옮겨 쓰는 동안 배운 것이 많았다. 바다처럼 넓고, 태산처럼 높으며, 밀림처럼 신비에 싸인 성경——그 속에 무궁무진한 진리가 있는 게 아닐까.

이 책을 옮겨 쓰면서 나는 표제(表題)「구약성서 입문」을「구약성경 이야기」라고 바꿔 붙였다. 여기에는 두 가지의 큰 뜻이 있다. 우선 그 하나는 이 책의 내용이 여지껏 성경을 한 번도 손에 잡아 본 적이 없거나, 또는 읽어는 보았지만 어려워서 좀처럼 이해하지 못하는 분들을 위해 그 길잡이로 쓰여졌는데다 더욱이 이 책의 출판을 기획한 지성문화사측의 뜻하는 바 또한 '쉽고 친근감 있게'라는 데에 내 생각이 딱 들어맞았던 것이다. 그리고 다른 한 가지 이유는 「구약성경」이「신약성경」의 근원이요, 유대교는 그리스도교의 근원으로, 그리스도께서 곧 빛(요 8 : 12, 12 : 46)과 사랑의 근원임을 너무나 잘 나타냈기 때문이다.

두말 할 것도 없이, 빛은 어두움을 헤친다. 따라서 빛을 찾는 사람은 결국 어두움(죄와 사망)에서 벗어나려는 사람이다. 여기에는 가정이나 단체도, 사회도 민족도 국가도 마찬가지이다. 빛을 구하는 곳에 광명이 나타난다(사 9 : 1, 2)——이것이야말로 진리일진대

「성경」과 친해지는 일이 쉬울 수가 없잖을까?

대체적으로 「구약성경」은 더욱 그렇다. 누구는 아예 성경을 거들
떠볼 생각조차 못 가지는가 하면, 또 성령 읽었다 해도 좀처럼 이
해가 어려운 게 「구약성경」이라는 말을 내 나이 육순을 사는 동안
주변에서 많이 들어 왔는데, 바로 이 책이야말로 그같은 고민을 말
끔히 씻어 준 셈(저자의 속셈)이다.

그러니까 저자 미우라 아야꼬(三浦綾子) 여사는 비교적 어렵다고
여겨지는 성구(聖句)의 하나하나를 이 책에서 자신이 몸소 겪은 생
생한 신앙체험으로 실감나게 풀어 준 것이다. 지난 십 수년 이래
결핵과 척추카리에스로 온갖 고뇌를 이겨내고 있는 여사의 처지로
서는 이 책이 얼마나 산 신앙의 간증(干證)인가. 그뿐이 아니다.
〈빙점〉의 작가로 이미 우리에게도 친숙해진 여사의 독특한 글재주
가 읽는 사람으로 하여금 어떤 에세이보다도 자유롭게 성경 곁으
로 끌려 들어가게끔 인도한다.

흔히 훌륭한 책이란 좀처럼 가까워지기도 쉽지 않으며, 그러다
보면 자칫 오인(誤認)하기가 일쑤인데 아무쪼록 이 책을 실마리로
삼아 누구나 성경을 바로 알고 성경과 친숙해지는 계기가 되어지
기를 바라는 마음 간절하다.

崔 正 善

성경과 가까워지기 위해

성경은 영원한 베스트셀러라고 한다. 우리 나라에서도 모든 가정의 80퍼센트가 「신약성경」 한 권쯤은 있을 것이라고 들었다.

그런 정도까지 수많은 사람이 여러 고민 속에서 성경을 펼쳐 들었던 것이다. 그럼에도 불구하고 그 성경은 그다지 읽히지 못하고 있는 것이 아닌가? 그것은 무엇 때문인가? 역시 성경은 안내서가 없으면 통독하기 어려운 것이 아닐까? 더구나 「구약성경」은 읽는 사람이 적다. 여기에는 특히 「구약성경」에 대한 오해도 있기 때문인 것 같다.

나 자신도 성경을 읽기 시작했을 무렵 큰 오해를 하고 있었다. 「구약성경」이란 현대 교회에서는 이미 사용하지 않는 낡은 교전(敎典)인 것 같다고 아주 진지하게 생각하고 있었다. 그래서 당연한 것처럼 「신약성경」만이 성경이라고 생각하고 있었다.

세월이 약간 지난 후 어쩐지 이것은 큰 착오이며, 「구약성경」이란 구교(가톨릭)를 위한 성경이고, 「신약성경」은 신교(프로테스탄트)의 성경이라고 생각하게 되었다. 물론 이것도 큰 오인(誤認)이지만, 그런 줄을 몰랐던 나는 어떤 날 가톨릭교회로 신부를 방문했다. 그리고는,

"「구약성경」도 가지고 있습니다."

라고 뽐내듯이 말했다.

그것은 구교에서는 「구약성경」만을 읽고 있다고 굳게 믿고 있어

서「구약성경」을 가지고 있다고 말하지 않으면 신부에게 실례가 될
것이라고 생각했기 때문이다.

그 당시의 나를 생각하면 지금도 우스워서 소리를 내서 웃지만
사람들 중 대다수가 의외로 이와 비슷한 오해를 우선「구약성경」에
대해서 품고 있는 것이 아닐까? 그 정도는 아니라고 해도 성경이
라는「신약성경」을 가리키는 말이라고 믿고 있는 사람이 의외로 많
은 것 같다.

두말 할 것도 없이 구약·신약이 합쳐져서 성경이다. 구약이란
하나님이 사람에게 하신 옛 계약이고, 신약이란 새로운 계약인데
이 구약을 읽지 않고서는「신약성경」을 바로 이해할 수 없다.

그런데 성경은 최고의 문학이라고 하는데, 재미있는 점에서 말
하면「구약성경」이 절대적으로 재미있다. 드라마틱한 장면이나 인
간성의 미추(美醜)가 곳곳에 전개되어 있기 때문이다. 되풀이해서
영화로 제작되고, 영화로 제작하면 히트하는 이유도 여기에 있다.

그러나 교전은 교전이다. 아무래도 자기 혼자서는 알 수 없는 곳
이 있다. 그리고 흥미본위로 읽고 지나가는 것만으로는 아무 유익
도 없다. 그 속에 포함되어 있는 보석과 같은 진리를 발견하지 못
하면 의미가 없다. 특히 창세기와 같이 유치하게 보이는 신화 속에
놀랍고 영원한 진리와, 인생에게 주는 지침이 포함되어 있는 곳도
있다. 그러므로 안내서는 아무래도 필요하다.

앞에 말한 대로, 나 자신의 경험을 생각해도 그것을 통감하기 때
문에 나는 쉽게 접할 수 있는 안내서를 쓸 생각을 했다. 다만 나는
평신도일 뿐 목사도 아니고 신학자도 아니다. 그러나 평신도 나름
대로의 평이한 안내서도 있는 것이 좋지 않을까 해서 주제넘게도
손을 댄 것이다. 물론 목사의 설교나 참고서에서 습득한 지식을 기
초로 삼아서이다.

다 쓰고 나서 보니 구약 전반에 평균하게 되지 못한 것, 처첩(妻
妾) 1천 명을 거느린 솔로몬의 영화와 예언자로서의 활동, 왕궁의

부패, 그리고 허무의 문제를 파고든 전도서 등에 대해서 더욱 깊이
언급할 예정이던 곳에 붓이 미치지 못한 것 등, 여러 가지로 불만
이 남았다. 그러나 나로서는 이 책을 하나의 실마리로 삼아서 한
사람이라도 많은 분들이 성경을 애독해 주신다면 좋겠다는 절실한
기도를 드리면서 이 글을 썼다. 나의 이 소원을 용납하시고 성경
중에 숨겨진, 아니 표현된 보배를 자기의 것으로 삼아 주시는 분이
한·분이라도 있다면 참으로 더 이상의 행복이 없겠다.

끝으로, 이 책을 위해서 시종 힘이 되어 주신 요꼬하마(橫沶) 카
미호시까와(上星川) 교회의 하라다 요이찌(原田洋一) 목사님에게
충심으로 감사를 드린다.

미우라 아야꼬(三浦綾子)

차 례

1

천지창조(天地創造)

'태초에 하나님이 천지를 창조하시니라.(창 1 : 1)' 「구약성경」의 첫 페이지이다. 처음으로 이 첫 줄을 읽었을 때는 나도 그렇게 무게 있는 말씀인 줄을 모르고 '하나님이 천지를 만드셨다니 정말일까?'고 생각했었다. 하지만 그것은 진실이며 또한 진리이다. 아니라면 대우주 속의 질서정연한 섭리나 생태가 그저 우연히 생겼다고만 말할 수 있을까?

나는 태양이나 달이나 별을 보면서 가끔 형용할 수 없는 감동을
느낄 때가 있다. 그것은,

'아아, 예수님도 내가 지금 보고 있는 이 태양을 보셨을 것이다.
이 달빛 아래를 거니신 일이 있었다. 이 별빛을 그 사랑의 눈으로
바라보신 일이 있었다.'

고 생각하기 때문이다. 이렇게 생각할 때 예수 그리스도를 사모하
는 마음은, 나로서는 표현할 수 없는 행복하고 순결한, 그러면서도
뭔가 그리워지는 마음이 든다.

이런 느낌은 아마도 독자 여러분의 공감(共感)을 얻지 못할는지
도 모른다. 그러나 어버이와 자녀가, 남편과 아내와 연인(戀人)들
이 멀리 떨어져서 같은 달을 쳐다보고, 같은 별을 바라보며 느끼는
감개를 상상하실 수 있다면 이해하리라고 생각한다. 나는 세례를
받을 무렵에 성경의 누가복음 4 장을 읽으면서 이와 비슷한 감동을
받은 일이 있다.

"예수께서 친히 그 여러 회당에서 가르치시매 뭇사람에게 칭송
을 받으시더라. 그리고 그 자라나신 곳 나사렛에 이르사 안식일에
자기 규례대로 회당에 들어가사 성경을 읽으려고 서시매 선지자
이사야의 글을 드리거늘 책을 펴서 이렇게 기록한 데를 찾으셨다."
(누가복음 4 장 15~17 절)

이사야의 글이란 말할 것도 없이 「구약성경」의 한 부분이다. 그
때에 나는,

'아아, 예수님도 「구약성경」을 읽으셨구나!'

하고, 갑자기 감전이라도 된 것처럼 찌르르한 느낌이 들었다. 그
전에는 여러 번 이 장면을 읽으면서도 아무런 느낌도 없이 지나쳐
버리곤 했던 것이다.

　나는 예수님 자신도 「구약성경」을 읽으셨다는 사실에 갑자기 중
대한 것을 느꼈던 것이다. 나는 별안간 견딜 수 없을 만큼 「구약성
경」이 읽고 싶어졌다. 이렇게 해서 나는 「구약성경」에 겨우 친근감
을 가지고 읽게 되었다. 그때까지는,
　"성경을 읽고 계십니까?"
라는 질문을 받으면,
　"읽고 있습니다."
라고 대답은 했으나 「구약성경」은 별로 읽지 않으면서 성경을 읽
는다고 겉치레 대답을 했던 것이다. 실례되는 말이지만, 「신약성
경」만 읽는 신자는 성경을 읽지 않는 신자라는 말이 되는 셈이다.
　구텐베르크가 인쇄기를 발명한 사실은 잘 알려져 있다. 그러나
그가 최초로 인쇄한 것이 「신약성경」인 사실은 그만큼 세상에 널리
알려져 있지 않다. 성경이 인쇄되기 위해서 얼마나 많은 사람의 기
도가 드려졌을까를 나는 생각해 본 일이 있는데, 지금은 성경을 서
점에 가면 쉽게 손에 넣을 수 있다. 인쇄기도 없던 시대의 형편을
생각해서 우리는 더 많은 감사를 가지고 세계 최고의 문학이라고
도 하는 성경을, 구약성경의 첫 페이지부터 읽어 주시기를 바란다.
이 성경의 첫 줄에 있는 말씀에 먼저 눈을 멈추어 보자. 그 곳에는
다음과 같은 말씀이 기록되어 있다.
　"태초에 하나님이 천지를 창조하시니라."(창세기 1 장 1 절)
　또 공동번역에는,
　"처음에 하나님께서 하늘과 땅을 지어 내셨다."
라고 되어 있다.
　이 첫 줄의 말씀을 이해할 수 있는 사람은 성경 전체를 이해할
수 있다는 말을 들은 일이 있다. 내가 처음으로 이 첫 줄을 읽었을
때는 그렇게 무게가 있는 말씀인 줄을 모르고,
　'하나님이 하늘과 땅을 만드셨다니 정말일까?'
라고 생각했다. 지구도 태양도, 다른 별들도 모두 그냥 존재하는

것으로 나는 생각하고 있었다. 언제부터인지 천체의 질서정연한
운행 한 가지만 생각해 보아도 우연한 존재라고는 할 수 없다고 생
각하게도 되었지만, 처음에는 '그냥'이라는 말대로 참으로 막연한
생각을 가졌을 뿐이다.

재작년 무디 과학영화를 보고 알게 되었지만, 태양은 지구가 1
백만 개 이상이나 들어가는 크기이고, 더구나 그 태양을 5억 개나
넣을 수 있는 거대한 별이 이 우주에는 많다고 한다. 누구나 알고
있는 저 구름이나 안개처럼 보이는 별무리는 하나의 작은 우주인
데, 이 별무리는 평균 1억 개의 별들이 있다고 한다. 이런 별무리
가 1억이나 있다는 사실이 현재 알려져 있지만, 사실은 그 10억
배나 되는 별무리가 있다고도 한다. 참으로 천문학적 숫자라는 말
은 잘된 표현이라 하겠다.

그 별들의 수효는 땅 위의 모래알의 수효보다 많다고 하는데, 그
것들이 하나의 법칙을 따라서 질서정연하게 운행하고 있다는 사실
을 아는 것만으로도 우리는 겸손하게 창조자되신 하나님 앞에 머
리를 숙여야 하지 않을까? 인간이 달세계에 갔다고 뽐내 봐도 이
무한이라고도 할 수 있는 수효의 별을 생각하면 뭐든지 다 알았다
는 태도는 도저히 취할 수 없을 것이다.

다른 별은 제쳐 놓고라도 지구 위에는 가지각색의 나무와 풀, 가
지각색 색채의 꽃, 여러 모양의 과일, 곡식, 채소가 자라고 있다.
바다나 강에는 또 갖가지의 물고기와 생물이 서식하고 있다. 그리
고 땅 위의 벌레, 작은 동물, 맹수, 하늘을 나는 새 등 그 하나하
나의 생태를 생각하는 것만으로도 우리는 놀라움을 금할 수 없을
것이다. 이것들이 그냥 우연히 생긴 것이라고는 도저히 믿어지지
않는다.

참된 과학자일수록 겸허하게 하나님의 뜻을 자연 속에서 본다고
하는데, "하나님이 천지를 창조하셨다"는 말씀은 틀림없는 진실이
며 진리일 것이다. 만일 이 엄청나게 광대한 대우주 속에서 인간이

가장 훌륭한 존재라고 한다면 그것은 얼마나 한심스런 생각일까?
"인간은 그 손가락을 1분 동안도 촛불 위에 가져다 댈 수 없을
정도로 약한 존재이다."
라고 말한 사람이 있다고 하지만, 물리적뿐이 아니라 정신적으로
도 극히 약한 것이 인간이다. 약간 욕을 먹어도 잠을 못 이루고 불
같이 화를 내서 돌이킬 수 없는 사태를 일으키는 것이 우리 서로의
모습이 아닐까?

우리는 진실하게 한 인간을 끝까지 사랑하는 일조차 곤란한 성
실치 못한 마음 밖에 가질 수 없는 존재다. 뿐만 아니라, 남을 밀
어 젖히고서라도 자기의 지위를 높이려 하거나 이득을 꾀하는 좁
은 소견을 지니고 있는 것이 우리의 일반적인 실태이다. 이렇게 야
비하고 약한 인간이 이 우주 속에서 가장 힘이 있고, 가장 훌륭한
존재라고 한다면 나는 어쩐지 불안해서 못 견딜 것 같은 생각이
든다.

그러나 "하나님이 천지를 창조하셨다"고 한다.

나는 먼저 이 말씀을 지나칠 정도로 몇 번이고 되풀이하여, 생각
하고 음미하며 짚고 넘어가는 것이 성경에 대한 자세로서, 또 인간
이 살아가는 자세로서 불가결의 일이라고 생각한다.

세상에는 하나님이라는 말만 들어도 코웃음치는 사람도 있다.
우리 인간은 쉽게 하나님을 믿으려 하지 않는 그 무엇을 확실히 지
니고 있다. 자기의 작은 머리로서 하나님을 인식하려고 하는 한 그
것은 무리인 것이다.

눈에 보이는 자기 생명의 신비도 알 수 없고, 풀과 꽃들의 신비
조차 해명할 수 없다. 어떤 사람은 인간이 현재 해명하는 중이라고
할는지도 모른다. 그러나 해명하면 할수록 틀림없이 새로운 신비
앞에 부딪히게 될 것이다. 하물며 우주의 끝을 알아보는 일 등이
얼마나 요원(遙遠)한 일인가는 말할 것도 없다. 하나님은 온 우주
보다 위대하신 존재이시다. 인간의 머리로 인식할 도리가 없는 것

은 당연하다.

나는 신앙 입문서로서 「빛이 있는 동안에」라는 작은 책을 쓴 일이 있다. 그 속에서 하나님에 대하여 여러 각도로 다루었다. 중복을 피하기 위해 이 점에 대해서는 더 이상 말을 하지 않겠지만, 다음의 사실만은 역시 지적해 두고 싶다.

그것은 흔히들 하는 말이지만, '하나님'은 인식의 대상이 아니고 '믿는' 대상이라는 것이다. 하나님이 계시냐 계시지 않느냐 그것은 그 사람 자신의 영혼의 문제이고 신앙의 문제이다. 그렇다고 해서 자기가 믿을 수 없다는 것을 이유로 "하나님이 있을 게 뭐냐?"고 일소에 붙이는 태도만은 우리 서로 취하지 말기를 바란다. 나 자신 하나님을 믿지 않던 날에,

"하나님이 있을 게 뭐냐?"

"크리스찬이 몹시 싫다."

"죽어도 크리스찬은 되지 않겠다."

고 몹시 욕지거리를 한 일이 있기 때문에, 그때의 오만했던 내 태도를 생각하면 부끄러워서 고개를 들 수 없다는 생각이 들기 때문에 감히 이 말을 하는 것이다.

「구약성경」 1장에는 하나님이 천지를 창조하시고, 모든 동물과 식물을 창조하신 사실이 기록되어 있는데, 그중에 다음과 같이 '사람을 창조하신' 사실도 기록되어 있다.

"하나님이 가라사대 '우리의 형상을 따라 우리의 모양대로 우리가 사람을 만들고, 그로 바다의 고기와 공중의 새와, 육축과 온 땅과 땅에 기는 모든 것을 다스리게' 하자."(창세기 1장 26절)

'하나님은 자기의 모양대로 사람을 창조하신' 셈이다. 즉, 하나님의 모양대로 사람을 창조하셨는데, 남자와 여자로 창조하셨다.

그리고,

"하나님이 그들에게 복을 주시며 그들에게 이르시되 '생육하고 번성하여 땅에 충만하라. 땅을 정복하라. 바다의 고기와, 공중의

새와, 땅에 움직이는 모든 생물을 다스리라'하시니라."(창세기 1
장 28 절)

고 기록되어 있다.

그러면 "하나님이 자기의 모양대로 사람을 창조하셨다"란 어떤
일일까를 생각해 보고자 한다. 이것은 우리 인간의 영성(靈性)에
대해서 말하고 있는 것이다. 하나님은 몸을 가지지 않으신 분(그리
스도께서 '하나님은 영이시다'라고 말씀하셨다)이시니까 하나님의 몸을
닮았다는 뜻이 아니고 그 영성을 닮았다고 하는 말이다. 그러니까
인간의 육체로 미루어 보아 하나님도 인간과 같은 얼굴 모양이라
고 생각하는 것은 잘못이다. 우리 인간은 하나님을 닮은 영성을 부
여받은 것이다. 다시 말해서 하나님은 인간의 영성의 원형이시다.

1961 년 내 남편 미우라(三浦)가 맹장염으로 아사히까와(旭川) 시
립병원에 입원했을 때 미우라를 간호하던 나는 의사와 간호사, 그
리고 매점 주인까지도 놀라며,

"A 간호부장과 꼭 닮았군요."

하는 말을 들었다. A 간호부장은 바로 1,2 년 전에 세상을 떠난 분
인데, 인품이 매우 좋아 수많은 사람이 좋아하던 사람인 것 같
았다. 어떤 사람은 일부러 그분의 초상이 걸려 있는 방으로 나를
안내해 주었다. 물론 나와 A 간호부장이 닮았다는 것은 얼굴 모양
이지 그 성격이 아니었을 것이다.

나는 너무나 많은 사람한테서 A 간호부장을 닮았다는 말을 듣자
생전에 A 간호부장을 만났더라면 하는 생각이 자꾸만 들었다. 자
기를 닮은 사람에게는 그런 친근감이 솟는 것인지도 모르겠다. 어
쨌든 "하나님이 자기 모양대로 사람을 창조하셨다"는 한 줄 글에는
하나님의 인간에 대한 보통이 아닌 사랑이 들어 있는 것이 아닐까,
나는 꼭 그렇게만 생각이 든다. 하나님은 창조주이시다. 어떤 모양
이든 마음대로 창조하실 수 있었다. 그런데 그분은 자신을 닮은 존
재로서 인간을 창조하신 것이다. 대체 이것은 무엇 때문일까?

그것은 첫째로 인간이 하나님의 마음을 알고 그것을 따르게 하려는 때문이 아니었을까? 인간은 극히 작은 존재라고 하면서도 한편으로는 '인간의 생명은 지구보다 귀하다'고 한다. 그것은 하나님의 뜻을 받들어 수행하는 사명을 지닌 생명이기 때문이 아닐까? 인간의 생명과 다른 동식물이 지닌 생명의 차이는 참으로 그 점에 있는 것이 아닐까고 나는 생각한다.

성경은 분명히,

"땅을 정복하라. 모든 생물을 다스리라."

고 인간의 사명을 제시하고 있다. 즉, 하나님의 의지에 따라서 자연관리를 하는 것이 인간 본래의 사명이었던 셈이다. 사람은 코끼리나 곰이나 사자 등의 맹수를 힘으로는 다스릴 수 없다. 그럼에도 불구하고,

"다스리라."

고 하나님은 명령하셨다. 힘은 없어도 인간에게는 하나님을 닮은 사랑과 지혜가 주어져 있기 때문일 것이다.

우리는 흔히 '인간답다'는 말을 사용한다. 그러나 진정한 의미에서의 '인간답다'는 것을 우리는 모르고 사용하고 있는 것이 아닐까? 참으로 '인간답다'는 것은 '하나님을 닮은 인간다운' 것이며, '하나님에게 창조된 사람으로서의 겸손함과, 하나님을 닮은 사랑과 지혜로서 자연을 관리하는 사명감'을 지니는 것이 아닐까? 날마다 신문을 읽으면서 우리는 이 하나님이 위탁하신 자연관리의 사명을 얼마나 게을리하거나, 아니면 포기하고 있는 것을 통감한다. 자연의 관리자인 인간은 첫째로 산과 들의 푸르름을 해치지 말아야 했다. 강도 바다도 깨끗하게 유지해야 했다. 공기는 맑은 대로 두어야 했다.

그러나 인간은 그 본래의 사명을 잊고, 하나님의 의지와 사랑을 잊고, 자기 중심으로 생활한 결과 여러 가지 공해로 괴로움을 당하고, 학자는 지구의 생명은 금후 20년이라고 선언할 정도로 땅을

황폐케 만들어 버렸다. 게다가 같은 사명을 받은 인간끼리 원폭(原爆), 수폭 등의 무기를 저장하고 궤멸적(潰滅的)인 파괴를 땅 위에 파급시키려고조차 하고 있다. 모처럼 부여된 하나님으로부터 오는 지혜도 자유의지도 한이 없는 욕망을 위해서 사용하게 되었을 때 자연히 자기의 목을 조르는 결과를 초래해 버린 셈이다. 하나님을 배반하고는 인간의 지혜는 이미 본래의 사명을 다할 수 없는 것이다.

「구약성경」에는 이 창조자이신 하나님에게 인간이 어떻게 반항하고, 이탈하고 타락해 갔으며, 그리고 얼마나 추악한 결과를 드러나게 되었는가를 많은 곳에 묘사했다. 그것은 최고의 문학이라고 하기에 합당할 만큼 극히 드라마틱하기조차 하다.

2

아담과 하와

아담과 하와는 '금단의 열매'를 따먹고도 하나님에게
용서를 빌지 않았다. 그들은 자신이 얼마나 불손한 죄
를 범했는가를 인식할 수 없었을 것이다. 우리도 그
렇다. 흔히 일상생활에서 죄를 범했으면서도 죄로 인
정치 않는 습성이 있으니까. 하지만 더욱 큰 죄는 자신
이 죄인이면서 아무래도 죄인이라고 생각할 수 없다는
점에 있는 것이 아닐까?

언젠가 아는 여성에게서 사인 부탁을 받고 '태초에 하나님이 천지를 창조하시니라'고 써 주었더니, 그녀는 잠자코 그 종이를 들여다보았다. 뭔가 불만스러운 표정이었다. 나는 본래 글씨가 서툴다. 졸렬한 글씨여서 마음에 들지 않는 모양이라고 생각한 나는,
"미안해요, 글씨가 서툴러서……."
라고 사과했다.
"아니예요, 글씨체는 좋아하는 글씨체예요. 다만, 하나님이 천지를 창조하셨다는 말을 이해할 수 없어요. 하나님은 사람도 창조하셨나요?"
"그래요. 남자와 여자를 하나님이 창조하셨다고 성경에 분명히 쓰여 있어요."
"그래요? 하지만, 하나님이 인간을 창조하셨다면 하나님은 매우 불공평하시고, 심술궂은 분이시군요. 하나님이란 좀더 공평하시고, 사랑이 많은 분이셔야 했을 텐데요?"
나는 가슴이 덜컥 했다. 그녀의 아이는 뇌성마비로 두어 미터를 걷는 데도 땀을 쥐어짜야 하는 것이다. 나 자신 13년 동안 병상에 누워 있던 사람으로서 그녀의 고통을 잘 이해했다.
'왜 인간은 고통받아야 하는가? 왜 인간에게 고난이 있을까?'
이것은 우리가 자주 말하는 소리이며, 인간의 역사에 한없이 되풀이되는 외침이기도 할 것이다. 세상에는 태어날 때부터 고난을 짊어지고 나오는 사람과, 육친을 차례로 여의는 사람과, 위로할 방법이 없는 고통을 당하는 사람 등이 현실적으로 많이 있다. 이 현실적 고난들에 대해서 나는 내 나름대로 「빛이 있는 동안에」라는 졸작인 신앙 입문서에도 약간 언급했다.
여기서는 우선 그것은 잠시 접어두고, 다음의 문제에 초점을 맞

추어 다루어 보려고 한다. 그것은 하나님이 이 세상을 창조하시고, 아담과 하와를 창조하셨을 때에 땅 위에는 아무 고통도 비참도 없었다는 사실이다. 확실히 아담과 하와는 낙원에서 행복하게 살고 있었을 것이다. 그러나 이 두 사람은 낙원에서 추방되었다. 우리는 벌거벗은 남자와 여자 두 사람이 허리에 무화과나무 잎을 두르고 슬프게 쫓겨나는 그림을 알고 있다. 아담과 하와의 〈실낙원(失樂園)〉이라는 유명한 그림이다. 이 두 사람이 추방당한 때부터 인간의 고통이 시작되었다고 한다. 이 두 사람이 왜 낙원에서 쫓겨났는가. 누구나 알고 있듯이 그들은 선악과를 따먹었기 때문이라고 한다. 그 성경의 부분(창세기 2장 8절 이하)을 다음에 조금 인용해 보겠다.

여호와 하나님이 동방의 에덴에 동산을 창설하시고, 그 지으신 사람을 거기 두시고, 여호와 하나님이 그 땅에서 보기에 아름답고 먹기에 좋은 나무를 나게 하시니, 동산 가운데에는 생명나무와 선악을 알게 하는 나무도 있더라. (중략) 여호와 하나님이 그 사람을 이끌어 에덴동산에 두사 그것을 다스리며 지키게 하시고, 여호와 하나님이 그 사람에게 명하여 가라사대,
"동산 각종 나무의 실과는 네가 임의로 먹되, 선악을 알게 하는 나무 실과는 먹지 말라. 네가 먹는 날에는 정녕 죽으리라."
하시니라.

이후에 하나님은,
"사람이 혼자 있는 것이 좋지 못하니 내가 그를 위하여 돕는 배필을 지으리라."
고 하시고, 새와 짐승을 사람에게로 데려오셨지만 사람에게 합당한 돕는 존재가 되지 못했기 때문에 사람의 늑골로부터 여자를 창

조하셨다는 기사가 계속되어 있다. 그리고 사람과 그의 아내는 둘
이 모두 벌거벗었으나 부끄럽다고는 생각지 않았다고 기록되어
있다.

(이하 창세기 3장)

　여호와 하나님이 지으신 들짐승 중에 뱀이 가장 간교(奸巧)하
더라. 뱀이 여자에게 물어 가로되,

　"하나님이 참으로 너희더러 동산 모든 나무의 실과를 먹지 말
라 하시더냐?"

　여자가 뱀에게 말하되,

　"동산 나무의 실과를 우리가 먹을 수 있으나, 동산 중앙에 있
는 나무의 실과는 하나님의 말씀에 너희는 먹지도 말고 만지지
도 말라. 너희가 죽을까 하노라 하셨느니라."

　뱀이 여자에게 이르되,

　"너희가 결코 죽지 아니하리라. 너희가 그것을 먹는 날에는 너
희 눈이 밝아 하나님과 같이 되어 선악을 알 줄을 하나님이 아심
이니라."

　여자가 그 나무를 본즉 먹음직도 하고, 보암직도 하고, 지혜롭
게 할 만큼 탐스럽기도 한 나무인지라. 여자가 그 실과를 따먹
고, 자기와 함께 한 남편에게도 주매 그도 먹은지라. 이에 그들
의 눈이 밝아 자기들의 몸이 벗은 줄을 알고, 무화과나무 잎을
엮어 치마를 하였더라.

　그들이 날이 서늘할 때에 동산에 거니시는 여호와 하나님의
음성을 듣고 아담과 그 아내가 여호와 하나님의 낯을 피하여 동
산 나무 사이에 숨은지라. 여호와 하나님이 아담을 부르시며 그
에게 이르시되,

　"네가 어디 있느냐?"

　그가 가로되,

"내가 동산에서 하나님의 소리를 듣고 내가 벗었으므로 두려
워하여 숨었나이다."

하나님이 가라사대,

"누가 너의 벗었음을 네게 고하였느냐? 내가 너더러 먹지 말
라 명한 그 나무 실과를 네가 먹었느냐?"

아담이 가로되,

"하나님이 주셔서 나와 함께 하게 하신 여자가 그 나무 실과를
내게 주므로 내가 먹었나이다."

여호와 하나님이 여자에게 이르시되,

"네가 어찌하여 이렇게 하였느냐?"

여자가 가로되,

"뱀이 나를 꾀므로 내가 먹었나이다."

여호와 하나님이 뱀에게 이르시되,

"네가 이렇게 하였으니 네가 모든 육축과 들의 모든 짐승보다
더욱 저주를 받아 배로 다니고, 종신토록 흙을 먹을지니라. 내가
너로 여자와 원수가 되게 하고 너의 후손도 여자의 후손과 원수
가 되게 하리니, 여자의 후손은 네 머리를 상하게 할 것이요, 너
는 그의 발꿈치를 상하게 할 것이니라."

또 여자에게 이르시되,

"내가 네게 잉태하는 고통을 크게 더하리니 네가 수고하고 자
식을 낳을 것이며, 너는 남편을 사모하고, 남편은 너를 다스릴
것이니라."

아담에게 이르시되,

"네가 네 아내의 말을 듣고 내가 너더러 먹지 말라 한 나무 실
과를 먹었은즉, 땅은 너로 인하여 저주를 받고 너는 종신토록 수
고하여야 그 소산을 먹으리라. 땅이 네게 가시덤불과 엉겅퀴를
낼 것이라. 너의 먹을 것은 밭의 채소인즉, 네가 얼굴에 땀이 흘
러야 식물을 먹고, 필경은 흙으로 돌아가리니 그 속에서 네가 취

함을 입었음이라. 너는 흙이니 흙으로 돌아갈 것이니라."

아담이 그 아내를 하와라 이름하였으니, 그는 모든 산 자의 어미가 됨이러라. 여호와 하나님이 아담과 그 아내를 위하여 가죽옷을 지어 입히시니라. 여호와 하나님이 가라사대,

"보라, 이 사람이 선악을 아는 일에 우리 중 하나같이 되었으니 그가 그 손을 들어 생명나무 실과도 따먹고 영생할까 하노라."

여호와 하나님이 에덴동산에서 그 사람을 내어 보내어 그의 근본된 토지를 갈게 하시니라. 이같이 하나님이 그 사람을 쫓아내시고, 에덴동산 동편에 그룹들과 두루 도는 화염검(火焰劍)을 두어 생명나무의 길을 지키게 하시니라.

이상 약간 길지만, 창세기 2장의 일부와 3장 전부를 기록해 보았다. 굳이 이만큼 인용한 것은 인간세계로 죄가 들어 온 모양과, 그 결과 인간에게 고뇌가 따르게 된 경위가 이곳에 명확하게 기록되어 있기 때문이다. 이 부분을 모르고는 인간의 죄에 대해서 말할 수 없다. 따라서 구원에 대해서는 더욱 알 수도 없다. 이곳은 모든 사람이 특히 숙독(熟讀)해야 할 중요한 부분이다.

얼마 전에, 우리 집의 가정집회에 오신 분한테서 이런 말을 들었다.

"금(禁)한다는 글자는 두 그루의 나무를 보이는(示) 것이라고 합니다."

과연 그렇구나 하고 우리는 고개를 끄덕였다. 금한다는 글자는 '林'을 '示'한다고 생각해도 좋지만 "두 '木'을 '示'한다"고 보는 것은 재미있다. 창세기에는 앞에 기록한 것처럼 "동산 가운데에는 생명나무와 선악을 알게 하는 나무가 있더라"고 확실하게 쓰여 있다.

하나님은 최초에 그 두 나무의 실과를 금하신 것은 아니다. 선악

을 알게 하는 나무의 실과만을 금하셨다. 그러나 이 선악을 알게 하는 나무의 실과를 따먹은 아담과 하와는 '생명나무'로 가는 길까지 끊기워 버렸다. '禁'이라는 글자의 성립 과정은 모르지만, 이것은 퍽 의미가 있고 재미있는 글자라고 생각한다.

그런데 하와가 이 금기(禁忌)를 깨뜨린 것은 무엇 때문인가. 뱀에게 유혹을 당했기 때문이다. 이 뱀의 유혹하는 태도는 완벽하고 참으로 훌륭하다. 뱀은,

"하나님이 참으로 너희더러 동산 모든 나무의 실과를 먹지 말라 하시더냐?"

고 질문했다. 다음에,

"너희가 결코 죽지 아니하리라. 너희가 그것을 먹는 날에는 하나님과 같이 되어 선악을 아는 사람이 될 뿐이다."

고 말했다. 뱀은 한마디로,

"먹으라."

고는 말하지 않았다. 하와는 나중에,

"뱀이 나를 꾀었습니다."

고 했지만, 뱀은 어김없이,

"나는 먹으라고는 한마디도 하지 않았습니다."

고 하나님에게 변명할 수 있도록 교묘한 유혹을 했다.

우리 주위에는 유혹이 넘치고 있다. 유혹을 받지 않고 지낼 수 있는 사람은 없다. 나는 이 인간 타락의 이야기를 읽고 이상히 여긴 일이 몇 가지 있었다. 첫째로,

'왜 먹어서는 안되는 나무를 하나님이 그 곳에 창조하셨나?'

하는 것과,

'이 선악의 나무 열매는 대체 누가 먹는 것일까?'

하는 일이었다.

볼수록 맛이 있음직한 열매가 열리는 나무를 동산 한가운데에 심어 놓고서 이것만은 먹지 말라는 것은 약간 심하지 않느냐? 더

구나 그것을 먹으면 죽는, 그런 위험한 나무를 무엇 때문에 그 곳에 두었을까? 이 일을 나는 알 수 없었다. 그리고 하나님이 인간을 창조하셨으니까, 100퍼센트 하나님에게 순종하는 마음을 주셨더라면 아담도 하와도 금단의 열매를 먹지 않고 무사하지 않았을까 하는, 누구나 품는 의문을 나도 품었었다.

그러나 하나님은 자유의지를 지닌 존재로서 인간을 창조하신 것이다. 인간이 거푸집으로 찍어낸, 아무 자유도 없는 본능만으로 존재하는 사람으로 창조되었다면, 확실히 문제는 없었을 것이다. 그러나 자유가 없는 편이 나았을 거라고 진심으로 생각하는 사람은 없을 것이다. 그럼에도 불구하고 인간은 금단의 나무 열매가 없었더라면 하거나, 왜 우리들을 이렇게 만들었을까 하고 말한다. 생각해 보면 어이가 없는 말이다.

상점에서 물건을 훔친 어떤 여자가,

"도리가 없잖아요? 먹고 싶은 것과 입고 싶은 것이 이렇게 즐비하게 널려 있는 걸요."

라고 했다는 말을 들은 일이 있다. 많거나 적거나, 우리는 이런 억지를 부리고 싶어하는 것 같다.

그런데 아담과 하와는 하나님과 똑같이 지혜롭게 되고 싶다는 불손한 마음을 품고, 선악을 알게 하는 나무 열매를 먹었다. 그 결과로 얼마나 지혜로워졌단 말인가? 아담과 하와는 자기들이 벌거벗은 사실을 알고 무화과나무 잎을 엮어서 허리에 둘렀다고 성경은 말한다. 아무 것도 아니다. 당황해서 무화과나무 잎으로 치부(恥部)를 가린 것뿐이다.

처음에 깊은 의미를 생각하는 일도 없이 이곳을 읽었을 때, 당황해서 무화과나무 잎을 허리에 두른 그 두 사람의 모습을 상상하고,

'그럴 듯한데. 무화과나무 잎을 엮은 것이 재봉(裁縫)의 시초였군.'

하고 생각했을 뿐이었다. 그러나 자세히 읽어 보니 벌거벗은 것이

부끄러웠다고 쓰여 있는데, 무화과나무 잎으로 가린 곳은 허리 주
위뿐이다. 가슴이나 배도 드러낸 그대로였다. 어쩐지 잘 알 수 없
었다. 벌거벗은 것이 부끄럽다면 가슴이 드러난 것도, 배꼽을 내놓
고 있는 것도 부끄럽지 않을까? 그런데 허리 주위만이라고 하는
것은 이상하다. 남편 미우라는,
"성(性)과 관계가 있겠지."
라고 했다. 그러나 하나님처럼 지혜롭게 되고 싶다고 생각해서 먹
었는데, 먹은 찰나 성이 부끄러워졌다는 것은 아무래도 비약이 심
하다. 성경 해설의 권위자 쿠로사끼 코끼찌(黑崎幸吉) 씨는,
"그들의 자유의지로서 자기를 지배할 수 없다는 사실을 아는 첫
부분은 그 성적 부분이다."
라고 지적했는데, 확실히 그들은 자기의 연약함, 추악함을 재빨리
깨달았던 것 같다. 하나님처럼 될 수 있기는커녕 창조주되시는 절
대신과는 근본적으로 다른, 자기조차 지배할 수 없는 자기의 모습
을 분명히 깨달은 것이다.
　아담과 하와는 비참해졌다. 인간이 선악을 안다는 사실은 이런
것이었다. 선을 알아도 곧 선을 행할 수 없는 것이다. 악을 알아도
악을 그칠 수가 없는 것이다. 그 부끄러움이 단적으로 섹스로 상징
되어 있는 것을 알고 그들은 당황해서 무화과나무 잎을 둘렀다. 그
러나 우리의 부끄러운 모습은 설혹 열두 겹의 옷을 껴입는다고 해
도 하나님 앞에서 숨길 수 있는 것이 아니다.
　그들은 하나님께서 거니시는 소리를 듣고 동산에 있는 나무 사
이에 몸을 숨겼다. 만일 선악을 알게 하는 나무 열매를 먹고 하나
님과 같이 될 수 있었다면 숨을 까닭은 없었을 것이다.
"네가 어디 있느냐?"
는 질문에, 아담과 하와는,
"내가 벗었으므로, 두려워서 몸을 숨겼습니다."
고 대답했다.

그들은 여기에서 인류 최초의 거짓말을 했다. 그들이 벌거벗은 것을 부끄러워한 것은 사실이지만, 그들이 숨은 첫째 이유는 금지된 나무 열매를 먹었기 때문이다. 그러니까 사실은 이렇게 말했어야 한다.

"큰일을 저질렀습니다. 우리는 그 금단의 열매를 먹었기 때문에 숨어 있었습니다. 우리는 하나님처럼 되고 싶다는 엄청나게 잘못된 마음으로 먹어 버렸습니다. 제발 우리를 용서해 주십시오."

아담과 하와는 선악을 아는 사람이 되었으니까 당연히 이렇게 사과해야만 했다. 그러나 그들은 선악을 알았을 뿐이다. 사과해야 될 줄을 알면서 그 선을 행할 힘이 없었다. 더구나 아담은 하나님한테서 그 열매를 먹었느냐고 힐문(詰問)을 당하자,

"하나님이 주셔서 나와 함께 하게 하신 저 여자가……"
먹게 했다고 대답했다. 여기서 아담은 이중의 책임전가를 했다.

"(번거롭게도) 나와 함께 하게 하신 저 여자가 나무에서 따 주었기 때문에 (나는 하는 수 없이) 먹었습니다. (하나님, 당신은 악한 여자와 함께 있도록 해주셨군요.)"

즉, 아담은 하와의 탓으로 돌렸을 뿐 아니라, 하나님에게도 책임이 있다는 듯이 대답을 했다. 이 아담과 우리의 모습은 얼마나 닮았는지!

'하나님이 있을 게 뭐냐?'
'이런 모양으로 태어났으니까 도리가 없어.'
'악한 것은 나만이 아니다.'

우리 마음속에는 끊임없이 책임을 다른 사람 탓으로 돌리거나 하나님의 탓으로 돌리려는 생각이 뿌리 깊게 자리를 잡고 있다.

하와도 하나님의 책망을 받자 뱀이 꾀었다고 뱀에게 책임을 씌워 버렸다. 아담도 하와도 한마디로,

"잘못했습니다. 용서해 주십시오."
라고는 하지 않았다.

만일, 여기서 두 사람이 꿇어 엎드려서 하나님에게 사과했다면 어떻게 되었을까? 틀림없이 하나님이 용서해 주셨을 것이다. 회개하지 않는 사람은 하나님도 용서하실 수 없다고 한다. 하나님은 거룩하시다. 거룩과 죄는 물과 기름처럼 서로 용납할 수 없다. 나는 아담과 하와가 사과하지 않은 사실에서 인간의 죄의 뿌리가 얼마나 깊은가를 생각하지 않을 수 없다.

우리도 일상생활에서 사과하는 일이 참으로 드물다. 하나님에게는 물론이고, 사람에게도 사과하는 일이 심히 적다. 자기의 과실을 깨닫지 못하는 것은 아니다. 깨닫고도 사과하지 않는다. 당연히 자기가 사과해야 한다고 알고 있으면서도 사과하지 않는다. 우리는 알고 있는 것만으로는 소용이 없다. 대학을 몇 군데 나왔다고 해도, 학위를 여럿 받았다고 해도 해결할 수 없는 문제가 여기에 있다는 사실을 알아야 한다.

해마다 유행하는 빛깔이나 유행하는 형이 발표된다. 금년의 컬러는 포도색이라든가 벽돌색이라든가, 또는 스커트가 길어진다든가 짧아진다고 발표된다. 누가 무엇 때문에 이런 것을 발표하는지 나는 잘 알 수 없다. 아마 옷감 메이커가 작년의 것은 낡았다는 이미지를 주려고 장사셈으로 그렇게 하는 것이 아닐까고 생각한다.

일단 유행하는 빛깔이 발표되면 백화점이나 양장점의 진열장에는 유행하는 옷감이 나돈다. 그리고 유행하는 형의 스커트와 블라우스가 나돈다. 그 사람의 얼굴이 희건 검건 벽돌색이 유행하면 벽돌색을 입는다. 다리가 짧건 길건 미니스커트가 유행하면 거의 모든 사람이 미니스커트를 입는다. 그리고 그것이 하나의 아름다움을 만들어 내는 것 같다.

이런 흐름 속에서 유행을 초월하여 살기란 몹시 어려운 것 같다. "그건 유행이 지난 거야"라는 말을 듣는 일은 부끄럽다는 것이다. 무엇 때문일까? 이것은 다른 사람과 같은 행동을 하지 않으면 배기지 못하는 습성이 인간에게 있기 때문이 아닐까? 그것은 패션에 한한 것만은 아니다. 이웃집에서 컬러 텔레비전을 샀다. 그러니 우리 집에서도 사야 한다. 건너편 집에서 자동차를 샀다. 그러니 우리 집에도 자동차가 필요하다는 등의 모습을 우리 모두는 알고 있다.

다른 사람과 같은 상태가 아니면 어쩐지 배기지 못하는 이 모습이 사실 아담과 하와에게 있었던 것이 아닐까? 하와는 하나님이 금하신 나무의 열매를 먹었다. 그것은 하나님처럼 지혜롭게 되고 싶다는 오만과, 하나님의 말씀을 따르지 않은 불순종과, '훔쳤다'는 소위 도둑 행위의 세 가지 죄를 범한 것이 된다.

먹고 보니 틀림없이 하와는 불안해졌을 것이다. 자기 혼자서 먹었다는 사실에 어쩐지 마음이 허전했던 것이다. 그래서 아담에게도 "먹어 보라"고 권했다. 아담도 아마 하와가 먹은 나무 열매를 먹어 보고 싶었을 것이다. 그래서 아담도 먹었다. 동료가 생겼다. 즉, 공범자가 된 것이다. 그 시점에서 틀림없이 하와는 마음이 놓였을 것이다.

얼마 전에, 어떤 중학생들이 수십 명이나 집단으로 물건을 훔쳤다는 기사를 읽은 일이 있다. 처음에 훔친 학생이 다른 학생을 유혹하고, 또 그 학생이 또 다른 학생을 유혹해서 잠깐 동안에 많은 공범자를 얻었다고 한다. 좋건 나쁘건 남과 같은 상태가 아니면 마음이 놓이지 못한다는 약함은 두렵다. 이렇게 해서 죄가 이 세상에 곰팡이처럼 피어 가는 것이 아닐까?

하와는 말하자면 도둑의 시조이다. 따먹어서는 안된다고 금지된 나무 열매를 따먹었다. 금지된 이상 그것은 하와의 것이 아니다. 하나님의 것이다. 게다가 하와는 아담에게도 권해서 도둑질을 시켰다.

몇 년 전 가을, 야마가따(山形)로 강연을 하러 갔다. 귀로에 텐도(天童)까지 택시로 달렸는데, 도중에 과수원이 있었다. 사과가 탐스럽게 열려서 도로 위에까지 가지가 뻗어 있었다.

"참 먹음직스럽군요."

무심코 내가 말을 하자 운전기사가,

"한두 개 따올까요?"

라고 했다. 나는 황급하게 말했다.

"안되어요. 남의 것인 걸요."

"뭘요. 이 근방에서는 사과 한두 개쯤 따도 상관없어요. 가지고 갈 정도로 따는 것은 나쁘지만, 먹을 만큼은 상관없지요."

라고 하면서, 금방이라도 차를 멈출 기세였다. 사과를 한두 개쯤 따도 상관없다는 감각은 아담과 하와 이래 일관해서 인간의 핏속에 흐르고 있는 것이 아닐까? 나는 그렇게 생각했다. 어쨌든 아담과 하와는 도둑의 시조이다.

사실 나는 이 창세기를 읽었을 때,

'얼마나 소중한 나무 열매인지 모르지만, 기껏해야 나무 열매 한두 개 맛을 봐서 나쁠 게 뭐람. 인간인 우리도 맛을 보는 정도는 허용하는데, 어째서 하나님은 용서하지 않으시고 낙원에서 쫓아내셨을까?'

하고 이상하게 여겼다.

그러나 아담과 하와는 배고픔을 못 이겨서 금단의 열매를 먹은 것이 아니다. 또 매우 맛이 있어 보인 것만으로 딴 것도 아니다. '하나님처럼 되고 싶다'는 불손한 생각으로 먹은 것이다. 자기가 하나님이 된다는 것은 하나님을 그 하나님의 보좌로부터 추방하고 싶다는 말이 된다. 하나님을 추방하고 싶다는 죄 때문에 인간은 낙원에서 추방된 것이다. 절대로 하나님이 가혹하셨던 것이 아니다.

그러나 아직도 내게는 한 가지 의문이 남아 있다. 아담과 하와가 하나님처럼 되고 싶다고 생각해서 금단의 열매를 먹은 죄와, 그것을 사죄하지 않은 죄와 대체 어느 죄가 무거울까 하는 것이다. 나는 어쩐지 사죄하지 않은 쪽의 죄가 더 무겁다고 생각하는데, 어떨까? 우리의 일상생활을 돌이켜 봐도 그렇게 말할 수 있다는 생각이 든다.

예를 들면 12, 3세인 아이가 어머니한테서 1천 엔을 훔쳤다고 하자. 틀림없이 훔칠 때에는 그 아이도 벌벌 떨었을 것이다. 그 아이는 어머니가 없을 때에 살금살금 돈지갑에 다가간다. 그리고 주위를 돌아보며 재빠르게 1천 엔짜리 지폐를 훔친다. 돈지갑의 위치가 훔치기 전과 같은가 여부를 확인한다. 훔친 뒤에도 발각되지나 않을까 하고 두려워하기도 하고, 훔치지 않았더라면 좋았을 걸 하고 후회하기도 한다. 지금이라도 늦지 않다. 살그머니 도로 갖다 놓을까? 아니야, 1천 엔 지폐가 아직도 여러 장 돈지갑 속에 있던데. 애써 훔친 것이니까 도로 갖다 놓을 건 없어. 안돼, 발각되기 전에 제자리에 갖다 놓아야 한다는 등 망설인다. 그러나 일단 어머니한테 발각되고 나면 그 아이의 마음은 굳어진다.

"아니, 1천 엔 지폐가 없어졌네. 너 모르니?"

"난 몰라."

"정말?"

"정말이야, 내가 알 리가 없잖아?"

그 아이는 시치미를 뗀다.

"하지만, 너는 전에도 엄마의 돈지갑에서 돈을 꺼낸 일이 있지 않니?"

"그럼 좋아, 내가 훔쳤다고 생각한다면, 훔쳤다고 치면 될 거 아냐?"

맞서는 아들의 호주머니에서 어머니는 1천 엔짜리 지폐를 발견한다.

"아니, 이게 웬 거냐?"

그 아이는 코를 씰룩이며 침묵한다.

'쳇! 끝내 발각되었구나.'

"역시 너였구나."

'그래서 어쨌단 말이야.'

"왜 훔쳤니?"

'용돈이 모자란단 말이야.'

"어버이의 돈이라도 꺼내는 것은 나쁜 짓이야."

'남의 돈도 아닌데 …….'

"사과해라."

'기가 막혀서.'

"어째서 잠자코만 있나? 고집 좀 보게. 잘못했다는 말도 못하니?"

'시끄럽구면, 딱딱거리니. 1천 엔쯤 이따금 줘도 좋을 텐데.'

그 아이는 뻔뻔스럽게 버티고 서서 사죄도 하지 않는다. 범한 죄가 발각되기까지는 그 아이는 아직 죄에 대해서 벌벌 떨고 있었다. 그러나 일단 발각되면 태도를 바꾸어 떡 버티고 앉는다. 이것은 바람둥이 남자의 심리이기도 하다. 발각되기까지는 벌벌 떨고 있지만, 발각된 찰나에 태도를 바꾸는 것이다.

왜 사람은 태도를 바꾸고 뻔뻔스럽게 버티는 것일까? 왜 솔직하게 사과할 수가 없는 것일까? 그것은 자기의 죄는 사과해야 할만큼 나쁜 것은 아니라고 생각하기 때문일 것이다. 솔직히 말하면, 나는 처음에 내 죄가 무엇인지 정말 몰랐다. 이 사실은 「길이 있었다」와 「빛이 있는 동안에」에도 썼지만, 나는 스물세 살 때에 약혼한 남성이 있었다. 약혼한 지 얼마 못 되어서 결핵에 걸려, 3년 후에 그 사람과의 약혼을 취소했다.

그때는 이미 내 앞에 마에까와 타다시(前川正)라는 남성이 나타나 있었다. 수년 후에, 약혼자였던 남성이 날마다 나한테 문병을 왔다. 그는 결혼하고 있었다. 나는 그의 문병을 받아서는 안되었던 것이다. 그의 아내가 이전의 약혼자를 날마다 문병하고 있다는 사실을 안다면 얼마나 마음이 상할는지 모른다. 그러나 나는 내가 그리 나쁜 짓을 하고 있다고는 생각되지 않았다. 내 자신이 하고 있는 일이 나는 통절하게 나쁘다고는 생각되지 않았던 것이다. 똑같은 일을 남이 한다면 매우 나쁜 일로서 규탄할 수 있어도, 자기가 하는 일은 그다지 나쁘다고는 생각되지 않는 법이다. "죄를 죄로 느끼지 않는다"── 이것이야말로 진정한 죄가 아닐까고 나는 생각했다. 이 양심의 둔감함을 깨달았을 때 나는 세례를 받았다. 죄는 용서를 받는 길 밖에는 딴 도리가 없다는 것을 깨달은 것이다.

우리의 죄는 자기가 죄인이면서 아무래도 죄인이라고 느껴지지 않는데 있는 것이 아닐까? 아담과 하와도 틀림없이 자기가 얼마나 불손한 죄를 범했는가를 인식할 수 없었을 것이다. 그들은 하나님 앞에 용서를 빌지는 않았다. 아담은 "하나님과 하와가 잘못했다"고 생각했고, 하와는 "뱀이 꾀었으니까, 뱀이 나쁘다"고 생각하고 있었다. 그러니까 용서를 빌 사람은 자기가 아니었다.

비록 하나님의 자리로 올라가려고 한 죄라고 해도 이 두 사람이 충심으로 하나님 앞에 꿇어 엎드려 용서를 빌었다면 틀림없이 하나님은 용서해 주셨을 것이라고 나는 생각한다. 왜냐 하면 그들은 아직 하나님과 대화를 할 수 있었으니까. 그러나 그들은 고집을 부리고 사과하지 않았다.

죄를 범했으면서 죄를 인정하지 않는다. 이것이 진정 용서받기 어려운 확정적인 죄가 아닐까? 이 창세기의 〈실낙원〉의 기사를 읽고 나는 하나님 앞에 있는 뱀의 모습이 재미있다고 생각했다. 뱀은 "나는 먹으라고는 하지 않았습니다"라고 핑계될 수 있었음에도 불구하고 아무 변명도 하지 않았다. 사죄도 하지 않았지만, 남에게 죄를 전가시키지도 않았다. 사탄(악마)의 화신(化身)인 뱀만은 죄가 얼마나 무서운 것인가를 알고 있었던 것이 아닐까? 그 두려움을 충분히 알고 있었기에 사탄은 틀림없이 인간을 죄의 암흑으로 끌어들이려고 했을 것이다.

"네가 하나님은 한 분이신 줄을 믿느냐? 잘하는도다. 귀신들도 믿고 떠느니라."

고 야고보는 야고보서 2장 19절에서 말하고 있는데, 사탄이 가장 하나님을 두려워하고, 하나님을 잘 알고 있는 것이 아닐까? 다만 사탄은 하나님을 신앙의 대상으로서가 아니라 대적할 상대로서 알고 있을 것이다. 참으로 하나님이 거룩하신 분이심을 알고 있는 사탄은 하나님 앞에 나와서 한마디도 변명을 할 수 없었다. 그 점에서 인간쪽이 더 하나님이 거룩하신 분이라는 사실을 모르는 것 같다고 나는 생각한다.

이리하여 마침내 뱀은 가장 저주를 받는 존재가 되었다. 앞에서 인용한 것처럼, 하나님은 하와의 자손과 뱀의 자손이 원수가 되게 하셨다고 성경에서 말씀하고 계시다. 그리고 하와의 자손이 언젠가는 뱀을 정복할 때가 온다고 말씀하신다.

그런데 이 하와의 자손은 그리스도를 의미한다고 들었다. 즉, 그리스도께서 오실 첫 예언이라고 보아도 좋다고 한다. 놀라운 구원의 약속이 이곳에 이미 나타나 있는 것이다.

여하간 아담과 하와는 죄를 범하고 고집스럽게 사죄하지 않은 채 낙원에서 쫓겨났다. 그때 하나님은,

"땅은 너로 인하여 저주를 받고, 너는 종신토록 수고하여야 그 소산을 먹으리라.…… 곧 죽으리라."(창세기 3장 17~19절)

고 말씀하셨다. 인간은 스스로 고통을 초래한 것이다. 그렇지만 낙원에서 추방하실 때 하나님은 이 죄를 범한 두 사람에게 가죽옷을 지어 주셨다. 구약의 하나님은 진노하시는 하나님이라는 말을 자주 들어 왔지만, 나는 과연 그럴까 하고 의심한다. 미래에 구원의 소망을 준비하시고, 가죽옷을 입히셔서 노고(勞苦)에 대비케 해주신 하나님은 역시 처음부터 사랑이 많으신 분이라고 나는 생각한다.

확실히 이 세상에는 우리들의 이해가 미치지 못하는 고통이 있지만, 생각해 보면 인간은 하나도 남김없이 멸망당해도 불평을 할 수가 없는 존재였다는 느낌이 든다. 천벌(天罰)이 눈앞에 닥쳤다는

말이 있지만, 하나님이 아담과 하와에게 엄한 벌을 내리실 작정이
었다면 두 사람을 당장 죽이셔도 좋았을 것이다. 이렇게 보면 구약
의 하나님을 진노의 하나님으로는 도저히 생각할 수 없게 된다. 진
노의 하나님이라기보다 오히려 인내의 하나님인 것같이 내게는 생
각된다.

나는 요즈음 젊은이들을 보면 어쩐지 큰일이구나 하는 생각이
든다. 그들이 앞으로 50년, 60년을 살아가는 것이 큰일인 것처럼
생각된다. 날마다 죄를 범하기 쉬운 우리 인간이 진실하게 살아가
기란 큰 일이다. 더욱이 갖가지의 오해와 고통, 배반 등을 당하면
서 살아가야 하는 것이다. 만일 이 죄의 모습을 지닌 채 죽지도 않
고 끝없이 살아가야 한다면 어떨까? 생각만 해도 정신이 아득해
진다.

하나님은 에덴동산에 있는 생명나무를 인간이 먹지 못하도록 두
루 도는 화염검과 그룹(초인간적인 힘의 상징)들을 두어서 지키셨다
고 쓰여 있는데, 이것도 큰 사랑일 것이다. 아담과 하와가 생명나
무 열매를 먼저 먹고 나서 선악을 알게 하는 나무 열매를 먹었다면
어떻게 되었을까? 죄가 없는 사람은 언제까지나 살아도 좋지만,
죄가 있는 사람에게는 끝이 있는 인생쪽이 감사하다고도 할 수
있다. 어떤 사람이든 천년 만년 사노라면 틀림없이 살인도 할 것이
고, 여러 가지 극악무도한 일을 거듭할 것이다.

그런데 하나님은 그리스도를 통해서 따로 영적으로 새롭게 사는
길을 준비해 주셨다. 우리들은 온전하지 못하니까 그리스도에 의
해서 하나님의 사랑을 알고, 하나님을 찬양할 수 있게 되었다.

그러나 또 하나, 내가 의심스럽게 생각하고 있던 문제가 있다.
그것은 앞에도 언급했지만 "왜 하나님은 먹어서는 안되는, 선악을
알게 하는 나무 열매를 열게 하셨을까?" 하는 것이다. 그리고 그
것은 누가 먹을 것이었을까 하는 의문과 함께.

이것은 아마 언젠가는 인간에게 먹이실 작정이 아니었을까? 사

람도 갓난아기에게는 쇠고기를 먹이거나 피넛을 먹이지는 않는다. 먹이는 데에도 시기가 있다. 이 선악을 알게 하는 나무 열매도 하나님이 인간에게 먹이실 시기를 준비하시고 계셨을 것이다. 하나님의 말씀에 순종하기만 하면 틀림없이 하나님은 그 날을 주셨을 것이다.

그런데 예배 설교에서 목사님이 이렇게 말씀하셨다.

"신도는 목사라는 직업을 편하게 신앙생활을 할 수 있는 직업이라고 생각해서 부러워할는지도 모릅니다. 그러나 신앙생활이란 것은 목사직을 가져도 그리 되지는 않습니다. 그것은 기독교 나라에서도 마찬가지입니다. 한 인간으로서 이 세상에 살아 있는 한 언제 어떤 환경에 처하든지 신앙은 항상 흔들리는 것입니다."

나는 과연 그렇다고 생각했다. 크리스찬 가정에 태어났다고 해도 우리 개개인은 그리 쉽게 신앙을 지닐 수가 없다. 아니, 목사의 가정이나 신앙이 돈독한 신자 가정에 이따금 반역하는 자녀가 태어나는 일조차도 있다.

그러나 이 창세기의 첫 부분인 3장을 읽기만 해도 그런 일에 대해서 뭔가 알 듯한 생각이 든다. 하나님과 함께 낙원에 살고 있었던 아담과 하와조차 하나님의 말씀보다 뱀의 말을 따랐다. 자기들을 창조해 주신 하나님을 목전에 보고 있으면서도 하나님을 똑똑히 보지 못했던 것이다. 하나님을 믿을 수 없었던 것이다. 낙원에 있으면서조차 유혹이 있었고, 하나님을 믿을 수 없었으니까 그저 환경만 좋다고 해서 신앙이 자라는 것은 아닌 것 같다. 하나님이 자유의지를 주신 일이 얼마나 깊은 뜻이 있는지 헤아릴 길이 없다는 생각이 든다.

그런데도 왜 하나님은 인간을 하나님을 배반하는 존재로 창조하지 않으셨을까? 우리는 자꾸만 이렇게 생각한다. 그러나 토도로끼 유이찌(轟勇一) 씨의 저서 「새로운 100가지 질문」에는 적절한 비유로 다음과 같이 쓰여 있다.

어떤 유력자가 어떤 여성을 완력으로 붙잡아 놓고,

"너를 사랑한다. 내 곁에 있으면 무엇이든지 원하는 대로 해주
겠다. 그러나 절대로 내게서 떨어지는 것은 허용치 않겠다"고 말
한다면 어떨까? 이것은 자기의 힘을 믿고서 제 맘대로 자기 사랑
을 관철하려는 태도에 지나지 않는다. 강제나 무리한 강요에 사랑
은 없다. 참다운 사랑은 상대의 자유와 자발성을 존중한 인격적인
사귐이어야 한다고 그 저자는 말하고 있다.

나는 새삼스럽게 하나님의 사랑에 응답해야 하는 책임의 중대함
을 생각하지 않을 수 없다.

3

카인과 아벨

인간은 왜 하나님에게 대답할 수가 없는가? 그것은
대답할 수 없는 생활을 하고 있기 때문이다. 무슨 일에
든 책임을 지려고 하지 않는 인간은 언제나 거짓말을
하고, 남에게 죄를 전가시킨다. 그렇게 하고서는 하나
님의 얼굴을 바로 보면서 대답할 수가 없다. 이것이야
말로 '원죄'를 진 아담과 하와, 카인의 모습이며, 또한
우리 자신의 모습일 것이다.

내가 여학교에 입학한 후 처음으로 읽은 소설은 헤르만 헷세의 「데미안」이었다. 그 속에는 분명히 '카인의 표적'이라는 말이 나오는데, 그것이 무엇인지 열세 살인 나는 알 수 없었다.

그리고 그 즈음 아리시마 타께오(有島武郎)의 소설에 〈카인의 후예〉라는 제목의 소설이 있다는 사실을 알고, 카인이란 어떤 사람일까 하고 흥미를 느낀 일을 기억한다. 그 카인은, 사실은 아담과 하와의 큰아들이었다. 그런데 어이없게도 그 사람은 인류 최초의 살인범이었다. 더구나 단 하나 밖에 없는 동생 아벨을 죽인 흉악범이었다.

아담과 하와는 하나님이 흙으로 창조하였다. 이 두 사람이 낙원에서 추방되어서 맨 처음으로 낳은 아들이 카인이다. 이 사실은 카인이야말로 인간의 성적 결합으로 이 세상에 출산된 인류 최초의 인간이었다는 것이다. 그 인류 최초의 인간이 살인을 범했다는 사실에 나는 형용할 수 없는 인간의 두려움, 죄 많음을 느낀다.

그러면 왜 카인은 단 하나인 동생 아벨을 죽였을까? 성경의 창세기 4장 2절 이하를 읽어 보기로 하자.

아벨은 양치는 자이었고, 카인은 농사하는 자이었더라. 세월이 지난 후에 카인은 땅의 소산으로 제물을 삼아 여호와께 드렸고, 아벨은 자기도 양의 '첫 새끼와 그 기름'으로 드렸었다. 여호와께서 아벨과 그 제물은 열납하셨으나, 카인과 그 제물은 열납하지 아니하신지라. 카인이 '심히 분하여' 안색이 변하니 여호와께서 카인에게 이르시되,

"네가 분하여 함은 어찜이며, 안색이 변함은 어찜이뇨? 네가 선을 행하면 어찌 낯을 들지 못하겠느냐? 선을 행치 아니하면

죄가 문에 엎드리느니라. 죄의 소원은 네게 있으나, 너는 죄를
다스릴지니라."

카인이 그 아우 아벨에게 고하니라. 그 후 그들이 들에 있을
때에 카인은 그 아우 아벨을 쳐죽이니라.

이상이 인류 최초의 살인 경위이다. 사건은 하나님에게 드린 제
물에서 비롯되었다. 카인은 농사를 짓고 있었기 때문에 '땅의 소산
으로 제물'을 삼았고, 아우 아벨은 '첫 새끼와 그 기름'을 드렸다.
그런데 하나님은 아벨과 그 제물은 반기셨지만, 카인과 그 제물은
돌아보지도 않으셨다.

이 대목을 처음 읽었을 때, 나는 하나님은 사랑의 하나님이실 터
인데 어째서 이렇게 카인을 불쌍하게 만드셨을까 하고 매우 이상
히 여겼다. 카인도 땀을 흘려서 지은 농산물을 드린 것이다. 그런
데도 아벨의 제물만을 기뻐하셨다. 분명히 불공평하지 않느냐, 카
인이 분노하는 것도 당연하지 않느냐고 동정이 갔다.

불공평하다는 것은 누구나 싫어한다. 사람은 모두 다른 사람과
동등한 대접을 받고 싶어한다. 내가 소학교(국민학교=역자 주) 교사
일을 볼 때의 얘기이다. 어느 해, 시골로부터 아사히까와의 학교로
옮겨서 고등과(소학교 6년 졸업 후 진학 못하는 학생을 교육하는 2년제
과정=역자 주) 1학년을 맞게 되었다. 그때 나는 학생에게 먼저 이
렇게 말했다.

"내게 뭔가 주문이 있으면 말해요."

그러자 학생들은,

"편애하지 않는 선생님이 되어 주세요."

라고 거의 이구동성으로 말했다. 불공평이란 것은 서로의 마음을
상하게 하고, 나날을 어둡게 만드는 것임을 학생들도 경험으로서
알고 있던 모양이었다.

하나님은 정의로운 분이시다. 불공평한 일을 하실 리가 없다. 그

러면 어째서 아벨의 제물만을 축복하셨을까? 언젠가 「신약성경」 히브리서 11장을 후지오 에이지로(藤尾英二郎) 선생님한테서 배운 일이 있었다. 선생님은 히브리서 11장에 '믿음으로'라는 말이 스물네 번 나온다고 하셨다. 그 스물네 번 중에는,

"믿음으로 아벨은 카인보다 더 나은 제사를 하나님께 드림으로 의로운 자라 하시는 증거를 얻었다."(4절=역자 주)

고 기록되어 있다.

여기에서 다시 창세기 4장을 주의해서 읽어 보면 아벨은 '양의 첫 새끼와 그 기름'을 드렸다고 쓰여 있지만, 카인은 '땅의 소산'을 제물로 삼았다고 밖에 쓰여 있지 않다. 즉, 카인은 '첫 열매'를 드린 것도 아니고, '윤택하고 훌륭하다'고 형용되는 제물을 드리지도 않았다.

아벨이 '첫 새끼'와 '그 기름', 즉 값진 것을 드린 것은 확실히 '믿음으로' 한 행위라고 나는 이해했다. 아벨은 깊은 감사와 진실한 참회의 마음을 품고 신앙을 위하여 하나님께 드리는 제물을 신중하게 선택했을 것이다. 그러나 카인은 그다지 감사도 하지 않고 또 죄의 용서를 비는 마음도 없이, 즉 '믿음없이' 드렸을 것이다.

"믿음으로 좇아 하지 아니하는 모든 것이 죄니라."(로마서 14장 23절 =역자 주)

내게 「신약성경」의 이 구절처럼 엄하게 느끼는 말씀은 없었다. '믿음으로 하지 않는 것은 죄'이기 때문에 카인의 제물은 열납되지 못했다. 절대로 하나님은 불공평하지 않으셨다. 하나님은 우리의 '겉'을 보시지 않고 그 '믿음'을 보시는 분이시다.

이 카인의 제물이 열납되지 못한 사실은 현대의 우리에게도 남의 일이 아니다. 신사(神社)로 가서 시주상자에 10엔 동전을 던져 넣고 '가내(家內) 안전, 사업 번창, 무병 식재(息災)' 등을 비는 일에 대해서 "10엔을 넣고 욕심도 많다"고 재담이나 만담 등에서 웃음거리가 되고 있지만 크리스찬의 헌금 태도도 그다지 뽐낼 것은

못 된다. "한 달에 적어도 이 정도는 헌금을 해야 하는데 ······"라고 정말 큰일이라는 듯한 말을 하거나, 또는 듣는 일이 없을까?

월급을 받으면 당장 그중의 10분의 1을 헌금 주머니에 넣고는 온 가족이 하나님에게 감사 기도를 드리고 찬송가를 부른다는 신자의 얘기를 들은 일이 있다. 더욱이 이 사람은 언제나 회사의 회계에게 부탁해서 헌금할 돈은 새 지폐로 받는다고 한다. 부끄러운 얘기지만 나는 우리 집에서 월정 헌금 주머니에 돈을 넣을 때에 자기 죄를 참회하거나 감사 기도를 드리는 일이 거의 없다.

"모든 것이 주께로부터 왔으니
우리는 그저 그 거룩한 손에서 받아서
거룩한 손으로 반환한 것뿐입니다."

라는 찬송가가 있는데, 이처럼 겸손한 생각으로 드린 일이 없다. 어쩐지 내가 일해서 내가 얻은 것처럼 생각하는데, 남편 미우라가 때때로,

"감사하군, 아야꼬. 감사해요."

하기도 하고, 이 찬송가를 부르기 때문에,

"아아 정말요, 참 그래요."

라고 황급히 맞장구를 치는 정도이다. 교회에서 예배헌금 시간에 기도를 드릴 뿐이다. 나는 아벨이 그가 치고 있는 양 중에서 가장 기름진 것을 아무 아낌없이 드렸다는 사실은 훌륭한 신앙을 입증한다고 생각한다.

기름진 것이란 최고의 물건이다. 더구나 깊은 참회와 감사로서 아벨은 드린 것이다. 그래서 하나님이 기쁘게 받으신 것이다.

그러나 형인 카인은 그 신앙이 돈독(敦篤)한 아우 아벨을 미워했다. 이 모습 또한 우리 인간의 실태를 잘 나타낸 것이 아닐까? 카인의 모습은 우리의 매일 생활 속에서 항상 볼 수 있는 것이 아닐까?

같은 직장에 동시에 두 사람이 취직했다고 하자. 두 사람 중에
한 사람은 누구보다도 일찍 출근하고, 일을 열심히 하고, 선배에
대해서도 예의가 바르다고 칭찬을 받게 된다고 하면 다른 한 사람
은 어떻게 생각할까? "참으로 훌륭한 사람이다. 나도 본받아야
겠다"고 진심으로 칭찬하고 승복할까? 아마 그렇게 솔직하게 생
각할 수 있는 사람은 극히 드물 것이다. 대부분의 사람은 불쾌하게
생각하고, 점차로 미워하게 되지 않을까?

"무엇이든지 칭찬할 만한 일을 생각하라"(4장 8절=역자 주)는 성
구가 빌립보서에 있는데, 칭찬할 만한 일을 솔직하게 주목하고 생
각하는 일도 어려운 것이다. 도리어 옳은 사람과 뛰어난 사람을 우
리 인간은 때때로 증오한다. 인간은 자기와 똑같은 일을 하는 사람
이 아니면 좋아할 수 없게 되어 있다.

카인은 "빌어먹을! 아벨 이놈!" 하고 질투를 불태우고 증오했
을 것이다. 만일 카인이 하나님을 창조자로서 숭배하고, 절대자로
서 복종하고 있었다면 하나님이 아벨을 축복하시고 자기를 돌아보
지 않으셨을 때에 겸허하게 반성할 수 있었을 것이다. 그러나 그는
하나님의 공의(公義)를 인정하지 않는 오만한 사람이었다. 그 때문
에 하나님의 충고를 귀담아 듣지 않았다. 하나님은 이렇게 말씀하
셨다.

"네가 선을 행치 아니하면 죄가 문에 엎드린다. 죄의 소원은 네
게 있지만, 너는 죄를 다스려야 한다."

회개하고, 죄를 다스리려 하지 않으면 죄는 죄를 부른다. 그러나
카인은 죄를 다스리기는커녕 증오한 나머지 마침내 아벨을 들로
유인해서 죽여 버렸다.

그런데 아벨에게 하나님의 축복을 받을 만한 신앙이 없었다면
죽임을 당하는 일은 없었을 것이다. 아벨은 그 신앙 때문에 살해되
었다. 그러므로 아벨은 인류 최초의 순교자라고 한다. 아벨 이래
현대에 이르기까지 신앙 때문에 살해된 순교자가 얼마나 많은가.

바로 몇 년 전(이 책의 1974년 초판=역자 주)에는 저 위대한 킹목사
도 신앙 때문에 살해되었다. 인류의 역사는 그 막이 오르자마자 하
나님에 대한 불순종으로 인한 피비린내가 나는 살인이 연출되
었다. 그러나 그 피는 또한 하나님에 대한 돈독한 신앙 때문에 흘
린 깨끗한 피이기도 한 점에 나는 주목한다.

살인자 카인은 그 후 어찌 되었을까? 성경에는 이렇게 기록되
어 있다.

여호와께서 카인에게 이르시되,
"네 아우 아벨이 어디 있느냐?"
그가 가로되,
"내가 알지 못하나이다. 내가 내 아우를 지키는 자이니까?"
가라사대,
"네가 무엇을 하였느냐? 네 아우의 핏소리가 땅에서부터 내
게 호소하느니라. 땅이 그 입을 벌려 네 손에서부터 네 아우의
피를 받았은즉 네가 땅에서 저주를 받으리니, 네가 밭 갈아도 땅
이 다시는 그 효력을 네게 주지 아니할 것이요, 너는 땅에서 피
하며 유리하는 자가 되리라."

카인은 농경(農耕)을 생업으로 삼고 있었지만, 이미 그는 토지를
경작해도 열매를 맺는 일이 없는 것이 되어 버렸다. 그는 자기의
생업을 잃고, 그리고 그 땅에서 쫓겨나 방랑자가 되어야만 했다.

나는 땅이 꺼지도록 한숨을 쉬지 않을 수 없다. 아담과 하와는
하나님이 금하신 나무열매를 먹고 낙원에서 추방이 되었다. 그리
고 두 아들을 낳고 열심히 일을 했는데, 동생은 형에게 살해되었
고, 형은 먼 땅을 유랑하는 방랑자가 되었다. 즉, 아담과 하와는
비참하게도 두 아들을 일시에 잃어버린 것이다. 어버이들은 낙원
에서 쫓겨나고, 그 자손은 다시 어버이들이 거주하는 땅으로부터

도 하나님한테서 쫓겨났다. 이 비극은 아담과 하와가 하나님에 대한 불순종과 오만에서 생긴 것이다. 물론 아담이나 하와도 카인과 아벨에게 하나님에 대해서 가르쳤을 것이다.

"우리가 낙원에 있었던 때에는 하나님과 아침 저녁으로 얼굴을 마주쳤고, 참으로 즐거웠단다."

"하나님과·함께 있던 시절은 평안한 나날이었다."

"하나님은 공의로운 분이시다. 거룩한 분이시다."

아마 아담과 하와는 이마에 땀을 흘리면서 일하게 되자 비로소 낙원을 그리워하고, 하나님의 품으로 돌아가고 싶다고 후회했을 것이다. 내 생각으로는, 아벨은 부모의 애기를 듣고 부모 이상으로 어버이들의 죄를 한탄하며 하나님의 나라를 구하지 않았을까? 그러나 카인은 낙원에서 추방된 어버이들을 욕하고 있었을는지도 모른다고 생각했다.

여하간 나는 이 4 장에, 하나님이 카인에게 네 가지 질문이 있다는 사실을 매우 흥미롭게 생각한다.

① "네가 분하여 함은 어찜이냐?"

② "안색이 변함은 어찜이냐?"

③ "네 아우 아벨이 어디 있느냐?"

④ "네가 무엇을 하였느냐?"

여기서 나는, 카인의 부모인 아담이나 하와가 하나님에게서 질문받은 저 중대한 질문을 회상한다. 그것은,

"네가 어디 있느냐?"

라는 질문이다. 영국의 시인 엘리어트의 이야기에 다음과 같은 것이 있다.

"동물은 참으로 기분이 좋은 친구이다. 그들은 아무 질문도 하지 않고, 아무 비평도 하지 않는다."

엘리어트는 시인이었기 때문에 인간의 내면을 예리하게 꿰뚫어 보고 있었을 것이다. 얼마나 인간이 남한테서 질문당하는 것을 싫

어하는가를 그는 통찰하고 있었다. 생각할 것도 없이 우리들 범인
(凡人)은 남한테서 질문당하는 것을 그다지 좋아하지 않는다. 왜
질문받는 것이 싫은가? 그것은 즉, 질문받아도 대답할 수 없는 것
을 그 마음속에 많이 가지고 있기 때문이 아닐까?

"취미는 뭡니까?" "어떤 일을 하고 계십니까?" "자녀가 몇입니
까?" "어디 사십니까?"——이 정도의 질문이라면 복잡한 사정이
없는 한 대답하기가 그다지 고통스럽지 않을 것이다.

"연세가 어떻게 되십니까?" "월급이 얼마입니까?"——사람에
따라서는 이쯤에서부터 차차 마음이 거북해진다. 더욱 파고드는
질문이면 좀더 고통이 커진다. 그러나 우리 인간은 다른 인간으로
부터 받는 질문은 결정적으로 중대한 것이 아니다. 가장 중대한 것
은 하나님에게서 받는 질문이고, 그것에 대답하는 일이다. 왜냐 하
면 하나님은 우리에게 주소나 취미나 자녀의 수효 등 사람이 묻는
식으로 물으시는 일이 없기 때문이다. 하나님의 질문은 언제나 근
본적이시다. 그리고 그것은 인간이면 반드시 대답해야 하는 질문
이기 때문이다.

아담과 하와에게 물으신 것은,

"네가 어디 있느냐?"

라는 질문인데, 이것은 영원히 하나님이 사람들에게 계속 질문하
시는 말씀이라고 나는 교회에서 배웠다.

"네가 어디 있느냐?"란 "네가 어디에 서 있느냐?" "네 처지가
대체 어떠냐?" "무엇에 속해 있느냐?"라는 질문이라고 한다.

"저는 언제나 하나님 앞에 서 있습니다" "저는 구주 그리스도에
게 속해 있습니다"라고 언제 어디서든지 누구에게 대해서도 명확
하게 대답할 수 있는 사람은 행복하다. 아담과 하와와 같이 하나님
을 피해서 숨어서는 안된다.

카인은 하나님이 내리신 네 가지 질문 중 셋은 대답할 수 없
었다. "분하여 함은 어찜이냐?"도, "안색이 변함은 어찜이냐?"도

대답할 수 없는 것이었다. 하나님과 동생에게 화가 나서 살인을 범했으니까 "네가 무엇을 하였느냐?"라는 질문에도 대답할 수 없었다. 겨우 "네 아우 아벨이 어디 있느냐?"라는 셋째 번 질문에만 대답하고 있다. 그러나 그것도 대답이 되지 않는 대답을 한 데 지나지 않는다.

"내가 알지 못하나이다. 내가 내 아우를 지키는 자이니까?"

라고 대답한 것이다. 그러나 이것이야말로 그에게 있어서 대답해야 할 중요한 질문이었다.

"죄송합니다. 저는 그를 죽였습니다."

이렇게 카인은 대답하면서 죄를 고백하고서 용서를 빌어야 했다. 그러나 그는 "모른다"고 거짓말을 하고, "내가 동생을 지키는 사람인가 뭐" 하고 뻔뻔스럽게 나왔다.

인간은 왜 하나님에게 대답할 수 없는가? 그것은 대답할 수 없는 생활을 하고 있기 때문이다. 책임을 지지 않으려는 인간은 언제나 거짓말을 하고, 남에게 죄를 전가시킨다. 하나님의 얼굴을 바로 보면서 대답할 수 없다. 이것이야말로 '원죄'를 진 아담과 하와, 카인의 모습이며 우리의 모습일 것이다.

폐결핵과 카리에스로 삽뽀로(札幌) 의과대학에서 치료중인 나를 자주 문병해 주신 분 가운데 니시무라 큐조(西村久藏)라는 훌륭한 그리스도 신자가 있었다. 그 당시 이미 55세였고, 200명 가까운 종업원을 둔 빵공장과 과자점, 다방을 삽뽀로에서 경영하고 계셨다. 이 분은 전에 교사직을 맡으신 일도 있어서, 수많은 사람에게서 선생님이라고 불리우고, 또 흠모의 대상이 되었다. 이렇게 바쁘신 선생님이 내게 베풀어 주신 육친 이상의 섬세한 사랑을 나는 선생님이 돌아가신 지 20년이 지난 지금도 절대로 잊을 수 없다.

어느 때 니시무라 선생님은 이런 말씀을 하셨다.

"사귀게 된 사람은 모두 자기가 책임져야 할 범위 안에 넣어야 합니다. 하나님께서 부탁하신 사람들이니까요."

이 한마디가 금방 하나님을 믿기 시작한 나의 가슴을 얼마나 격렬하게 두드렸는지! 이 말씀은 단순한 말씀이 아니라 선생님의 생활에 여실하게 살아 있었다. 선생님은 그 1년 후에 승천하셨지만, 장례식에 모인 사람들 800여 명은 하나도 빠짐없이 통곡했다고 들었다. 예배당이 작아서 못 들어간 사람 수백 명이 밖에 서 있었다고 하는데, 그중에 남의 눈을 피하는 듯이 하고 울고 있었던 한 무리가 있었다고 한다. 그것은 한눈으로 햇볕에 쪼이지 않는 사회에서 살고 있는 사람들임을 알 수 있는 무리였다. 그 사람들을 보고 "아아, 저 사람들도 선생님의 사랑을 받던 동료이다"라고 모두들 가슴이 뜨거워졌다고 한다.

선생님은 확실히 '서로 알게 된 사람들을 모두 책임 범위' 안에 두고 사셨던 것이다.

"네 아우가 어디 있느냐?"

고 하나님의 질문을 받은 카인이,

"내가 알지 못하나이다. 내가 내 아우를 지키는 자이니까?"

라고 한 이 창세기를 읽고 있노라면, 나는 반사적으로 니시무라 선생님의 말씀이 생각난다. 니시무라 선생님은 "제가 동생을 지키는 사람입니까?" 하는 차갑고 무책임한 태도를 취할 수 있는 분은 절대로 아니었다.

카인의 경우, 동생 아벨을 죽인 직후에 하나님의 질문을 받았다. 그래서 더구나 아벨과는 무관하다는 태도를 가장했는지도 모른다. 여하간 우리는 하나님이 "네 아우가 어디 있느냐?"는 질문을 하셨을 때 대체 우리는 무엇이라고 대답할 수 있을까?

'아우'라는 말은 말하자면 우리에게 가장 가까운 존재를 상징하고 있다고 해도 좋다. 같은 부모의 아들로서 함께 자란 존재는 가장 친근한 존재일 것이다. 그 가장 친근한 존재인 '형, 동생, 누이, 여동생'이 "어디에 있는가?"고 질문당했을 때 우리는 진정 책임을 지고 하나님에게 대답할 수 있을까?

"네 아우가 어디 있느냐?"
라는 물음은,
"네가 어디 있느냐?"
는 질문에 당연히 뒤따르는 질문이다. 그리고 그것은 "네 형제자매
는 어디에 서 있는가?"라는 뜻의 질문이기도 하다.

나는 10남매 중 하나이다. 그중에서 오빠와 남동생과 여동생,
이렇게 셋이 죽었다. 나머지 7남매에게는 일곱 가지 생활양식이
있었다. 이미 1년 반 이상 중풍으로 입원중인 사람도 있고, 내외
간이 사이 좋고 건강하게 교회생활을 하는 사람도 있다. 그러나 여
하간 7인 7색이다. 만일 하나님이 "네 남매는 어디 있느냐?"고
질문하신다면 나는 아무 대답도 할 수 없어서 고개를 떨굴 것이다.

여기서 나는 "네 이웃을 네 몸과 같이 사랑하라"(마태복음 22장
39절＝역자 주)고 하신 그리스도의 말씀을 생각한다. 자기 이외는
우리의 이웃이다. 「신약성경」에는 산속에서 강도를 만나 중상을 입
은 나그네를 우연히 그 곳을 지나가던 외국인인 사마리아인이 도
와서 거리에 있는 여인숙까지 말에 태워 데려가서 친절하게 간호
하고, 여인숙 주인에게 그 병자의 간호를 부탁하면서 숙박비와 약
값을 전부 책임져 준 얘기가 나와 있다(누가복음 10장 29~37절＝
역자 주). 다른 나라의 '지나가던' 사람도 우리의 '이웃'임을 그리
스도는 가르쳐 주고 계시다.

"너는 어디에 서 있느냐?"라는 질문을 받고 그 설 곳을 확립한
인간은 물론 "네 아우가 어디 있느냐?" "네 이웃이 어디 있느
냐?"라는 하나님의 질문에 책임을 져야 한다. 그러나 현실의 우리
는 자기의 7남매조차 '어디에 있으며, 어떻게 살고 있는지' 확실한
대답을 할 수 없다. 만일 "예, 제 남매는 모두 하나님 앞에 서 있
습니다"라고 대답할 수 있다면 얼마나 기쁠까 하고 절실하게 생각
한다. 그러나 그것은 아직도 할 수 없다. 하물며 다른 사람들에 대
해서는 더욱 그렇다. 니시무라 선생님과 같이 "사귀어 알게 된 사

람은 모두 자기의 책임이다"라고 느껴, 사랑으로서 대하고 그리스 도를 전할 수 있다면 얼마나 훌륭한 일일까 하고 생각하지만 거리 가 먼 이야기다.

나는 내 자신이 도저히 아벨쪽에 서는 사람이 못 되고, 오히려 카인쪽에 서는 인간이라고 생각하지 않을 수 없다. 현실적으로는 남의 생명을 뺏은 일은 없다. 살인을 범한 일도 없다.

언젠가 딴 책에 쓴 일이 있지만, 어쩐지 나는 가해자 타입, 살해 자 타입의 인간이 아닌가 하고 생각한다. 내 감수성의 둔함은 내 어조의 강함에도 나타나 있다. 진정 감수성이 예민한 인간은 나처 럼 강한 어법은 쓰지 않는다. 이 강한 어조로 나는 얼마나 사람들 에게 상처를 주었는지 알 수 없다. 그러므로 본질적으로 나는 아벨 의 후예가 아니고 카인의 후예라고 생각한다. 그래서 카인의 그 나 중 일에 나는 남의 일 같지 않다고 관심을 가진다. "너는 땅에서 피하며 유리하는 자가 되리라"고 하나님이 선고를 하신 살인자 카 인은 어떤 생애가 남아 있었는지 계속 성경을 읽어 보자. 창세기 4 장 13절 이하에는 다음과 같이 쓰여 있다.

카인이 여호와께 고하되,
"내 죄벌이 너무 중하여 견딜 수 없나이다. 주께서 오늘 이 지 면에서 나를 쫓아내시온즉 내가 주의 낯을 뵈옵지 못하리니 내 가 땅에서 피하면 유리하는 자가 될지라. 무릇 나를 만나는 자가 나를 죽이겠나이다."
여호와께서 그에게 이르시되,
"그렇지 않다. 카인을 죽이는 자가 벌을 일곱 배나 받으리라" 하시고, 카인에게 표를 주사 만나는 누구에게든지 죽임을 면케 하시니라. 카인이 여호와의 앞을 떠나 나가 에덴 동편 놋 땅에 거하였더니, 아내와 동침하니 그가 잉태하여 에녹을 낳은지라. 카인이 성을 쌓고 그 아들의 이름으로 성을 이름하여 에녹이라

하였더라.

「구약성경」을 읽기 시작했을 때 이 대목도 나는 아무래도 알 수 없는 곳이었다. 대체 무엇 때문에 하나님은 카인에게 특별한 표를 하셔서(어떤 표인지 나는 알 수 없지만, 어쩐지 카인의 이마에는 석가의 이마에 있는 저 둥근 표가 있었으리라는 생각이 든다) 카인을 보호하셨을까고 생각했다. 더욱이 아벨과 같이 경건한 좋은 동생을 죽인 카인을 다른 사람이 죽인다면 왜 7배의 벌을 주겠다고 약속하셨을까고 이상히 여겼다. 아니, 이상하다기보다는 불평스러운 생각조차 들었다.

우리는 어렸을 때부터 선인선과(善因善果), 악인악과(惡因惡果)의 동화를 들으며 자랐다. 또 권선징악(勸善懲惡)의 얘기를 들으며 자랐다. '원숭이와 게의 싸움'에서 원숭이는 절구와 밤(栗)과 벌한테 징벌을 받았고, '욕심장이 산'에서 너구리는 등에 큰 화상을 입고 흙배를 탔다가 물에 빠져 버려 어린 우리의 가슴이 시원했던 것이다. 그러나, 카인의 얘기는 아무래도 이상하다. 마음이 후련하지 않다. 어쩐지 하나님은 악인을 지나치게 두둔하신다. 이렇게 악인에게 관대하셔서 가지고 어찌 본보기가 되느냐고 화가 나는 것이다.

하나님은 거룩하시고 공의로우시다. 그러므로 정의의 편이라고 단순하게 생각하고 있었다. 이것은 물론 나를 정의쪽에 두었을 때의 감각이다.

그러나 성경이 가르치는 대로는 의로운 존재는 하나님뿐이시다. 우리 인간은 하나님을 배반한 아담과 하와의 시대부터 죄 있는 존재이다. 나는 특히 자기 자신이 가해자 타입의 카인 계열에 드는 인간임을 알게 됨에 따라 하나님이 카인에게 특별한 표를 주신 의미를 점차 알게 되었다.

최근의 구어체(口語體)인 공동번역 성경과 현행의 문어체(文語體)인 성경(20년 전 번역)은 이 카인을 서술하는 대목이 약간 다르다. 이 문어체인 성경을 읽으면 나는 확 하고 가슴이 뜨거워지기 조차 한다.

"카인이 여호와께 고하되 내 죄벌이 너무 중하여 견딜 수 없나 이다. 주께서 오늘 이 지면에서 나를 쫓아내시온즉 내가 주의 낯을 뵈옵지 못하리니 내가 땅에서 피하며 유리하는 자가 될지라. 무릇 나를 만나는 자가 나를 죽이겠나이다."

이곳의 어디에 동생 살해의 뻔뻔스러움, 흉악함이 있느냐고 생각될 정도로 허둥대는 말이다. 특히,

"내 죄벌이 너무 중하여 견딜 수 없나이다."

라는 말에서, 후회하며 완전히 난처해진 카인의 표정과 목소리까지를 생생하게 상상할 수 있고,

"내가 주의 낯을 뵈옵지 못하리이다."

에서는, 말로 형용할 수 없이 고독한 카인의 한숨소리를 듣는 것 같은 생각조차 든다.

어느 사이엔가 카인과 똑같은 죄인이 나 자신임을 깨닫고부터 나는 카인의 이 때의 심정을 가슴이 아플 정도로 느끼게 되었다. 참으로 우리 인간의 죄는 '너무 무거워 견딜 수 없는' 무게를 지니고 있다. 인간은 자기의 죄를 자기가 다 질 수 없기 때문에 이 죄를 대신 젊어지시고 십자가에 못박히신 그리스도에 의해서 비로소 해방되는 것이다.

카인이 자기의 죄가 너무 중해서 견딜 수 없다고 회개했을 때 하나님은 특별한 표를 카인에게 하셔서, 다른 사람들에게 살해되는 일이 없도록 지켜 주셨다. 이 표가 곧 십자가와 같은 은혜일 것이다. 참으로 하나님은 사랑할 가치가 없는 사람을 사랑하시는 분이시다. 카인은 이전에는 하나님의 얼굴을 특히 보고 싶다고는 생각지 않았었지만, 여기서는 "다시 뵙지 못할 것입니다"라고 쓸쓸해 한다. 이 말에도 나는 가슴이 뭉클해진다. 나는 요양중 죽음의 두려움이란, 즉 하나님의 이름을 찬양할 수 없는 곳에 갇히는 두려움

이 아닐까고 생각했었다. 하나님과 얼굴을 마주 보지 못하는 생활
은 살아 있어도 그것은 아무 기쁨도 없다.

카인은 이 때 비로소 그 점을 깨달았다. 이리하여 카인은 표를
몸에 지니고 방랑하는 길을 떠난다. 어느 정도의 세월을 그는 방랑
했을까? 하나님은,

"너는 땅 위의 방랑자가 될 것이라."

고 말씀하셨지만, 그는 한평생을 방랑자로서 끝마치지는 않았다.
그는 아내를 얻고, 도시까지 건설했다. 그의 회개하는 마음을 불쌍
히 여기셔서, 하나님은 그를 방랑자로서 한평생을 마치도록은 차
마 하실 수 없으셨던 모양이다.

방랑자란 집 없는 사람이다. 주소 부정(不定)의 나그네다. 생각
해 보면, 우리 인간은 주소가 일정하고 집이 일정해도 하나님을 모
르면 그것은 혹시 방랑자와 같이 허무한 생활을 영위하는 것이 되
지 않을까? 돈을 좋아가고, 명예를 구하며, 지위를 다투고, 또는
육욕에 빠지며, 그 구하는 바가 일정치 않다는 것은 바로 방랑자가
아닐까? 나는 하나님을 믿게 될 때까지의 내 모습을 회상할 때 특
히 그런 감상이 깊어진다. 한 이성에게 마음이 끌렸는가 하면, 잠
시 후에는 마음이 식어서 또 다른 이성에게 끌렸다가 다시 식고,
이 인생에서 무엇이 나의 사는 보람인가, 무엇을 구하여 살 것인가
를 모르는 나였다. 그것은 끝없이 허무해서, 지금 회상해도 오싹해
지는 마음의 풍경이었다.

그런 의미에서는 카인도 진실하게 하나님 앞에 엎드리는 생활을
모른 채 한평생을 마쳤던 것이 아닐까? 한번은 회개하고, 특사의
표를 하나님한테서 받았으면서 그는 또 본래의 하나님을 잊은 생
활로 되돌아갔던 것이 아닐까? 나는 그것이 마음에 걸려서 견딜
수가 없다.

마음에 자꾸만 걸린다고 하면 다음 대목은 이해하기 어려운 부
분이다.

"카인이 아내와 동침하니 그가 잉태하여 에녹을 낳은지라. 카인이 성을 쌓고……."

라는 대목이다. 무엇이 이해하기 어려운가 하면 그것은 하나님이 아담과 하와를 창조하셨고, 그들은 아들 카인과 아벨을 낳았다. 그리고 아벨은 카인에게 살해당했다고 하니까 그 당시 인간은 아담과 하와와, 그리고 카인의 세 사람 밖에 없는 셈이다. 그럼에도 불구하고 카인은 아내를 얻었고, 도시조차 건설했다고 한다. "어라, 그렇게 사람이 많았나?" 하는 의문이 당연히 생긴다. 그 인간들은 도대체 어디에 있던 인간일까? 낙원에 거주한 일이 없는 인간일까고 의문은 확대된다. 아담과 하와는 하나님과의 교류가 있던 인간이고, 교류가 없던 인간은 그 밖에 많이 있었을 것이라는 얘기도 들었지만, 나는 잘 알 수 없다. 「구약성경」에도 「신약성경」에도 이런 모양으로 알 수 없는 부분이 많다. 아무런 설명도 없으니까 여러 가지로 억측을 해보지만, 그것은 어디까지나 억측으로 끝나고 만다. 흔히 하는 말이지만 성경은 소위 과학서적이 아니고 인간의 영혼에 관계되는 책이다. 자기가 성경에서 무엇을 구하고 있는지를 잊으면 쓸데없는(꼭 쓸데없다고는 할 수 없어도) 탐색으로 시종하다가 결국은 아무 것도 얻지 못하게 된다.

그건 그렇다치고, 아담과 하와는 아벨을 잃은 후 셋을 낳았다. 그 셋이 에노스라는 아들을 낳을 무렵,

"사람들이 비로소 여호와의 이름을 불렀더라."

고 되어 있다. 이 성경의 한 줄도 나는 참으로 중대한 말씀으로 생각한다. 이 한 줄의 글에서 인간 세계에 하나님에 대한 신앙이, 또는 하나님과의 교류가 다시 나타나기 시작한 사실을 보기 때문이다. 이 에노스 후에, 창세기에는 저 유명한 노아의 홍수가 오기까지의 9대 동안은 별로 큰 사건도 에피소드도 없다. 그 8대의 사람들이 누구를 낳고, 몇 세에 죽었다는 기록이 있을 뿐이다. 다만 아담으로부터 7대째인 에녹(카인의 아들 에녹과는 딴 사람)만은 '죽

었다'고는 쓰지 않았다.

"에녹이 하나님과 동행하더니 하나님이 그를 데려가시므로 세상에 있지 아니하니라."

고 기록되어 있다.

"하나님과 동행했다"고 쓰여 있는 사람은 에녹뿐이다. 에녹의 생애는 겨우 한 줄에 지나지 않는 기록이지만, 이것은 위대한 생애인지도 모른다고 설교로 들은 일이 있다. 그는 그 신앙 때문에 죽지 않고, 하나님이 데려가셔서 승천(昇天)했다고 그 당시의 사람들이 생각했을 것이다.

우리가 죽었을 때 한 줄의 글로 우리의 생애를 누가 기록한다고 하면 과연 무엇이라고 기록해 줄까? "그는 1 대에 재산을 이루고 75 세에 죽었다" "그는 모씨(某氏)와 결혼해서 아들과 딸을 낳고 70 세에 죽었다"고 하는 정도일까? 아니면, 스탕달과 같이 "살았다, 사랑했다, 죽었다"일까? "하나님을 믿고, 사람을 사랑하다가 죽었다"라고 기록되는 생애를 보낼 사람은 드물 것이다.

이 에녹부터 4 대째인 노아 시대에 하나님은 "사람의 죄악이 세상에 관영(貫盈)함과 그 마음의 생각의 모든 계획이 항상 악함을 보시고"(창세기 6 장 5 절=역자 주) 사람을 창조하신 일을 후회하시며, 인류를 멸하시려고 결심하셨다. 에녹의 신앙을 본받은 사람은 노아 이외에는 하나도 없었다고 해도 과언이 아닐 정도의 인간 세계였던 것 같다.

4

노아의 방주(方舟)

"뒤떨어진 까마귀가 앞서고 앞선 까마귀가 나중이
된다."──노아의 얘기는 참으로 두렵다고 생각된다.
발이 걸려 넘어지면서라도 어떻든 하나님의 긍휼로 그
리스도에게 달라붙어서 살아가고 싶다. 노아가 자기는
살아 남을 가치가 있었다고 생각하지 말고 하나님의
은혜로 살아 남았다고 생각할 수 있었다면 그때 그 신
앙은 더욱 빛나는 것이 되었으리라.

내가 소학교 2학년인가 3학년일 때 아마도 「유년 구락부(俱樂部)」라는 잡지에 '노아의 방주'라는 얘기가 연재되고 있었다. 나는 교과서 이외에 책을 살 처지가 못 되었기 때문에 이웃에 사는 친구한테서 잡다한 책을 빌려서 읽었다. 월간지 등은 달마다 꼭 빌릴 수 있는 것이 아니어서 그 '노아의 방주'도 다 읽은 것은 아니었다. 내가 빌린 그 달의 '노아의 방주'에는 우연하게도 귀여운 아기가 작은 배에 태워져 있는 삽화가 붙어 있었다.

그래서 나는 이 아기가 타고 있는 작은 배를 '노아의 방주'라고 하는가 보다고 생각하고 있었다. 그리고 그것은 「구약성경」을 읽을 때까지 무려 20년 가까이나 계속되었다. 방주라는 어감도 귤상자나 사과상자쯤의 크기를 연상했음에 틀림없다. 그러나 그 그림은 나중에 나오는 모세가 아기일 때에 상자에 넣어져서 물에 띄워 버려진 얘기의 삽화이고, 노아의 방주와는 전혀 다른 것이었다.

'노아의 방주'란 길이 137미터, 너비 22.8미터, 높이 13.7미터나 되었다고 야마무로 굼뻬이(山室軍平) 선생님은 「민중의 성서」에 쓰셨다. 아오하꼬(아오모리, 하꼬다떼, 즉 本州와 北海道를 잇는 항구＝역자 주) 연락선처럼 큰 배였다. 여하간 일단 선입관념이 들면 언제까지나 잘못된 대로 지속되니까 두려운 일이다.

노아의 얘기를 창세기 6장 전체에 걸쳐서 인용하면 좋지만, 길어지기 때문에 간추려서 서술하겠다.

하나님은 땅 위에 번식한 인간들의 너무나 사악한 모습에 실망하셔서 인간을 창조하신 일도 새나 짐승을 창조하신 일도 후회하시고 이것들을 모두 멸하려고 하셨다. 그러나 노아라는 사람은 참으로 옳은 사람이었으므로 하나님은 이 노아와 그의 가족, 그리고 모든 생물의 한 쌍만은 멸하지 않고 남겨 두셨다. 그래서 노아에게 명하셔서 3층의 큰 방주를 짓고, 가족과 생물의 모든 암수(雌雄)를 그 배에 들이도록 하셨다.

노아는 긴 세월을 소비해서 명령받은 큰 배를 짓고, 명령받은 대로 가족과 모든 종류의 동물을 한 쌍씩 배로 들였다. 과연 하나님의 말씀대로 곧 땅에 큰 비가 내리기 시작하고, 40일 40야에 걸쳐서 계속 내렸다. 그리고 그 홍수는 150일 동안 머물렀다. 이리하여 방주에 들어가 있던 노아의 가족 8명과 동물 이외는 모두 지상에서 멸망해 버렸다.

대략 이상과 같은 얘기다. 내가 이 얘기를 성경에서 처음으로 읽었을 때 나는 요양하며 구도(求道)중이었다. 나는 이것을 읽고 자기의 가족만을 구원한 노아는 얼마나 이기적인 인간인가 하고 생각했다. 동물을 한 쌍씩 들일 여유가 있으면 아마 노아의 집 근처에 사는 사람들은 모두 살려 줄 수 있었지 않았을까, 나는 그렇게 생각했다. 모든 사람이 멸망하는 것을 보고만 있던 노아는 아무리 의로운 사람이라 할지라도 몰인정한 인간이라고 생각했다.

나의 친구가 저 패전 이후에 사할린(樺太)으로부터 철수하려고 생각했다. 이웃에 사는, 배를 가진 어부가 가족과 함께 북해도로 돌아간다고 하기에 함께 데리고 돌아가 달라고 청원했지만, 쌀쌀하게 거절당했다. 그 어선에는 소유주인 그 어부의 가족과 실을 수 있는 한도의 가재도구가 잔뜩 실려 있었다. 만일 다른 사람들을 태운다면 가재를 버리고 가야만 했다.

친구는 나중에 다른 배로 북해도로 철수했지만, 그때의 이야기를 하면서 무정한 사람도 다 있다고 눈물을 글썽거렸다. 노아의 얘기를 읽은 내가 반사적으로 친구의 얘기를 떠올린 것은 노아가 이 냉혹하고 무정한 인간과 비슷하다고 생각했기 때문이다. 지금 생각하면 고소(苦笑)를 금할 수 없는 얘기이지만, 나는 그 당시 진정 그렇게 생각했었다. 그러나 지금의 나는 노아에 대해서 전혀 다른 생각을 가지고 있다. 성경에는 노아를 다음과 같이 쓰고 있다.

"노아는 의인이요, 당세에 완전한 자라. 그가 하나님과 동행하였더라."(창세기 6장 9절)

하나님은 죄로 가득 찬 사람의 세계를 보시고, 사람을 모두 멸하려고 하셨다.

그러나 노아와 그 가족만은 살리려고 하셨다. 그것은 노아라는 인간이 상상도 할 수 없이 신앙이 돈독한 사람이었기 때문이라고 한다. 만일 하나님이 현재의 세계를 한탄하셔서 전인류를 멸하려고 결심했다가, 아 잠깐, 저 인간 하나만은 차마 멸할 수 없다고 생각하신다면 대체 누구를 아끼실까? 그야말로 내 자신이라고 생각할 수 있는 사람이 있을까? 한 걸음 양보해서 이것이 세계에서 1백 명, 1천 명 또는 1만 명이라고 생각해도 자기는 그중의 한 사람에 들 수 있다고 단언할 수 있는 사람은 매우 적을 것이다. 이렇게 생각하면 노아라는 인물은 상상도 할 수 없을 정도로 훌륭한 신앙자였을 것이다.

노아 시대의 세계가 어떤 상태였는지를 나는 알 수 없다. 그러나 하나님이 명하신 높이 13.7미터, 길이 137미터, 너비 22.8미터라는 큰 배는 아마 없었던 것이 아닐까 하고 생각한다. 우리가 만일 아직 본 일도 없는 큰 배를 지으라는 명령을 받았을 때에 대체 어떤 대답을 할까?

"저는 도저히 그렇게 큰 배를 지을 수 없습니다."

"저에게는 짐이 너무 무겁습니다."

"배를 짓는 일은 저의 전문이 아니기 때문에."

겸손한 듯한 말로 우리는 그 책임을 면하려고 하지 않을까?

더구나 그 배는 지금 당장 바다에 띄워서 사용해야 하는 것도 아니다. 아마 아무리 비가 많이 내려도 절대로 홍수가 날 것 같지도 않은 육지의 위다. 해변도 아닌 그런 육지에서 본 일도 없는 큰 배

를 짓는다는 일은 아무리 생각해도 미친 짓이다. 그러나 하나님은,
"잣나무로 지어라. 그리고 역청(瀝靑)으로 배 안팎에 칠하라."
고 명령하셨다. 막대한 잣나무가 필요했다. 그것은 대단한 비용
이다. 잣나무를 잘라내고 쓰러뜨리고, 깎고, 결합시키는 노아들의
노고만 해도 엄청난 것이었으리라. 〈창세기〉라는 영화 중에 그 당
시의 사람들이 노아와 그 일가의 땀투성이가 되어 묵묵히 일하는
모습을 비웃고 있는 장면이 있었다. 내가 만일 그 당시에 살고 있
었다면 역시 노아들을 비웃었을 것이다. 하나님의 말씀을 따르는
모습은 어떤 때는 몹시 괴상하게도 보이고, 바보와 같이도 보이는
법이다.
　"곧 홍수가 나서 인류는 멸망당할 테니까, 이만저만하게 큰 배를
지으라고 하나님이 명령하셨다."
　그렇게 말하면서 가업(家業)도 내던지고 조선(造船)에만 힘쓰는
노아의 모습은 웃음거리 이외의 아무 것도 아니었으리라. 사람들
의 조소 중에서 다른 사람은 아무도 믿지 않는 일을 자기만은 믿
는다는 것은 어려운 일이다. 지금 나는 노아를 비웃던 사람들과 똑
같이 크리스찬을 심하게 조소하던, 믿기 전의 내 모습을 되새겨
본다. 나를 그리스도에게 인도하려고 요양소로 문병 온 소꿉친구
인 크리스찬 마에까와 타다시를 조소한 일을 나는 자서전「길은 여
기에」속에 기록했다.
　'하나님'이라는 말, '기도한다'는 말, '죄악감'이라는 말, 그 밖
에 '용서'라든가 '구원'이라는 말, 그것들이 그의 입에서 나올 때
마다 나는 우스웠다. '믿는다'는 말에는 가장 민감한 반응을 보
였다. 크리스찬은 위선자이며 고상한 체해서 몹시 싫다고 매도(罵
倒)도 했다.
　왜 그랬을까? 그는 그리스도의 아버지이신 하나님을 믿고 있었
기 때문이고, 나는 믿지 않았기 때문이다. 그는 유별나게 노아처럼
곧 홍수가 나서 인류는 멸망한다고는 하지 않았다. 그러나 하나님

을 믿고, 일요일에는 교회를 다닌다는 모습에조차 나는 우스꽝스
러움과 반발을 느낀 것이다. 그런 내가 지금은 하나님을 믿는 사람
이 되었다. 그리스도의 구원을 믿는 사람이 되었다. 그러나 나는
대체 얼마나 믿고 있을까? 노아처럼 참으로 하나님을 경외(敬畏)
하고, 그의 말씀을 완전히 믿고 있을까?

나는 때때로 남편 미우라와 단둘만 남게 될 노후가 불안해서,

"여보, 저금을 하지 않을래요?"

라고 한다. 매년 3월, 세금을 낼 때마다 불안한 마음이 든다. 그러
면 남편 미우라는,

"먼저 하나님의 나라와 하나님의 의를 구하라. 그리하면 필요한
것을 반드시 주시리라고 성경에 쓰여 있지 않소?"

라고 한다.

"그야 그렇게 쓰여 있긴 하지만……."

"쓰여 있으면, 그것으로 됐소."

'그런 소리를 해봤자…… 저금도 어느 정도 해야지.'

나는 그래도 마음속으로 중얼거린다. 그리고 남편인 미우라는
어차피 저금통장을 들여다본 일도 없으니까, 몰래 저금을 해 두자
고 생각한다. 하나님의 말씀을 정직하게 믿는 신앙이 없다. 늘리기
도 하고 에누리도 하여, 어떻게든 자기에게 편리하도록 해석하려
고 한다. 그런 불신을 나는 되풀이하고 있다. 노아처럼 긴 세월을
사람들에게 조소를 받으면서도 그의 모든 것을 걸고 명령받은 조
선에 힘쓰는 신앙이 나에게는 없다.

그런데 노아 시대에는 노아에게만 방주를 짓도록 하나님이 명령
하셨다. 그러나 신약시대인 지금은 어떤가? 하나님은 바로 모든
사람에게 방주를 타라고 말씀하시고 계시다. 옳은 사람, 옳지 못한
사람의 차별이 거기에는 없다. 현대의 방주는 바로 그리스도이
시다. 그리스도로 말미암아 사람들은 분명히 구원받는다. 그 신앙

을 지니는 한 누구나 모두 하나님에게 용납된다. 그러나 하나님이
아무리 모든 사람에게 구원의 손을 뻗어 주겠다고 말씀하셔도, 또
는 영원한 생명을 주겠다고 약속하셔도 이것을 믿지 않는 사람에
게 있어서는 바보스러운 얘기에 지나지 않을 것이다. 나도 일찍이
마에까와 타다시에게,

"별로 구원받고 싶은 생각이 없어요."

"어차피 나는 지옥으로 갈 거예요."

라고 했었다.

아마 노아도 수많은 사람들에게 방주로 들어오라고 권했을 것
이다. 그러나 그 당시의 사람들은 비웃으면서 변변히 그의 얘기를
귀담아 들으려 하지 않았을 것이다. 그렇다면 노아는 반드시 냉혹
하지도 무정하지도 않았다는 말이 된다. 아니, 노아는 아마 아무리
권해도 듣지 않고 멸망해 가는 사람들을 한탄하며 슬퍼했을지도
모른다. 신앙은 어떤 세계에서든지 한 사람 한 사람의 자유의지로
이루어지는 일이기 때문에 강요할 수는 없다. 그것은 노아시대도
현대도 마찬가지이다.

그런데 그 당시의 사람들은 150일이나 머무는 홍수로 모두 멸망
당했다. 남은 사람은 노아의 가족 8명뿐, 그리고 종류에 따라서
방주로 들어간 한 쌍씩의 동물뿐이었다. 홍수가 물러가고 땅이 말
라서 드디어 방주에서 나온 노아들 8명의 눈에 비친 것은 모두 홀
러 떠내려간 황량한 무인의 세계였다. 자기들 8명만이 구원을 받
았다고 깨달았을 때 노아의 심정은 대체 어떠했을까?

물론 하나님에 대한 감사는 컸을 것이다. 그들은 먼저 제단을 쌓
고 번제(燔祭=희생의 제물)를 하나님께 드렸다고 성경에 쓰여 있다.
새로운 생활은 하나님께 드리는 감사로 첫걸음을 내디뎠다. 하나
님은 이에 대해서 아담과 하와에게 내리신 저 유명한,

"생육하고, 번성하여, 땅에 충만하라."

는 축복의 말씀을 다시 내리시어,

"다시는 모든 생물을 홍수로 멸하지 아니할 것이다."
고 약속하시고, 구름에 걸리는 무지개는 그 약속의 표라고 말씀하
셨다.

　이와 같이 하나님한테서 축복을 받을 정도로 고결한 신앙을 지
닌 노아와 그의 가족 8명만의 세계였다. 참으로 천국과 같이 깨끗
하고 평화롭게 살았으리라고 누구나 상상하고 싶어지는 것은 당연
하리라. 8명이 살아 남을 수 있었던 것은 인류가 멸망하리라는 하
나님의 예고에 두려워 떨며 마음을 합하여 저 큰 방주를 완성했기
때문이다. 살아 남은 8명은 계속 하나님 앞에 옳고 깨끗하며 평화
롭게 살았어야 했다. 첫째, 이 세상에 8명 밖에 없는 것이다. 사이
좋게 살 수밖에 도리가 없지 않았나 생각한다.

　그러나 과연 어떠했을까? 인간이란 존재는 옳다고 해도 한도가
있다. 무한하게 옳을 수는 없다. 더욱이 사람들의 조소를 참으며
큰일을 완수했고, 그리고 살아 남은 것이다. 그만큼 그들의 마음은
대단한 위험에 직면했었던 것이 아니었을까? 나는 그 정도의 큰
작업이 아니라도 날마다 방에 들어앉아서 소설을 쓰고 있노라면
그것을 마치는 순간에 안도의 숨을 내쉬고 어디론가 훌쩍 놀러가
고 싶은 해방감의 엄습을 받는다.

　노아들 8명이 아무리 훌륭해도 인정상으로는 사람들과 그다지
다르지 않았을 것이다. 틀림없이 거기에는 마음의 해이함이 전혀
없었다고는 할 수 없을 것이다. 평범한 사람인 나는 그렇게 상상
한다. 아마 이 세상에 자기들만이 살아 남을 수 있게 된 사실을 자
랑하고 싶어지지 않았을까고 생각한다.

　'우리를 조소하던 그 남자도 그 여자도 모두 멸망하지 않았느
냐? 역시 우리는 저 멸망당한 인간들과는 다르다. 선택된 가족
이다.'
라는 오만한 생각이 불쑥 머리에 들지 않았다고 단언할 수 있을
까? 나는 도저히 단언할 수 없다고 생각한다. 그것은 다음과 같은

사건이 노아의 일가에 일어난 것을 성경이 말하고 있기 때문이다.

홍수 후에 노아는 농부가 되어 포도를 재배해서 포도주를 빚
었다. 그리고 그 포도주를 마시고 취해서 음부를 노출시킨 채 잠
들어 버렸다. 그것을 본 노아의 아들 함은 밖에 있던 형제인 셈
과 야벳에게 알렸다. 셈과 야벳은 아버지의 추태를 보려는 생각
을 일으키지 않고 뒷걸음질쳐 들어가서 아버지의 몸에 옷을 덮
었다. 술이 깨어 노아는 그 사실을 알고 셈과 야벳을 축복했지
만,

"함의 아들 가나안은 저주를 받으라."
고 저주했다.

이상의 사건은 우리에게 주는 경고가 아닐까? 하나님이 옳다고
인정하시어 축복하신 노아조차 술을 잔뜩 마시고 벌거벗은 수치를
드러냈다. 우리의 가정에서 노아와 같은 추태를 연출하는 주정뱅
이가 과연 있을까? 술주정 얘기와 취한 끝에 저지른 실수의 얘기
는 혼히 듣지만, 자녀들 앞에 나체를 노출시킨 얘기는 거의 듣지
못했다. 모든 음주를 죄라든가 신앙적이 아니라고는 할 수 없지만,
적어도 신앙자는 이렇게 몹쓸 추태를 보여서는 안된다. 이렇게 취
한 노아는 결코 홍수 이전의 노아가 아니었다고 나는 생각한다.

세계에서 단 한 가족만이 멸망에서 구원받았다는 이 큰 은총을
받은 노아조차 이렇게 된 까닭은 무엇 때문인가? 역시 그것은 부
지중에 오만하게 된 때문이라고 나는 상상한다. 이렇게 볼 때 하나
님의 은총으로 신자가 되었으면서 오만해져서 자칫하면 하나님에
게서 떠나기 쉬운 우리 자신의 신앙생활을 억지로라도 반성하게
되는 것이 아닐까?

셈과 야벳은 아버지의 벗은 몸을 보지 않았다. 이것은 매우 훌륭
한 일이다. 아버지의 벗은 몸을 본 함은 아마 야비한 웃음을 얼굴

에 띄우고,

"이봐 형제들, 아버지가 발가벗고 자고 있어. 와 보라구."

라고 했을 것이다. 홍수 전의 함이라면 반드시 아무도 보지 못하도록 당장 옷으로 덮으려는 배려를 했을 것이다. 그러나 그는 그렇게 하지 않았다. 왜 그렇게 하지 않았을까? 그것은 홍수 전과 같지 않은 아버지를 함이 존경할 수 없게 된 때문일 것이다. 그리고 아버지를 존경할 수 없는 함 자신도 그 정신상태가 변했을 것이다.

술에서 깬 노아가 여기서 직접 함을 저주하지 않고, 함의 아들 가나안을 저주한 이유는 무엇일까? 이것은 아마 함의 태도로 미루어 그의 아들 가나안이 할아버지를 존경하지 않았기 때문일 것이다. 이리하여 모처럼 구원받은 노아의 가족 관계는 비뚤어지고, 불신과 저주가 만연하기 시작했다. 그 자손인 인류가 다시 죄의 세계를 쌓아 올리는 것도 당연하다. 신앙이란 얼마나 힘든 세계일까! 몇 십년 신앙을 지속했어도 하루 아침에 이것을 잃는 수가 있는 것이다.

나중 까마귀가 먼저 되고, 앞선 까마귀가 나중 된다. 나는 노아의 얘기를 읽고 참으로 두렵다고 생각했다. 발이 걸려 넘어지면서라도 어떻게든지 하나님의 긍휼로 그리스도에게 달라붙어서 살아가고 싶다. 노아가 자기는 살아 남을 가치가 있는 인간이었다는 생각을 말고 하나님의 은혜로 살아 남았다고 계속 생각할 수 있었다면 그 신앙은 더욱 빛나는 것이 되었으리라. 인간은 은총이 아니면 존재할 수 없다. 노아의 방주는 노아의 공적에 의한 것이 아니고, 하나님의 은총의 방주였던 사실을 다시금 확인하기 바란다.

5

바벨탑

하늘은 한없이 높다. 하늘이란 인간의 손이 닿지 않는 곳, 즉 하나님의 영역을 가리키는 것이 아닐까? 당시에 바벨탑을 쌓으려던 사람들은 하나님의 영역에 육박하려고 한 것이다. 다시 말하자면 인간이면서 인간의 영역을 넘어서 하나님의 영역으로 침입하려고 한 것이다. 이것이 인간이 언제나 빠지기 쉬운 오만이며, 이미 빠진 오만이 아닐까!

약 3년 전, 동경에서 개최된 아시아 8개국의 그리스도교 문서
출판관계자의 집회에서 나는 강연을 했다. 담당한 사람이,

"통역이 필요하십니까?"

라고 나에게 물었다. 나는 대답했다.

"아니오. 만일 여러분이 일본어를 아신다면."

담당한 사람은 웃으면서 통역을 세워 주었다. 통역의 수고를 담
당해주신 분은 일본 기독교단 쯔루까와(鶴川) 학원의 타까미 토시
히로(高見敏弘) 선생님이었다. 선생님 덕분에 사람들은 나의 변변
치 못한 얘기에도 감동해 주셨고, 그 후의 좌담회에서도 서로 마음
을 통하는 깊은 대화를 주고받을 수 있었다. 그러나 영어를 할 수
없는 나는 '아아, 나도 영어가 능통하다면' 하고 그때 절실히 생각
했었다.

그 후에도 하와이와 로스앤젤리스 등에서 강연 초청이 있었지만
유감스럽게도 거절해 버렸다. 물론 몸이 약한 탓도 있지만, 어학에
약한 것도 외국 여행에서 물러서게 한다. 그런 때 나는 '어째서 이
세계는 이렇게 많은 종류의 말이 있을까?' 하고 뼈저리게 생각
한다. 온 세계가 말이 같다면 누구와도 자유롭게 얘기할 수 있어서
얼마나 즐거울까 하고 생각한다.

「구약성경」 창세기 11장 1절부터 9절까지에는 세계가 왜 서로
다른 말을 쓰게 되었는지가 기록되어 있었다. 이곳은 짧으니까 인
용해 보겠다.

　온 땅의 구음이 하나이요 언어가 하나이었더라. 이에 그들이
　동방으로 옮기다가 시날 평지를 만나 거기 거하고 서로 말하되,

　"자, 벽돌을 만들어 견고히 굽자."

하고, 이에 벽돌로 돌을 대신하며, 역청으로 진흙을 대신하고 또 말하되,

"자, 성과 탑을 쌓아 탑꼭대기를 하늘에 닿게 하여 우리 이름을 내고, 온 지면에 흩어짐을 면하자."

하였더니, 여호와께서 인생들의 쌓는 성과 탑을 보시려고 강림하셨더라. 여호와께서 가라사대,

"이 무리가 한 족속이요, 언어도 하나이므로 이같이 시작하였으니, 이후로는 그 경영하는 일을 금지할 수 없으리로다. 자, 우리가 내려가서 거기서 그들의 언어를 혼잡케 하여 그들로 서로 알아듣지 못하게 하자."

하시고, 여호와께서 거기서 그들을 온 지면에 흩으신고로 그들이 성 쌓기를 그쳤더라. 그러므로 그 이름을 바벨이라 하니, 이는 여호와께서 거기서 온 땅의 언어를 혼잡케 하셨음이라. 여호와께서 거기서 그들을 온 지면에 흩으셨더라.

이리하여 세계의 언어는 여러 언어로 나뉜 것이다. 만일 이런 사건이 없었더라면 세계는 지금도 모두 같은 언어를 사용하고 있을 것이다. 일본어도 프랑스어도, 영어도 히브리어도 없었다. 따라서 외국어 과목은 세계의 어느 학교를 가도 없었던 셈이 된다. 단어 카드를 보면서 공부하는 일도 없다. 진학도 퍽 쉽게 되었을 것이다.

아니, 그런 일보다 사람들은 서로 더욱 이해하고, 각국 서로의 우정도 진실한 것이 되며, 국제 문제도 현재와는 전혀 다른 것이 되지 않았을까? 나는 그런 것을 생각하고 역시 세계는 한 언어를 사용해야 된다고 생각했다. 그러나 그 세계의 한 언어를 잃은 것은 결국 인간의 주제넘은 오만 때문이었다.

인용한 성경 말씀 중에 "자, 성과 탑을 쌓아 탑 꼭대기를 하늘에 닿게 하여 우리 이름을 내고, 온 지면에 흩어짐을 면하자"라는 그

당시 사람들의 소원이 쓰여 있다. 그 소원의 결과가 어떠했는가? 성도 탑도 중도에 내던져 버리고, 오명(汚名)만 남기고 이름을 내게 되지는 못했다.

그들이 말한 하늘이란 대체 어디를 가리키는가? 산을 보고 있노라면 산의 바로 위가 하늘로 보인다. 그러나 산을 올라갔다고 해서 하늘에 손이 닿지는 않는다. 하늘은 한없이 높다. 하늘이란 인간의 손이 닿지 않는 높은 곳을 가리키는 것이리라. 즉, 하나님의 영역을 육박하려고 한 것이다. 인간이면서 인간의 영역을 넘어서 하나님의 영역으로 침입하려고 한 것이다. 자기를 하나님과 같은 높이에 두고자 한 것이다. 이것이 인간이 언제나 빠지기 쉬운 오만이며, 이미 빠져 있는 오만이다.

아담과 하와가 낙원에서 추방된 것은 무엇 때문이었나? 이 열매를 먹으면,

"하나님처럼 선악을 아는 존재가 된다."

고 뱀의 유혹을 받았기 때문이다. 바벨탑은 이 똑같은 과오를 범한 것이다.

"하나님과 같이 되고 싶다. 하나님과 똑같은 존재가 되고 싶다"

는 오만을 하나님은 결코 용서치 않으신다. 이 오만이 첫 인간의 죄인데, 사람들은 벌써 그런 일을 잊고 있었다.

누구든지 자기 자신을 돌아볼 때, 인간이란 얼마나 잘 잊어버리도록 창조되어 있는가를 알 것이다. 나도 예외는 아니다. 어제 결심했는가 하면 오늘은 벌써 그 결심이 무너지며, 오늘 넌더리가 나서 절대로 다시 하지 않겠다고 다짐한 일을 이튿날에 또다시 되풀이한다. "목구멍만 넘기면 뜨거움을 잊는다"는 속담이 있지만, 옳은 말이라고 생각한다.

그런데 이 성경에,

"벽돌로 돌을 대신하며, 역청으로 진흙을 대신했다."

고 쓰여 있으니까, 이 시대는 인간의 지혜도 크게 진보한 하나의

획기적 시대였던 때가 아닐까? 어쩐지 인간이란 뭔가 하나를 발명할 때마다 미련하게 되는 것이 아닐까? 당장 '인간만큼 위대한 존재는 없다' '나만큼 위대한 사람은 없다'고 생각하고 싶어하는 것이 아닐까?

그 당시의 사람들도 한층 지혜가 진보한 단계에서, '하늘에 닿는 탑을 세우자'고 하나님의 영역으로 육박해서 인간의 위엄을 펴려고 한 것이 아닌가고 나는 생각한다.

"이름을 내자"는 것은 하나님보다 자기들의 이름을 높이려는 충동을 받았다는 뜻일 것이다. 나는 도쿄(東京)로 갈 때마다 36층이니 44층이니 하는 건물을 보고 바벨탑을 상기하며 어쩐지 우스워졌다. 도쿄에서조차 이렇게 느끼니까 뉴욕의 마천루를 본다면 나는 어떤 생각을 하게 될까? 물론 이 건물들은 별로 하나님의 영역으로 육박하려고 세운 것은 아니겠지만, 인간이 하는 일이란 어딘가 모자라는 데가 있다.

어제 신문에도, 도쿄에서 진도(震度) 4의 강한 지진이 일어나서 고층 빌딩에 있던 사람들이 창백하게 질리고, 젊은 수위의 주위로 몰려 와서 "괜찮을까요?"라고 했다는 기사가 실렸다. 수위는 얼핏 보기에 경찰관과 비슷한, 그러나 경찰관보다 더 위엄이 있는 복장을 하고 있다. 그러나 그들도 사복을 입으면 마치 청바지를 입은 일개 청년에 지나지 않는다. 그런 수위가 상하로 흔드는 지진이 그 이상 더 강해질 것인지, 무사하게 끝날 것인지 알 리가 없다. 첫째, 수위로 근무하지만 몹시 소심한 남자일는지도 모른다. 자기들과 그리 차이가 없는 수위에게 "괜찮을까요?"라고 하면서 모여드는 그 심리는 웃을래야 웃을 수 없는 인간의 모습을 정직하게 반영하고 있다.

이것은 여담이지만, 지진이나 화재가 일어나면 도망할 곳도 없는 몇 십층이나 되는 고층 빌딩이라는 것은 진정 현명한 인간이라면 고안해 내지 않았을 건물이라고 나는 생각한다. 여담을 하는 김

에 또한 마디 한다면, 고층 건물만이 아니다. 도꾜나 오사까(大
阪)에 가면 나는 대도시의 모습에 역시 하나의 허점을 느낀다. 언
젠가 어떤 곳에 글을 쓴 일이 있지만, 무엇 때문에 인간은 그토록
무리하게 한 곳으로 모일까? 그리고 태양 광선을 쪼이는 권리와
검은 흙 위를 걷는 권리를 뺏겨도 불평도 하지 않고 흙 속의 지하
철이나 길 위에 설치된 고속도로를 달려 돌아다니고 있다. 이것이
참다운 지혜 있는 모습이라고는 도저히 생각할 수 없다. 만일 하나
님에게 여쭈어서 만든다면 하나님은 이러한 비참한 환경에서 인간
을 살게 하시지는 않을 것이다.

　하나님이 인간에게 주신 것은 맑은 공기와 맑은 물과, 푸른 산과
들, 그리고 따뜻한 태양, 비, 바람, 눈, 넓은 하늘이 아니었던가?
인간이 뭔가 한 가지를 발명할 때마다 어리석게 되어가는 것은 현
대도 마찬가지이다.

　"약간 고장이 있어도 날아라" 하고 명령을 내려서 날아 오른 비
행기가 털썩 떨어져서 수많은 사람들의 목숨을 잃게 하거나, 자기
들이 만든 무기로 증오하지도 않는, 알지도 못하는 먼 나라 사람과
서로 죽이기도 한다.

　"약간 고장이 있어도 날아라"고 명령을 내리거나, 또는 "쏴!"
하고 명령하는 것은 언제나 소수의 사람이고, 그런 명령에 복종하
는 것은 언제나 다수의 사람이다. 슬프게도 "사람의 말보다 하나님
의 말씀을 따르겠다"(사도행전 4 장 19 절, 5 장 29 절＝역자 주)고 말
할 만큼의 겸손함도 강함도 우리들 일반 대중쪽에는 없다. 오히려,

　"나는 무신론자예요."

　"하나님? 하나님이란 전세기의 유물이지요."

　"인간이 달세계로 가는 시대인 걸요. 인간이 하나님이 아닙니
까?"

　이런 말조차 사람들은 예사롭게 지껄이고 생각 없이 믿고 있다.
이래서는 "그 꼭대기를 하늘에 닿게 하자"고 하던 바벨의 사람들과

다를 바가 없지 않을까? 그러나 사람들은 알고 있을까? 달 세계
에 발자국을 찍은 한 우주 비행사가 하나님의 사랑을 전하기 위해
서 우주 비행사를 그만두고 전도자로 바뀌었다는 사실을.

이 바벨탑 얘기는 극히 짧지만, 참으로 여러 문제를 우리에게 던
져 준다. 그 당시는 언어가 하나였다고 쓰여 있지만, 이 탑과 성을
쌓기 시작했을 때 이미 사람들 중에서는 분열이 있었던 것이 아닐
까? 확실히 인간은 악한 일을 하는 데에도 쉽게 결속한다. 비근한
예를 들면, 남의 험담을 할 때가 그렇다. 사이가 나쁜 A 와 B 가
공통으로 싫어하는 친구 C 의 험담을 할 때는 친구와 같은 상태가
되는 법이다.

이와 비슷하게 사람은 악을 행하는 데에도 하나가 되는 것이지
만, 그러나 바벨탑을 건축하는 어리석음을 지적한 사람이 한 사람
이나 두 사람은 있지 않았을까? "그건 안돼. 하나님에 대한 죄다"
고 하는 사람이 전혀 없었을까? 모두 탑을 건축하는 일을 찬성했
을까? 또는 누군가가 말했지만, 이미 대중은 하늘에 닿는 탑을 건
축하는 계획에 흥분하고 있어서 그 반론에 귀를 기울일 여유가 없
었던 것일까? 그리고 언어가 하나였다는 것은 대체 어떤 상태였
을까? 언어사상이라고 하는 것처럼 언어, 즉 사상일 수도 있다.

앞장인 10 장 20 절과 31 절에는 다음과 같은 말이 쓰여 있다.

"그 족속과 방언과 지방과 나라대로였더라."

다시 말해서 바벨탑 이전에도 언어는 각기 달랐던 것 같다. 하기
야 현행 성경에는 그 '언어'가 '방언'이라고 쓰여 있으니까, 독일
어와 일본어 정도의 차이가 아니고 관서(關西) 사투리와 도꾜 사투
리 정도의 차이였는지도 모른다.

여하간 바벨탑을 건축할 때는 언어가 같았다. 하나였다. 이것
을 자의(字義) 그대로 받아들여도 좋겠지만, 이곳에 사상통제의 냄
새를 느끼는 것은 지나친 비약일까? 바벨탑의 기록보다 조금 앞

서(10 장 8, 9 절) 인간세계에 권력자가 등장한 사실이 기록되어
있다. 나는 어쩐지 이 권력자의 등장부터 꼬리를 끌고 바벨탑에 이
르고 있다는 생각이 든다.

전쟁중에 일본인은 언어사상의 통제를 받았다. 비근한 일로는
레코드를 '음반(音盤)', 퍼머넌트 웨이브를 '전발(電髮)'이라고 해
야 했다. 적성어(敵性語)인 영어는 사용해서는 안된다는 것이었다.
그 당시 교사직을 맡은 나는 가정시간(家庭時間)에 크로스 스티치
라는 말을 사용하고 다른 교사한테서 "선생님이 적성어를 쓰셔서
야 되겠어요?"라는 말을 들은 일이 있다. 이런 언어상의 일뿐이면
그래도 괜찮다. 천황을 현존 신이라고 하고, 이것에 이의를 주창하
는 사람은 당장 투옥되고, 또는 목숨조차 뺏겼다. 그래서 나는 국
가가 사상을 통제하고, 전쟁에 광분하는 모습과 바벨탑을 건축하
는 모습에 공통점을 느끼지 않을 수 없다. 특히 신이 아닌 인간을
신이라고 한 것은 그대로 바벨탑 건설의 동기에 딱 들어맞는다.

다행스럽게도 패전으로 일본은 그런 잘못을 고친 셈이지만 신이
아닌 사람을 신으로 모시는 일만큼 인간을 모욕하는 일은 없다. 전
후(戰後)에 천황은 인간 선언을 하시고서 얼마나 안심하셨을까고
생각한다. 인간은 인간으로 살 권리가 있다. 인간 이하의 짐승 대
우를 받는 것이 고통인 것처럼 인간 이상으로 대우를 받는 것도 큰
압박이라고 하지 않을 수 없다.

그것은 그렇다 치고, 아담과 하와도, 바벨의 사람들도 인간이 하
나님을 대신하려고 할 때 그 뜻은 반드시 중단당해 버린다는 사실
을 성경은 설명하고 있다. 현대의 바벨탑은 무엇일까? 우리는 현
명하게, 주의깊게 이 세상의 현실을 응시해야 할 것이다. 이와 동
시에 자기의 가슴속에 둥우리를 트는 '하나님은 없다' '하나님 같
은 것이 있단 말인가?'라는 불손한 생각에도 예리한 눈길을 돌려
야 하겠다.

이 바벨의 얘기는 또 아무리 이 세상이 하나의 언어로 생각을 합

친다고 해도, 결국은 인간의 언어라는 것은 인간을 단결시키는 데에 그다지 강력한 것은 아니라는 사실도 말해 주는 것이 아닐까? 그것은 다시 바벨탑을 예로 들 것까지 없을는지도 모른다. 우리가 영위하는 하나하나의 가정의 모습을 보면 알 수 있다. 열렬한 연애를 해서 결혼한 부부가 석달 후에는 벌써 서로 어떤 말도 통하지 않게 되고, 얼어 붙는 듯하게 차가운 모습이 되어 버린다는 일은 현재 너무나 드물지 않은 얘기가 되었다. 바로 최근까지는 "어머니, 어머니" 하고 달라붙던 아이가 중학교에 들어가자마자 어머니와는 갑자기 말도 하지 않게 되었다는 이야기도 흔해빠져서 새삼스러운 것도 아니다. 며느리와 시어머니, 올케와 시누이, 아버지와 아들, 어머니와 딸, 형과 동생, 이것도 꼭 마음이 통하는 상태라고 할 수 없는 예도 많다.

겨우 2인이나 4인이 이루는 가정생활이 이렇다. 외국 사람끼리 형성한 가정이 아니다. 그러나 말이 통하지 않는다. 이렇게 생각하면 사람의 마음과 마음을 연결시키는 것은 과연 언어일까 하는 의문을 갖게 된다.

바벨탑과 성을 쌓기 시작한 사람들은 처음에는 협력했다. 그러나 그러는 중에 이 사람은 이 일을 생각하고 저 사람은 저 일을 원하여 자기의 주장을 관철하려고 하며 양보하지 않았다. 이 사람들의 경우는 부당한 의지통일을 하나님의 은혜로 혼란을 일으켜 저지당한 셈이니까 확실히 결과적으로 다행하게 된 셈이긴 하지만, 소위 언어가 통해도 제멋대로 하다가 싸움이 되고, 마침내는 전혀 의사가 통하지 않게 되어 산산조각이 나서 다른 나라로 흩어져 갔다고 생각 못할 것도 없다.

이미 10년 가까운 옛날이 되지만, 미국에서 우리 교회로 한 달 동안 전도하러 오신 목사님이 계셨다. 일본어는 조금도 못하셨다. 이쪽의 대부분도 그다지 영어가 능하지 못했다. 통역은 있었지만 서로 부자유스러웠다. 그러나 귀국하실 때 송별회에서 일동이 "우

리 다시 만날 때까지 하나님이 함께 계셔, 간 데마다 보호하며 양
식 주시기를 바라네"라는 찬송가를 불렀을 때 목사님은 눈물을 흘
리고 계셨다. 그 큰 손으로 눈물을 닦으시는 목사님을 보면서 우리
도 울었다. 말은 통하지 않아도 서로의 마음은 통했다. 수년 후에,
목사님은 다시 부인을 동반하시고 일본으로 오셨다. 반가운 재회
였다. 펠러즈라는 목사님이었다. 우리를 연결시킨 것은 무엇인
가? 그것은 결코 단순한 말이 아니었다. 그리스도 안에 있는 사랑
이었다. 사랑이 없는 곳에는 아무 결합도 없다. 불신과 반발이 있
을 뿐이다.

　우리는 하나님의 보좌를 침범하려 하다가 거꾸로 건축중인 탑과
성을 버려 두고 산산이 흩어져 가는 바벨 사람들의 비참한 모습을
웃을 수 없는 우리 자신을, 지금 다시 한번 발걸음을 멈추고 서서
응시하기를 원한다.

6

롯과 그의 딸들

인간은 하나님을 떠나거나, 사람들을 떠나서 자기 혼
자서 거룩하고 즐겁게 살도록 창조되지는 않았다. 흔
히 말하듯이, 인간이란 '사람의 사이'라고 쓴다. 오늘
날 우리는 롯과 같이 자기만의 안전을 구하여 혼자 산
으로 들어가 있지는 않은지 돌이켜 보자. 우리가 성안
에 살아도 남을 거절하고 사랑을 잃었다면 그것은 바
로 롯의 생활과 같지 않을까?

내가 처음으로 세상에 내놓은 소설은 〈빙점(氷點)〉이다. 그러나
요양중인 1960년 경 두 편의 습작을 썼다. 어디에 발표하려고 썼던
것은 아니다. 쓰고 싶은 생각이 가슴에 넘쳤기 때문에 써 본 것
이다.

그 하나는 '링꼬(林子)'라는 여성의 얘기인데, 이것은 후일에
〈길은 여기에〉가 되었다. 또 하나는 〈롯과 그의 딸들〉이라는 제목
이었다. 롯이란 말할 것도 없이 「구약성경」 창세기에 나오는 인물
인데, 이스라엘의 신앙의 조상이라는 아브라함의 조카이다. 요양
중 나는 누구한테서 강권받은 것도 권유받은 것도 아닌데, 롯을 소
설로 써 보고 싶다고 절실하게 생각했다. 아직도 깁스 침대에 누워
있을 때였으니까 반듯이 누운 채 원고지의 칸에 글자를 메워 나
갔다. 아마 100장 정도의 중편소설이었을 것이다. 반듯이 누운 채
글자를 써내는 작업은 절대로 편하지는 못했다. 그리고 100장의
소설을 쓰는 것도 에너지가 드는 일이다. 그럼에도 불구하고 절대
안정을 요하는 나더러 100장의 소설을 쓰게 만든 것은 대체 무엇
이었을까?

창세기 11장의 끝부터는 믿음의 조상이라고 하는 아브라함이 등
장하고, 이하 창세기의 마지막인 50장까지는 아무 해설도 필요치
않을 정도로 평이하고도 극적인 얘기가 전개되고 있는데, 나는 여
기서 19장을 중심으로 소설적 상상을 섞어서 롯이라는 인물을 소
개해 보고 싶었다.

롯은 그날 저녁 소돔의 성문에 앉아 있었다. 그 당시의 성문에서
는 상거래와 재판 등이 행해지고 있었으니까, 성문에 앉을 수 있는
롯은 소돔성의 유력자의 한 사람이었던 셈이다. 그러나 롯은 이상

하게 불안했다. 그날 저녁 하늘은 짙은 황금빛으로 물들어 있었다.

'당장 이 성에 이변이 일어나는 게 아닐까?'

롯의 형용할 수 없는 불안은 별로 이날이 처음은 아니다. 롯은 음란한 소돔성에 대한 하나님의 심판을 끊임없이 예감하고 있었다. 그 롯의 생각을 조소하는 것처럼 아이섀도우를 칙칙하게 칠한 젊은 여자가 풍요한 몸을 비비꼬면서 지나가고, 그 뒤를 팔을 낀 두 남자가 서로 안는 것처럼 하고 지나갔다. 소돔성은 몇 천년 후인 지금에 이르기까지 '소돔이즘'이라는 말을 남길 만큼의 남색 (男色)이 많고, 성(性)으로 난잡한 도시였다.

'아아, 이런 성으로 오지 말아야 했는데.'

롯은 몹시 불쾌한 듯이 중얼거렸다. 롯은 문득 백부인 아브라함이 생각났다. 아브라함은 하나님을 순종하고, 신앙이 퍽 돈독한 사람이었다. 롯에게는 별로 신앙이 없었지만, 이 아브라함을 존경하고 사랑하고 있었다. 하나님이 아브라함에게 "너의 본토, 친척, 아비 집을 떠나 내가 네게 지시할 땅으로 가라"고 하셨을 때 아브라함은 당장 오래 살아 정든 땅을 뒤로 아내와 하인들을 데리고 아주 낯선 외국으로 떠났다. 그때 롯은 아브라함을 따라서 정든 고향을 함께 떠났다. 그만큼 롯은 아브라함을 따르고 있었다.

아브라함의 아내 사라는 절세미인이었다. 아브라함은 이집트 나라로 들어갔을 때 아내를 여동생이라고 속였다. 너무나 아름다운 사라를 정직하게 자기의 아내라고 하면 이집트 남자들의 질투를 사고, 잘못되면 살해당할는지도 모른다고 아브라함은 생각했기 때문이다. 과연 이집트의 왕 바로는 사라에게 마음을 뺏겨 아브라함한테서 사라를 양보받았다. 그 대신 수많은 양, 소, 나귀, 낙타, 그리고 남녀 노예를 아브라함에게 주었다. 이 때만은 롯도 아브라함에게 환멸을 느꼈다.

'뭐야! 신앙이 두터운 큰아버지라고 존경하고 있었는데, 자기의 목숨이 아까워서 아내를 왕에게 파는 남자였나.'

　신앙이 돈독하다고 해도 결국 인간은 이렇게 추악하고 연약한 존재라고 생각했다. 이 때 롯은 비로소 큰아버지의 아내 사라에게 자기의 마음이 끌리고 있는 사실을 알았다. 바로에게 팔려 가는 사라를 생각하면 밤새 잠들 수조차 없었기 때문이다. 그러나 사라가 한 걸음 바로의 왕궁에 발을 들여놓은 순간 바로와 왕궁에 사는 사람들은 한 사람도 빠짐없이 심한 복통과 고역에 시달렸다.

　'무슨 부정을 탔기 때문이다!'

　사람들은 생각했다. 모두가 고통하며 신음하는 중에 단 한 사람 사라만이 건강했다. 왕 바로는 사라 앞에 엎드려서 외쳤다.

　"대체 당신은 누구요?"

　"나는 아브라함의 아내 사라입니다."

　"아브라함의 아내라고? 당신은 그의 여동생이 아니었는가?"

　바로는 두려워하며 손가락 하나 건드리지 않고 당장 사라를 아브라함에게 돌려보냈다. 많은 돈까지 함께 주어서.

　'그때다. 내가 아브라함에게서 정이 떨어진 것은……'

　롯은 점차 더 황금색으로 물들어가는 하늘을 쳐다보면서 생각했다. 이집트를 나와서 가나안 땅으로 왔을 때 아브라함은 롯에게 말했다.

　"어째서 요즈음 내 목자와 네 목자들의 사이가 나쁠까? 너무 악화되기 전에 헤어지는 편이 좋지 않을까?"

　그 원인을 롯은 알고 있었다. 물론 고향을 떠날 때에 비하면 노예도 가축도 수 배로 불어났다. 롯도 아브라함의 덕택으로 큰 부자가 되었다. 사실 롯은 내심 아브라함에게 비판의 눈길을 보내고 있었으므로 그 마음이 자연히 롯의 노예와 아브라함의 노예에게 반영되고 있었을 것이다.

　"아아, 그러면 말씀에 따라서 헤어지십시다."

　롯에게는 처자가 있었지만, 사라를 볼 수 없이 되는 것은 고통이었다.

"롯아, 자, 하나님이 주신 이 땅의 어디든지 네가 좋은 곳에서 살아라."

아브라함의 말에 롯은 토지를 두루 바라봤다. 요단의 낮은 땅이 하나님의 동산과 같고 이집트의 비옥한 들처럼 퍼져 있는 것을 보고 롯은 윤택한 토지임을 간파했다.

'오늘부터 나는 사라를 볼 수 없게 된다. 좋아! 심통을 부려서 이 넓은 요단의 낮은 땅을 가져야겠다! 아마 아브라함은 화를 내겠지!'

하고 생각하면서 롯은,

"큰아버님, 저에게 저 요단의 낮은 땅을 모두 주십시오. 제 소원입니다."

라고 뻔뻔스럽게 말했다. 그 온화한 아브라함도 화를 내겠지 하고 생각했는데, 그는 미소를 띠고 롯의 손을 잡으며,

"행복하게 살아라. 뭐든지 곤란한 일이 생기면 당장 알려라. 언제든지 너를 위해서 기도할 테다."

하고 떨어져 나갔다. 롯은 그 아브라함의 모습에서 전에 일찍이 보지 못한 경건함을 느꼈다. 롯은 매우 감동되어 자기의 소행이 부끄러워졌다.

여기서 나는 생각하는데, 만일 내가 아브라함의 처지라면 이와 같이 관대한 이별 방식을 취할 수 없었을 것이다. 자기는 큰아버지이고 일족의 권력자이다. 더욱이 롯에게는 이미 많은 가축과 노예, 그 밖의 것을 나누어 주었다. 그러니 더 양보할 필요는 없었다. 내가 아브라함이라면 좋은 토지는 다 내가 가지고, 나쁜 땅을 롯에게 주었을 것이다. 설혹 100평의 땅을 나눈다고 해도 햇볕이 잘 드는 쪽을 먼저 내 것으로 삼았을 것이다.

입으로는 좋은 땅을 선택하라고 했지만 내심으로는 설마 좋은 땅을 저 혼자 차지하지는 않겠지 하고 생각하고 있었으므로, 좋은 땅을 선택한 롯에게,

"너도 마음이 더러운 사나이구나. 지금까지 받은 은덕을 잊었느냐? 그런 심보로는 좋은 일은 만날 수 없다."
고 욕을 하며 헤어지게 되지 않았을까?

그러나 아브라함은 평화롭게 헤어졌다. 그것은 아마 이집트에서 목숨이 아까운 나머지 아내인 사라를 바로에게 팔 정도로 타락한 자기의 신앙에 대해 깊은 회개가 있었기 때문일 것이다. 아내를 팔려고 했음에도 불구하고 하나님은 바로들을 전염병에 걸리게 하셔서 아내에게 손가락 하나 건드리지 못하게 하셨을 뿐 아니라 많은 가축까지 주셔서, 아브라함에게 하나님의 사랑을 보여 주셨다. 황송하게 생각한 아브라함은 금후 모든 것을 하나님에게 맡기고 살겠다고 굳게 마음에 맹세했을 것이다.

한편, 아브라함과 헤어져서 좋은 땅에 거주한 롯을 기다리고 있던 것은 퇴폐한 소돔성이며 전쟁이었다. 주위의 왕들은 소돔과 고모라의 재산과 식량, 여자와 노예들을 몽땅 약탈해 간 일이 있었다.

'그때는 정말 심한 일을 당했지.'

지금 소돔 성문에 앉아서 롯은 회상하고 있었다. 그 롯을 구출하고, 재산도 여자도 노예도 적의 손에서 탈환해 준 사람은 놀랍게도 아브라함이었다.

'어디서 이런 용기와 힘을 받았을까?'

구출을 받으면서도 롯은 이상히 여겼었다. 이집트의 왕을 두려워해서 자기의 아내를 여동생이라고 속인 무기력한 아브라함, 그리고 또 자기에게 요단의 낮은 땅을 모조리 선택케 하고 불평 한마디 하지 않은 온화한 아브라함, 그때의 그에게서는 씩씩한 용기를 롯은 도저히 볼 수 없었다. 그러나 아브라함은 하나님이 언제나 자기와 함께 계심을 믿고 강하게 되었던 것이다.

'왜 이렇게 노랗고, 불길한 하늘 모양일까?'

몹시 긴 황혼이다. 더욱이 하늘의 황색은 점차 더 짙어만 간다.

롯은 불안한데, 웬지 거리를 지나다니는 사람들은 한 사람도 그 기
분 나쁜 하늘 모양을 깨닫지 못한다. 어느 사람의 얼굴도 저녁노을
에 황색으로 물들면서 누구 한 사람 하늘의 빛깔은 깨닫지 못한다.

'어떤 일이 일어날 징조다. 나만이 깨닫고 있는지도 모른다.'

롯은 약간 뽐내는 듯이 사람들을 둘러봤다. 롯은 아브라함을 본
받아서 요즈음은 퍽 신앙생활에 힘쓰고 있었다. 그러나 롯의 신앙
은 사실은 하나님을 의지한다고 하기보다 품행이 방정하도록 산다
는 윤리적인 생활방식으로 기울어져 있었다.

'나만큼 바르게 사는 인간이 있을까?'

지금도 롯은 그렇게 자랑하면서 성문 앞을 왕래하는 사람들을
바라보고 있었다. 이 때 두 젊은이가 소돔성으로 들어왔다. 롯은
마음이 섬뜩했다. 그것은 이 두 젊은이의 얼굴만은 노란 저녁노을
에 물들지 않았기 때문이다. 뿐만 아니라, 두 사람이 다가왔을 때
형용할 수 없이 향기로운 향기가 풍겨 왔다.

'이 사람들은 보통 사람이 아니다.'

롯은 자리에서 일어나 땅에 엎드려서 절하고 그들을 맞이했다.

"어서 오십시오. 종의 집으로 오셔서, 발을 씻으시고 묵고 가시
기 바랍니다."

그들은 미소지었다. 그 미소는 빛이 나는 것처럼 롯에게는 보
였다.

"고맙지만, '우리는 이 성의 광장에서 잘 터이니까 염려하지 마십
시오."

한 사람이 말했다. 맑은 시냇물이 흐르는 듯 상쾌한 목소리였다.
롯은 찬찬히 그들을 봤다. 그들의 얼굴은 이 세상에 이렇게 빛나는
얼굴이 있을까 싶을 정도로 숭고한 느낌이 들었다.

"광장에서 유하시겠다구요? 어림도 없습니다. 당신들은 이 성
이 어떤 성인지를 모르시는군요. 제 말씀대로 하신다면 해롭지 않
을 겁니다. 자, 서둘러 저의 집으로 가십시다."

롯은 강요하다시피 그들을 자기 집으로 안내했다. 롯에게는 각기 약혼자가 있는 아름다운 두 딸이 있었다. 언니는 요염한 타입이고, 동생은 청순(淸純)형이었다.

이 롯의 식구들이 잠들기 전이었는데 갑자기 집 주위가 소란하게 되었다. 이곳을 성경에 있는 대로 옮겨 보겠다.

"그들의 눕기 전에 그 성 사람, 곧 소돔 백성들이 온통 사방에서 다 모여 그 집을 에워싸고, 롯을 불러 그에게 일렀다. '이 저녁에 네게 온 사람이 어디 있느냐. 이끌어 내라. 우리가 그들을 상관하리라.'"

"우리가 그들을 상관하리라"는 말은 능욕하겠다는 뜻이다.

깨끗하고 아름다운 젊은이들이 롯의 집에 머물고 있다는 일이 당장 성안에 소문이 났을 것이다. 또는 롯이 그 젊은이들에게 딸을 줄는지도 모른다고 억측하는 사람이 있었는지도 모른다. 여하간 남색의 성이다. 소돔 사람들은 정욕에 불타서 롯의 집을 습격한 것이다. 롯은 당황해서 집 밖으로 나가 등뒤로 문을 닫고 말했다.

"손님에게 그렇게 무례한 일을 시킬 수 있습니까? 그렇게 욕정을 못 이기겠다면 하는 수 없지요. 나의 두 딸을 내주겠소. 그 아이들은 숫처녀요. 좋을 대로 하시오. 다만, 내 집 손님들에게는 손가락 하나 건드려서는 안되오!"

"뭣이 어째! 너는 외국으로부터 소돔으로 온 주제에 언제나 잘난 척하고 우리 재판관 노릇을 하고 있거든. 그래, 이렇게 된 바에야 나그네는 나중이다. 먼저 너부터 욕을 보여 주겠다."

그들은 격분해서 롯에게 덤비려고 했다. 이 찰나에 집안에서 문이 열리고, 롯이 두 젊은이의 손에 끌려 집으로 들어가 버렸다. 사람들은 문이 열린 순간 강렬한 빛에 눈이 어두워졌다. 아무리 문을 밀어도 문이 열리지 않았다. 드디어 그들은 피곤해지고, 정욕도 꺼져서 가 버렸다.

이 때 두 나그네는 말했다.

"듣기보다 더 음란한 성이군요, 이 소돔은. 무엇을 숨기겠소? 사실은 우리는 이 소돔성을 멸하기 위해 파견된 천사요. 당신의 가족과 따님들의 약혼자를 우리는 살려 주겠소. 사실은, 하나님은 당신들도 멸하실 작정이었소."

"네? 저도 말입니까?"

롯의 얼굴에서 핏기가 싹 가셨다.

"그렇소. 그러나 하나님은 당신이 아브라함의 조카이기 때문에 생각을 바꾸셨소. 아브라함이 당신들 일가를 위해 열심으로 하나님에게 기도했기 때문이오. 그리고 당신은 지금 그들을 가로막고서 우리를 지키려고 하셨소. 그 일도 하나님의 마음에 들었소. 자, 서둘러서 따님들의 약혼자에게 일러주시오. 이 성은 내일 반드시 멸망할 거요."

롯은 크게 두려워하면서 딸들의 약혼자한테로 달려갔다. 그는 먼저 큰딸의 약혼자의 집으로 가서,

"큰일났네. 큰일났어. 내일 이 성은 망해 버리네. 자, 서둘러서 내일 아침 일찍 이 성에서 빠져 나가세. 우리와 함께 도망쳐 주게."

"뭐라구요? 이 소돔이 내일 망해요? 장인어른, 무슨 잠꼬대를 하십니까? 어째서 이 번화한 소돔이 망합니까? 농담도 쉬엄쉬엄 하십시오."

"아닐세, 내일 반드시 망하네. 농담이 아닐세."

"네, 네, 알겠습니다. 그러나 소돔이 망한다면 저도 함께 망하지요. 아침 일찍 도망쳐 나가다니, 저 같은 늦잠꾸러기에게는 죽는 것보다 고통스러운 일이지요."

"무슨 소린가? 지금 내 집에는 두 천사가 와서 ……."

"천사?"

으하하 웃음을 터뜨리고는,

"(점점 더, 장인이 이상해지는군) 자, 일찍 돌아가셔서 주무십시오. 저도 도망치기로 하겠습니다."

하고 적당히 대답해서 쫓아 보냈다. 작은딸의 약혼자도 마찬가지였다. 이것은 앞에 말한 노아의 방주를 비웃은 사람들과 똑같은 이야기이다. 그리고 그것은 우리 자신의 모습과도 같다.

"구원해 주시지 않아도 좋습니다. 나는 나대로 살 터이니까요."

나는 코웃음을 쳤었다. 인간의 마음속에는 '진지한'것, '거룩한' 것을 비웃고 싶어하는 사탄이 숨어 있다.

한데, 이튿날 아침 날이 밝자마자 천사들이 말했다.

"자, 서둘러서 이 성을 나갑시다."

그러나 딸들은 망설였다. 약혼자들을 두고 이 성을 차마 나갈 수 없었던 것이다. 롯의 아내는 몸에 지닐 수 있는 한도의 장신구를 챙겼다. 그러나 많은 짐을 두 손에 들 수는 없었다. 두 천사가 롯과 그 아내, 그리고 두 딸의 손을 잡고 성에서 끌어냈기 때문이다. 악에서 피해 나가려면 맨손으로 하나님의 손에 매달려야 한다.

성밖으로 나왔을 때 천사가 말했다.

"자, 이제부터는 자신들의 힘으로 자신의 목숨을 구원하시오. 뒤를 돌아봐서는 안되오. 빨리 이 낮은 땅으로부터 피하여 산으로 가시오."

롯은 허둥지둥 천사를 쳐다봤다. 구름 한 점 없는 푸른 하늘이 천사와 롯들 위에 있었다.

'산까지 도망치라고?'

롯은 앞에 있는 산을 쳐다보았다. (말도 안된다. 너무 멀다. 난 어젯밤의 소동으로 제대로 잠을 자지 못했다. 이제부터 저 산까지 도망쳐 갈 체력이 있을 리가 없다.) 롯은 자기 몸에 지금 큰 은혜가 내리고 있는 사실을 잊고 있었다. 자기와 함께 성에 있던 소돔 사람들이 모두 멸망당하려 하고 있고 그 가운데서 자기 가족만이 멸망으로부터 피해 나왔다는 그 큰 은총을 잊고 있었다.

지금 롯은 가야 할 산이 너무 멀다는 불평만이 있었다. 멀건 가깝건 감사하면서 힘이 있는 한 명령대로 그 곳으로 갈 것이었다. 롯은 자기 자신만을 생각하고 있었다.

"하나님의 천사들이시여, 저 산까지는 아무래도 무리입니다. 보십시오, 바로 저기 보이는 저 성을 보셔요. 저 성이라면 도망쳐 가기에 알맞은 거리에 있지 않습니까? 그리고 저렇게 작은 성이 아닙니까? 저 성 사람들의 죄는 소돔이나 고모라처럼 큰 성의 사람들의 것과 다르겠지요. 저렇게 작은 성은 멸하지 않아도 좋겠지요. 소원입니다. 제발 저 성으로 허락해 주십시오. 저는 달려갈 기력이 없습니다."

이와 같은 롯의 자기 중심적인 변명은 얼마나 우리의 일상 생활의 모습과 비슷한가. 죽을 것을 구원받았다는 기쁨과 감사는 롯에게 없는 것처럼 보인다. 그리고 이것이 우리이다. 그러나 천사들은 이 제멋대로인 롯의 소원을 들어서,

"나는 이 일에서도 당신의 소원을 들어서, 당신이 말하는 그 성은 멸하지 않겠소."

했다. 그러니까 빨리 도망치라는 천사의 재촉을 받고 롯은 소알성으로 달려갔다. 롯의 아내는 어쨌든 다시 한 번 소돔쪽을 보고 싶었다. 소돔 거리에는 그녀의 가재와 옷이 많이 있다. 반가운 추억도 있다. 둔탁한 땅울림이 발에 전달되었다.

'한 번 뿐이다. 단 한 번쯤 뒤를 돌아보아도 상관없을 거야.'

롯의 아내는 그렇게 생각했다. 절대로 돌아보지 말라고 한 천사의 말을 잊은 것이 아니다. 그러나 인간은 아무리 중대한 충고라고 해도 좀처럼 액면 그대로 받아들이지는 않는다. 빼거나 더하거나 하는 법이다.

'그렇게 말은 했지만……, 단 한 번만……, 딱 이번만……, 조금쯤…….'

우리는 언제나 그런 식이다. 성경에 있는 하나님의 말씀을 그대로 받아들이는 진지함이 없이 가볍게 받는다. 즉, 마음에서의 순종이 아니다. 어떻게 해서든지 자기의 욕망을 따르고 싶은 것이다. 롯의 아내도 소돔의 거리, 추악함으로 가득 찬 거리, 자기의 재산이 있는 거리를 보고 싶다는 생각쪽이 강했다. 그리고 돌아봤을 때 별안간 롯의 아내는 소금기둥으로 변했다. 인생에는 이 단 한 번의 파계가 별안간 아주 딴 세계로 전락시키는 수가 있는 법이다.

내가 아는 한 친구는 딱 한 번 남편 이외의 남성과 자 보고 싶다고 말하고 있었다. 그것은 농담처럼 생각되었다. 그러나 그녀는 그 딱 한 번을 마침내 체험해 버렸다. 그 후의 그녀의 생활은 언덕을 굴러 떨어지는 것처럼 전락했다. 지금 그녀는 남편도 자녀도 없이 거칠고 쓸쓸한 생활을 하고 있다. 즉, 그녀는 다른 사람으로 변해 버린 것이다. 죄는 한 번, 두 번의 횟수의 문제가 아니다. 수효가 적으면 된다는 것이 아니다. 죄는 우리의 하나님을 향하는 자세가 문제인 것이다. 생활하는 자세라고 해도 좋을 것이다.

한편 롯들은 무사히 소알성에 도착했다. 그때 무시무시한 땅울림과 굉음이 울리고, 소돔과 고모라는 순간에 유황과 불로 멸망했다. 이 성은 지금 사해 바닥에 있다고 한다. 눈에 보기에 좋다고 생각되어서, 일찍이 롯이 선택한 들은 이처럼 해서 멸망했다. 인간의 눈은 얼마나 참으로 선한 것을 볼 수 없는 불확실한 것일까. 이날 아브라함은 저 멀리 들에서 연기가 옹기가마의 연기처럼 치밀어 오르는 것을 봤다.

어째서 롯은 구원받았을까? 성경에는,

"하나님이 아브라함을 생각하사 롯을 그 멸하시는 중에서 내어보내셨더라."

고 기록되어 있다. 절대로 롯이 의롭기 때문이 아니고, 그 신앙이 두터웠기 때문도 아니다. 아브라함의 신앙과 그의 기도를 하나님이 기억하고 계셨기 때문이다.

신앙이 두터운 사람의 기도 덕분으로 구원받는다는 사실을 나는 언제나 절실하게 느끼고 있다. 우리를 위해 기도해 주시는 많은 분들의 기도로 내가 지탱한다고 실감하기 때문이다. 특히 남편 미우라의 신앙을 생각할 때 나는 언제나 롯이라고 느낀다. 이 아브라함과 롯의 관계는 나중에 신약시대에는 그리스도와 우리의 관계로 크게 비약한 것이 아닌가고 나는 생각하는데, 어떨까?

아무래도 이 글이 이상해지고 있다. 얘기 식으로 이 장(章)을 써내려갈 작정이었지만, 그만 현실이 얼굴을 내밀었다. 어차피 실수가 많은 나의 형편이다. 하지만 이런 실수는 용서받을 수 있으리라 생각된다.

나에게 롯의 얘기를 소설로 쓰고 싶다는 마음을 일으키게 한 것은 다음의 이야기에 있다. 롯은 일단 소알성으로 피했다. 그럼에도 불구하고 결국은 두 딸을 데리고 산속으로 들어가 버렸다. 나는 여기에서 롯이 신앙적이 아님을 여실히 보았다고 생각한다. 천사가 "산으로 도망치라"고 명했음에도 불구하고 성으로 피했다. 천사는 "그 성은 멸하지 않겠소"라고 약속해 주었음에도 불구하고 롯은 그 성을 나와서 산으로 들어갔다. 얼마나 불순종하고 신앙적이 아닌 롯인가. 그는 무엇 때문에 성에 정착할 수 없었을까? 그것은 롯의 오만이 불행을 초래한 것이 아닐까?

아브라함의 신앙으로 롯의 집안은 구원받았다. 그러나 롯은 결코 그렇게 생각하지 않았다. 자기가 소돔의 거리에서 가장 옳은 인간이기 때문에 구원받았다고 생각하고 있었다. 작은 소알성으로 와서 롯은 그렇게 뽐내며 말했다. 그것이 먼저 소알성의 사람들의 반감을 샀다.

"뭐야, 저만 잘났나?"

"저 놈은 다른 놈들을 버리고, 혼자 도망쳐 온 박정한 놈이야."

소알성 사람들은 그렇게 수군거렸다. 그러나 롯은,

"이 성도 본래는 멸망당할 것이었다. 내가 천사에게 부탁한 덕택으로 무사하게 끝난 거란 말이다."
라고 몹시 뽐내고 있었다. 그런 롯에게서 사람들은 점차로 멀어져
나갔다. 롯도 성의 은인인 자기를 멸시하는 소알 사람들과 멀어
졌다. 롯은 성이 싫어졌다. 이런 인간들과 살고 있으면 언젠가는
또 소돔과 같이 멸망당할 것이다. 롯은 소외당하고 있는 나날이 견
딜 수 없이 되었고, 또다시 실린될는지도 모르는 성의 멸망에 공포
를 느꼈다.
　롯은 때때로 땅에 귀를 대고 저 소돔 멸망의 날과 비슷한 땅울림
을 들었다.
　"땅울림이 들린다!"
　롯은 성 사람들에게 말했다. 모두들 비웃었다. 땅울림은 사실 롯
의 귀울림이었다. 그러나 롯은 이 성이 망한다고 어느 사이엔가 믿
게 되었다.
　"그 성은 멸하지 않겠소."
　확실히 그렇게 약속한 천사의 말을 롯은 이미 믿지 않았다. 어느
날 아침 일어나자마자 두 딸을 붙잡아 일으키고,
　"이 성도 망한다!"
고 소리를 질렀다. 두 딸은 당황해서 뛰쳐 달아났다. 이미 소돔의
멸망을 경험한 그녀들은 아버지의 말을 믿었다. 딸들에게도 이 성
은 살기 좋은 성은 아니었다. 마을 사람들이 냉대했기 때문이다.
　산속으로 피하고 나서 겨우 롯은 안도의 숨을 내쉬었다. "그 성
은 멸하지 않겠소"라고 한 천사의 말을 롯은 깡그리 잊고 있었다.
그러나 산속의 세 사람의 생활은 그렇게 평화롭지는 못했다. 롯은
아침 저녁으로 하나님께 기도를 드리고, 사냥하러 나갔다. 그러나
어쩐지 불안했다. 무엇인가가 필요하다는 느낌이 들었다. 사냥해
서 잡은 짐승을 하나님에게 드리는 장소를 살폈다. 얼마 후에 그는
큰 바위 앞에 제물을 드리게 되었다. 그러는 중에 그 바위가 그의
하나님이 되었다. 세 사람의 우상숭배가 시작되었다.

그러는 중에 먼저 두 딸들이 아주 신앙을 잃어갔다. 그녀들은 나무 열매나 과일로 술을 빚어 롯에게 마시게 했다. 롯과 딸들은 얼마 후에 근친상간의 저주스러운 관계로 빠져 들어갔다. 그리고 큰 딸이 낳은 아들은 모압인의 조상이 되고, 작은딸이 낳은 아들은 암몬족의 조상이 되었다고 한다. 롯이 만일 천사의 말을 믿고 겸허한 생각으로 성에 거주하고, 점차 더 하나님을 경외했다면 아브라함의 신앙에 접근할 수 있었을 것이다. 롯이 소돔의 멸망에서 구원받은 것은 그가 회개할 절호의 기회였다.

그러나 그는 모처럼 내리시는 은혜와 구원의 기회를 화로 바꾸어 버렸다. 이것은 또한 우리의 문제이기도 하다. 우리는 날마다 여러 가지 사람과의 만남, 또는 사건과 생활을 통해서 하나님의 큰 은혜와 경고를 받고 있다. 그럼에도 불구하고 우리는 매일을 허무하게 보내고, 또는 고민하느라고 회개할 기회와, 하나님 앞에 꿇어 기도할 기회를 쉽사리 잃고 있지나 않을까?

어쨌든 인간은 하나님을 떠나고, 사람들을 떠나서 자기 혼자서 거룩하고 즐겁게 살도록 창조되지는 않았다. 흔히 말하듯이, 인간이란 사람의 사이라고 쓴다. 우리는 롯과 같이 자기만의 안전을 구하여 혼자 산으로 들어가 있지는 않은지, 성안에 살아도 남을 거절하고 사랑을 잃었다면 그것은 바로 롯의 생활과 같을 것이다.

이것은 사족(蛇足)이지만, 나는 아브라함과 같이 드물게 보는 신앙의 위인도 그가 조카 롯을 결국은 하나님에게로 인도할 수 없었다는 사실에 약간 위로도 받고 있다. 나도 크리스찬의 부스러기로서 부모 형제의 신앙에 마음을 쓰지 않는 것은 아니다. 나의 형제와, 형제처럼 자란 사람을 합쳐서 12명. 그중 3명이 별세, 세례를 받은 사람 7명, 미신자(未信者) 2명. 세례는 받았지만 교회를 떠난 사람도 둘이어서 나는 고민하고 있다.

그러나 롯을 생각하면 아브라함의 신앙과 인격으로도 어찌할 수 없었다. 하물며 나 같은 사람이 몸부림을 쳐도 어쩔 수 없지 않느

냐고 생각한다. 생각해 보면 이것은 시초부터 자기를 아브라함의
위치에 놓고 있는 우쭐대는 마음이다. 한편 남편 미우라의 신앙에
기대고 있는 롯인 나에게 이 얘기는 엄한 경계이기도 하다. 결국
신앙은 그 사람 개인의 것이다. 남의 기도, 남의 신앙만을 의지하
고 게으른 신앙의 나날을 보내다가는 너도 마침내는 롯이 된다고
하는 두려운 경고로 생각된다.

7

아브라함의 신앙

"이래도 크리스찬인가?" 하고 자기를 생각하는 것은
하나님을 따르지 않는 자신을 보기 때문이다. 하나님
의 말씀을 따르는 일을 아브라함과 같이 진심으로 하
고 있는가? 신앙이란 요컨대 하나님에 대한 완전한
신뢰이며 복종이다. 진지하게 하나님을 따를 때에만
'여호와의 산에서 준비되는 그리스도'가 확실한 실재
로서 우리에게 다가오시는 것이다.

애기는 창세기 22장으로 넘어간다. 우리가 결혼한 후 맨 먼저 벽에다 걸어놓은 것은 "여호와의 산에서 준비되리라"는 성구였었다. 이것은 그 후 13년간, 얼마 전 마침내 빛이 바래서 바꿀 때까지 걸어 놓았었다.

자, 금월(今月)은 금결(金缺)이다(두 낱말의 일본어 음이 비슷함. 이 달은 돈이 없다는 뜻=역자 주)라고 염려하면,

"뭘요, 여호와의 산에서 준비되리라고 하셨는데."

하고 남편 미우라가 말했다. 해결이 곤란한 사건이 발생하면,

"괜찮소, 여호와의 산에서 준비되리라니까요."

라고 나온다. "여호와의 산에서 준비되리라"는 우리 부부의 표어이기도 했다. 이 성구는 창세기 22장 14절에 나오는 유명한 말씀이다.

아브라함이 100세, 아내인 사라가 90세일 때 외아들인 이삭이 태어났다. 이 일을 하나님이 예고하셨을 때 아브라함은,

"백 세된 사람이 어찌 자식을 낳을까? 사라는 구십 세니 어찌 생산하리오."

하고 그만 웃었다. 그런 아브라함조차 하나님의 말씀을 믿을 수 없었다. 하물며 우리는 "정말 구십 세에 낳았을까? 옛날에는 일년에 두 번씩 나이를 먹은 게 아닐까?" 하며, 사라는 45세였는지도 모른다고 자기들의 상식세계에서 판단하고 싶어한다.

여하간 사라는 90세에 아들을 낳았다. 본인들이 믿을 수 없는 일이 일어난 것이다. 이 아들이 이삭이다. 이삭이란 '웃음'이라는 의미라든가. 일본식으로 하면 쇼이찌(笑一)라든가, 쇼따로(笑太郎)라는 이름일 것이다. 여성이면 필경 쇼꼬(笑子)라고 지었을는지도 모른다. 100세나 되어서 겨우 외아들을 얻은 아브라함의 기쁨과 감

사가 이 이름에 또렷하게 표현되지 않았는가. 이 외아들이 소년이 된 즈음 아브라함은 하나님의 음성을 들었다.

"네 사랑하는 독자 이삭을 데리고 …… 내가 네게 지시하는 한 산에 올라, 거기서 그를 번제로 드리라."

번제란 날마다 헌신의 표로서 양이나 소를 불에다 태우는 의식이다. 하나님은 기막히게 이삭을 다 태워서 드리라고 명령하신 것이다. 아브라함은 어떻게 했는가? 성경에는,

"아브라함이 아침에 일찍이 일어나, 나귀에 안장을 지우고 두 종과 그 아들 이삭을 데리고 번제에 쓸 나무를 쪼개 가지고 하나님이 자기에게 지시하시는 곳으로 갔다."

고 쓰여 있다.

하나님의 말씀에 놀라고 당황했다고도, 아내 사라에게 말했다고도 기록되어 있지는 않다. 우리라면 하나님의 지시는 너무 심하다. 도저히 따를 수 없다. 그런 하나님이라면 믿지 않겠다고 말하고 싶어질 것이 아닐까? 여하간 이렇게 잔혹한 일은 할 수 없다고 생각하는 것이 우리의 거짓 없는 마음일 것이다. 전에 남편 미우라의 위가 나빴기 때문에 그를 따라서 병원으로 갔다. 위 부근에 큰 응어리가 만져졌는데 의사는 나에게만 몰래,

"이것은 위태로울는지도 모릅니다."

라고 했다. 위암 같다고 했다. 나는 문자 그대로 눈앞이 캄캄해졌다. 이처럼 갑자기 냉혹하다고도 잔혹하다고도 하기 어려운 일을 당하는 수가 인생에는 있다. 웃으며 출발한 아이가 그 몇 분 후에는 차에 치어서 즉사했다든가, 목욕중에 어버이가 가스중독으로 죽었다든가, 여행 도중에 뇌일혈로 급사했다든가 하는 가슴 아픈 얘기는 그리 드물지 않다. 이런 때의 육친, 반려자의 한탄, 슬픔은 차마 볼 수 없다. 이런 때의 사람은 "하나님은 어쩌면 저렇게 냉혹한 일을 하실까" 하며 동정한다.

아브라함의 경우, 갑자기 뺏긴 것이 아니고 자기의 손으로 외아

들을 태워야 하는 것이다. 이 세상에 이렇게 수긍하기 어려운 요구
가 있을까? 더구나 이삭이 큰 죄를 범한 것도 아니며, 아브라함에
게 신앙적이 아닌 행동이 있었던 것도 아니다. 그러나 아브라함은
완전히 순종하여 묵묵히 하나님의 말씀에 따랐다. 이것을 어떤 사
람은 맹종이라고 할는지도 모른다. 그러나 아브라함은 하나님을
믿고 있었다. 하나님이 하시는 일은 옳다고 완전히 믿고 있었다고
생각한다.

"얼마나 냉혹한가!" "얼마나 불합리한가!"라고 그는 생각지 않
았다. 그것은 인간이 자기를 사랑하는 데서 하는 말이다. 하나님이
하시는 일에는 절대로 틀림이 없다. 하나님은 사람보다 절대로
옳다고 하는 절대적 신뢰, 이것이 '신앙'이라는 것이 아닐까? 인
간의 주장이 옳고, 인간쪽이 합리적이라고 하는 것은 하나님을 옳
지 않다고 보아 믿지 않는 것이 된다. 우리의 인생에는 아무리 해
도 하나님이 하시는 일을 알 수 없는 때가 있다. 그러나 알 수는
없지만, 그것이 하나님의 장기계획 중에서는 옳은 일이라는 것만
은 믿었으면 한다.

아브라함은 사흘째에 드디어 하나님이 지시하신 산으로 왔다.
무엇 때문에 하나님은 이렇게 먼 산을 택하셨을까? 바로 그 자리
에서 번제를 드리라고 하시지 않고, 사흘이나 걸어야 할 만큼 먼
산에서 드리라고 하셨을까? 그것은 아마 사랑하는 아들과 충분히
이별을 아쉬워하게 하려는 때문이 아니었을까 하고 생각한다. 사
흘이라는 기간은 퍽 긴 시간이다. 속담에 '작심 사흘'이라는 말이
있다. 자기가 스스로 분발하여 시작한 일도 사흘이 지나면 그 기세
도 어디 갔는지 벌써 싫증나고, 할 마음이 없어지는 법이다.

하물며 하나님의 명령을 따라서 자기의 아들을 다 태워서 드리
려는 결심은 사흘째가 되면 맥없게도 무너져 버릴 것이다. 본래 기
꺼이 따를 수 없는 명령이다. 하나님에 대한 절대순종의 신앙이 설
혹 있었다고 해도 사흘 중에는 퍽 동요될 터이다. 그 사흘 동안 아

브라함은 하나님을 향한 신뢰로 가득 차 있었다.

드디어 그때가 왔다. 아브라함이 그의 아들 이삭을 하나님 앞에 태워서 드릴 때가 온 것이다. 그 장면이 성경에는 다음과 같이 쓰여 있다.

(창세기 22 장 6 절 이하)

아브라함이 이에 번제 나무를 취하여 그 아들 이삭에게 지우고, 자기는 불과 칼을 손에 들고 두 사람이 동행했다.

이삭이 그 아비 아브라함에게 말하되 "내 아버지여" 하니 그가 가로되 "내 아들아, 내가 여기 있노라." 이삭이 가로되 "불과 나무는 있거니와 번제할 어린 양은 어디 있나이까!" 아브라함이 가로되 "아들아, 번제할 어린 양은 하나님이 자기를 위하여 친히 준비하시리라."

이리하여 두 사람이 함께 나아갔다.

그들이 하나님이 그에게 지시하신 곳에 이른지라, 이에 아브라함이 그 곳에 단을 쌓고, 나무를 벌여 놓고, 그 아들 이삭을 결박하여 단나무 위에 놓고 손을 내밀어 칼을 잡고 그 아들을 잡으려 하더니, 여호와의 사자가 하늘에서 그를 불러 가라사대 "아브라함아, 아브라함아" 하시는지라. 아브라함이 가로되 "내가 여기 있나이다" 하매, 사자가 가라사대 "그 아이에게 네 손을 대지 말라. 아무 일도 그에게 하지 말라. 네가 네 아들 네 독자라도 내게 아끼지 아니하였으니 내가 이제야 네가 하나님을 경외하는 줄을 아노라."

이 때 아브라함이 눈을 들어 살펴본즉 한 산양이 뒤에 있는데, 뿔이 수풀에 걸렸는지라. 아브라함이 가서 그 산양을 가져다가 아들을 대신하여 번제로 드렸더라. 아브라함이 그 땅 이름을 여호와이레라 하였으므로, 오늘까지 사람들이 이르기를 "여호와의 산에서 준비되리라" 하더라.

신앙의 사람 아브라함의 한평생에서 이 때만큼 괴로운 시련의
때는 없었을 것이다. 자기 아들을 자기 손으로 태우라는 그 이상의
가혹한 명령, 요구는 이 세상에 없다. 네가 죽으라는 말을 듣는 것
보다 마음이 아프다. 그런 명령을 그는 따랐다.

신앙이란 요컨대 하나님을 믿고 하나님을 따르는 일이라고 나는
생각한다. 복종하기 위해서는 '사심(私心)'을 버려야 한다. 예수
그리스도께서 기도하신 것처럼,

"나의 원대로 마옵시고 아버지의 원대로 하옵소서."(마가복음 14
장 36 절＝역자 주)

이것이야말로 하나님에 대한 완전한 신뢰이며, 복종이라고 생각
한다. 아브라함은 외아들 이삭을 번제로 드리라는 명령을 따라서
바로 자기 아들의 가슴에 칼을 대려고 했을 때 "손을 대지 말라"는
하나님 사자의 말씀이 임했다. 그리고 거기서 산양을 발견했다. 이
산양이야말로 신약의 예수 그리스도일 것이다. 하나님은 언제나
우리의 나날의 속죄(贖罪)를 위해서 예수 그리스도를 준비하고 계
시다. 하나님은 아브라함에게 외아들을 요구하셨다. 그러나 그 하
나님 자신이 외아들 예수를 온 인류에게 주셨다.

"하나님이 세상을 이처럼 사랑하사 독생자를 주셨다."(요한복음
3 장 16 절＝역자 주)

고 성경에 있는 대로이다.

그런데 얼마 전에 나는 두세 친구와 대화를 나누었다.

"아들이 목사가 되기를 원하는가？"

하는 얘기였다. 한 사람은 머리를 크게 가로저었다.

"목사라니, 도저히 안되지."

터무니없다는 듯한 표정으로,

"글쎄 이봐요, 생활이 안되지 않아요？"

다른 어머니도 마찬가지라고 하며,

"가능하면 의사가 되기를 바라고 있어요. 신앙을 가진 의사 말이
에요."

나에게는 자녀가 없다. 만일 있다고 하면 아마 나도 내 아이를
목사로 하나님에게 드리겠다고 생각지는 않을 것이다. 신앙은 가
져 주기를 바란다. 그러나 "목사는 아무래도" 하고 뒷걸음칠 것
이다. 현직의 어떤 목사님이 말씀하셨다.

"나는 크리스찬 가정에서 자랐습니다. 부모님은 신앙에 열심이
었지만, 내가 목사가 되겠다고 발언했을 때 맹렬하게 반대한 사람
이 부모님이었습니다. 아버지는 소리를 지르고, 어머니는 울었지
요. 참 굉장했어요."

부모의 축복을 받으면서 목사가 된 분도 있겠지만, 반대를 무릅
쓰고 된 분도 계실 것이다. 아들을 드리는 일만이 아니다. 우리는
여하간 하나님에게 자기의 시간을 드리거나 돈을 드리는 일에도
꺼리고만 있는 것이 아닐까? 이마바리(今治)의 에노모또(榎木) 목
사님은 그의 설교 중에 다음과 같은 얘기를 하셨다.

"어떤 교회에서 설교를 했다. 헌금 시간이 되어 모두 찬송가를
불렀다. '드리네, 드리네, 모두 드리네'라는 가사였다. 이 노래를
부르면서 헌금을 하는데, 강단 위에서 보고 있노라니까 잔돈을 찾
는지 큰 돈을 찾는지 모두 몹시 시간이 걸렸다. 찬송가는 기도
이다. '모두 드리네'라고 기도를 드리면서……."

목사님의 이 설교에 귀가 따갑지 않은 사람은 적을 것이다. 우리
는 하나님의 말씀을 에누리해서 듣거나 또는 물을 타듯이 희석(稀
釋)해서 듣고 진심으로 하나님을 따르는 생활은 좀처럼 할 수
없다.

나는 어제 부엌에서 당근을 썰면서 생각했다.

'당근은 어디를 끊어도 당근이구나!'

라고. 그러나 자신의 생활은 과연 어디를 끊어도 크리스찬일까?
자신의 생활의 어느 단면에서도 하나님을 높이고, 하나님을 따르

고 있는가? 흔히 쇠고기 통조림 속에 말고기가 들어 있었다든가, 성게 알젓인 줄 알고 먹었는데 그것은 착색했던 가짜 상품이라고 화제가 되었었다. 그러나 나 자신 내 생활을 살피면 '이래도 크리스찬인가?'하고 생각하는 일이 자주 생긴다. 이래서는 가짜 상품과 비슷한 것이 아닐까?

'이래도 크리스찬인가?' 하고 자기를 생각하는 것은 하나님을 따르지 않는 자신을 보기 때문이다. 하나님의 말씀을 따르는 일을 아브라함과 같이 진심으로 하고 있는가?

"그리스도는 우리의 일시적 위로를 위해서 십자가에 못박히신 것은 아니다"라고 어떤 목사님이 말씀하셨는데, 우리는 성경을, 하나님의 말씀을 일시적 위안으로 읽고 있는 것이 아닌가고 반성하게 된다. 예를 들면,

"남을 비판하지 말라."

고 하는 성구 하나조차 우리는 복종의 정신으로 진심으로 몰두해서 읽지 못하는 것이 아닌가? 아브라함이 이삭을 드리려고 결심한 결심으로 우리는 자신의 '에고이즘'을 왜 버리려고 하지 않을까?

우리 부부는 "여호와의 산에서 준비되리라"를 표어로 이 10여 년간 함께 살아왔지만, 그것은 결코 하나님에 대한 완전한 신뢰에서 나온 것이 아님을 새삼스레 반성하고 있다. 우리가 진지하게 하나님을 따르려고 할 때에만 '여호와의 산에서 준비되는 그리스도'가 확실한 실재로서 우리에게 다가오시는 것이 아닐까?

8

요셉 이야기

누명을 뒤집어쓰고 투옥되었어도 요셉은 절망하지 않았다. "아아, 이제 끝장이다"고 자포자기하지 않았다. 하나님을 믿는 사람에게 끝은 없다. 죽음조차 끝은 아니다. 절망도 아니다. 죽음에 임해서도 하나님의 나라를 바라보면서 죽는다. 어느 시대에서든 모름지기 가정주부는 주부로서의 할 일이 있고, 또한 어머니로서의 책임이 있는 게 아닐까!

나는 꿈을 잘 꾼다. 아니, 꿈을 꾸지 않는 밤이 거의 하루도 없다는 말이 차라리 옳을 것이다. 새벽녘의 꿈은 맞는 꿈이라든가, 뱀꿈은 재수가 좋다든가, 대변꿈은 돈이 들어온다든가, 이가 빠진 꿈은 가족에게 불행한 일이 생긴다는 등의 얘기를 나는 남에게서 들으며 자랐다. 하지만 해몽이란 것은 그다지 맞지 않는 것이다. 그러나 창세기 37장에는 이 해몽의 명인 요셉이라는 사람이 나온다. 나는 때때로 "아아, 이 꿈의 의미는 무엇일까?"고 요셉에게 물어 보고 싶다고 생각하는 때가 있다. 요셉은 아브라함의 아들인 이삭의 손자이다. 즉, 아브라함의 증손자에 해당한다. 이 이삭이나 야곱의 결혼, 그리고 신앙에는 재미있는 얘기가 많지만, 그것은 「구약성경」를 펼쳐서 읽어 주시기를 바란다. 아무 해설도 불필요할 정도로 기복(起伏)이 풍부한 얘기가 쓰여 있다.

이 요셉은 야곱의 열한 번째 아들이었다. 야곱은 요셉을 편애(偏愛)했다. 그의 형들 열 명은 질투하고 요셉을 미워했다. 이 형들은 요셉과 배다른 형제들이었다. 증오로부터는 절대로 좋은 것이 생기지 않는다. 그들은 요셉을 죽일 의논을 했다. 그러나 르우벤만은 과연 맏형답게 불쌍하다고 생각해서 죽이는 것만은 단념하게 했다. 그리고 황야에 있는 구덩이 속에 요셉을 던져 넣자고 제안했다. 르우벤은 나중에 남몰래 혼자 와서 요셉을 구덩이에서 구출할 계획이었다.

요셉을 구덩이 속에 던져 넣고 그들은 빵을 먹기 시작했다. 미운 놈을 구덩이 속에 집어 넣고 먹는 빵은 맛이 있었는지도 모른다. 인간은 그렇게 무정한 것이다. 음식을 먹는 자리에 르우벤은 없었다. 그런데 그들이 빵을 다 먹기 전에 대상(隊商)이 낙타를 타고 다가왔다. 그들은 욕심이 생겼다. 이 미운 동생을 구덩이 속에 넣어 두고서 굶어 죽게끔 해도 한푼도 생기지 않는다. 파는 쪽이 이득이라고 생각했다. 이리하여 요셉은 20세겔에 팔렸다. 요셉이 17세되던 때였다.

나중에 르우벤이 요셉을 남몰래 구출하러 왔다. 그러나 구덩이 속은 텅 비어 있었다. 르우벤은 슬퍼하며 형제들에게 한탄했다. 그들은 염소를 죽여서 그 피를 요셉의 옷에 묻히고, 요셉이 죽었다고 르우벤과 아버지 야곱에게 말했다. 요셉을 편애하고 있었던 야곱의 한탄은 심해서 그대로 죽어 버릴 것처럼 슬퍼했다. 요셉은 이집트로 끌려가서, 이집트 왕 바로의 신하 시위대장(侍衛隊長) 보디발에게 팔렸다. 다시 말해서 노예가 된 것이다. 그러나 요셉은 이 사건으로 인간이 매우 달라졌다. 그는 자기가 왜 형들의 미움을 샀는가를 이집트로 끌려오는 도중에 생각했을 것이다. 생각하는 중에 자기의 오만을 요셉은 깨달았을 것이라고 나는 상상한다.

성경에는 요셉이 형들의 실수를 아버지에게 알렸다고 쓰여 있다. '고자질'을 당하고 기뻐하는 사람은 없다. 그리고 '고자질'을 하는 사람에게는 "착한 아이가 되고 싶다"는 생각이 강하다. '고자질'은 '험담'이기도 하다. 나의 소학교 교사시절에 흔히 같은 반 친구들을 고자질하는 아이가 있었다. 고자질을 한 후 그 아이는 신나는 표정을 짓곤 했었다. 그 친구가 꾸지람받게 될 일을 상상하고 있었던 것이다.

요셉도 아마 아버지에게 형들을 고자질하여, 점차 형들을 제쳐놓고 자기 혼자서 아버지의 사랑을 차지하고 싶다는 야비한 생각을 품고 있던 것이 아닌가 하고 생각한다. 그리고 '고자질' 이외에도 요셉은 자기가 꾼 꿈을 의기양양하게 형들에게 말했다.

"우리가 밭에서 곡식을 묶더니, 내 단은 일어서고 형님들의 단은 내 단을 둘러서서 절하더이다."

형들은,

"뭣이! 우리가 장래에 너에게 절하게 된다는 말이냐? 건방진

녀석! 왕이라도 될 생각이냐?"

하고 요셉을 미워했다. 그래도 요셉은 꾼 꿈을 또 말했다. 이번에
는 아버지와 형들에게 얘기했다.

"이번에는 이런 꿈을 꾸었어요. 해와 달과 열한 별이 내게 절했
습니다."

이 말을 듣고 아버지 야곱조차 꾸짖어 말했다.

"대체 그것이 무엇을 의미하느냐? 별은 형들, 해와 달은 아버지
와 어머니가 아니냐? 그러면 어버이들도 형제들도 모두 네게 절
하는 날이 온다는 거냐?"

형들이 화를 낸 것은 물론이다. 아버지는 이 꿈을 마음에 두
었다. 이런 꿈을 설혹 요셉이 꾸었다고 해도 그 말을 하는 것이 아
니었다. 17세인 소년에겐 분별이 없었는지도 모른다. 어쨌든 요셉
은 마음이 오만해지고, 형들을 얕잡아 보았을 것이다. 그리고 그의
태도는 눈에 거슬리는 것이 있었을 것이다. 성경에는 형들이 그를
미워하여,

"미워서 정다운 말 한마디 건넬 생각이 없었다."

고 했다. 요셉이 만일 사랑스럽고 겸손한 동생이었다면 설혹 아버
지가 편애했다고 해도 이렇게까지 미움을 사지는 않았을 것이다.
이집트로 멀리 팔려 와서 노예의 몸이 돼서야 비로소 요셉은 하나
님을 믿는 사람이 되었다. 하나님은 겸손하게 된 요셉을 사랑하시
고, 그가 하는 일을 모조리 축복하셨다.

요셉의 주인인 보디발은 그런 요셉을 주목했다.

'어딘가 다르다!'

그는 그렇게 느꼈다. 이 '어딘가 다르다!'고 남이 생각하는 신
자가 되는 일은 대단한 일이다. 우리 신자는 사람들한테 '어딘가
다르다!' 하고 인정받는 인간이 되어야 한다. 저 사람이 하는 일
은 남과는 다르다, 저 사람의 근무태도는 어딘가 다르다, 저 사람
의 얼굴은 어딘가 다르다, 그런 신자가 나도 되고 싶다.

그러나 나는 이 점에 전혀 자신이 없다. 원고의 마감날을 지키지 못하는 수가 있다. 약속을 깡그리 잊어버리는 수가 있다. 스냅 사진을 찍힌 것을 보면 매우 심술궂은 얼굴을 하고 있거나, 노한 표정을 짓고 있어서 맥이 풀린다. 나는 '아무 것도 다른 데가 없는 신자'는 아니지만, 퍽 변변치 못한 신자가 아닌가 해서 하나님 앞에 몹시 죄송스럽다.

그런데 이 요셉은 주인인 보디발에게 매우 신임을 얻어서, 그 집의 총무 지위를 얻었다. 재산관리까지 일임받기에 이르렀다. 집도 밭도 요셉에게 맡기고, 주인은 아주 안심하고 있었다.

그리고 요셉은 그 신용에 보답하는 좋은 총무였다. 그런데 여기에 곤란한 일이 생겼다. 그것은 요셉이 용모가 단정한 미남인 데서 비롯되었다. 미남인 데다가 신용할 수 있는 일꾼이었다. 더구나 젊다. 17세에 팔려 와서, 11년 동안 그 집에서 일하고 있었다고 해도 28세이다.

이 젊고 미남이며 성실한 요셉에게 부정한 사랑을 느낀 사람이 다름 아닌 보디발의 아내였다. 아마 그녀도 아름다운 여자였을 것이다. 자기의 아름다움에 자신이 있었기에 연하인 요셉을 유혹했다. "나와 동침하자"고 유혹했다고 성경에는 쓰여 있다. 마치 남자의 말처럼 메마르고 속물적인 언사이다. 이 말을 읽으면 설혹 그녀가 아름다웠다고 해도 향기 없고, 윤기가 없는 조화와 같은 여자라는 생각이 든다.

그런데 세상의 남자들은 유부녀한테서 구애(求愛)를 받았을 때 어떻게 하는가? "차려 놓은 밥상을 받지 않으면 사나이의 수치"라는 등 옛부터 남자에게 편리한 말이 있을 정도다. 이런 일은 뭐 남자의 수치라고는 나는 생각되지 않는데, 어쩐지 대단한 수치라고 생각하는 남자분도 적지 않은 모양이다. 그러나 요셉은 수치라고는 생각하지 않았다. 그래서 매우 분명하게 대답했다.

"안주인님, 주인님은 이 집의 모든 재산을 제게 일임하셨습니다.

주인님 말고는 이 집에서 제가 최고의 지위에 앉아 있습니다. 그러
므로 주인님은 안주인님 외에는 아무 것도 저에게 금하지 않으셨
습니다. 안주인님, 당신은 주인님의 부인이십니다. 어찌 제가 당신
과 동침해서 하나님 앞에 큰 죄를 범할 수 있겠습니까? 그런 일은
말씀드릴 것까지도 없는 일이 아닙니까?"

이만큼 분명하게 거절할 수 있는 남성은 적다고 생각한다. 설혹
거절한다고 해도 "나도 싫다고 생각하지는 않습니다만" 하는 등,
상대의 마음을 끄는 말을 해보고 싶은 것이 남자 속에는 많다. 여
하간 요셉처럼 이만큼 분명하게 거절한다면 대개의 여성은 틀림없
이 물러날 것이다. 그러나 이 보디발의 아내는 몹시 뻔뻔스러운 여
성이었다. 성경에는,

"날마다 요셉에게 청하였다."

고 쓰여 있다. 요셉은 그때마다 완강하게 거절했다. 그리고 그는
될수록 그녀와 단둘이 있는 것을 피했다. 그러나 그녀쪽은 요셉과
단둘이 있을 '기회만 있으면' 하고 노렸다. 요셉은 일이 있다. 그
때문에 집안으로 들어가야 할 때도 있다. 그날도 집안으로 들어가
서 일을 하려고 했는데, 집안에는 아무도 없었다. 그녀만 있었다.
그녀는 오늘이야말로 찬스라는 듯이 요셉 곁으로 다가와서 요셉의
옷을 잡았다.

"함께 침실로……."

그녀는 아양을 머금은 눈으로 요셉을 올려다봤다.

인기척이 없는 집안에서 주인의 아내한테서 "함께 침실로……"
하고 옷을 단단히 붙잡힌 요셉의 기분은 대체 어떠했을까. 이날까
지 날마다 보디발의 아내한테서 유혹을 받았지만, 그때마다 분명
하게 거절해 왔다. 요셉의 마음이 굳은 것을 그녀는 알고 있었을
것이다. 그럼에도 불구하고 뻔뻔스럽게 지금 또 요셉을 유혹하려
고 옷을 붙잡았다.

요셉은 여자의 집념에 오싹 소름이 끼쳐서 밖으로 도망친 것이

아닐까? 도망치는 외에 그녀의 유혹을 물리칠 도리가 없다. 틀림없이 그녀는 그렇게 폭력적인 여자의 태도였을 것이다. 그 증거로 도망친 요셉의 옷자락을 그녀는 단단히 손에 잡고 있었다. 그녀는 당장 집안 사람들을 불러 모았다.

"저 남자는 나에게 장난을 하려는 괘씸한 남자예요. 나를 겁탈하려고 하길래 내가 큰소리를 질렀더니, 이렇게 옷을 버려두고 도망쳐 나갔어요."

이리하여 그녀는 움직일 수 없는 증거품을 내보이며 남편에게도 호소했다. 남편은 크게 노해서 당장 요셉을 옥에다 가둬 넣어 버렸다. 주인은 요셉의 변명을 들으려고 했는지는 알 수 없으나, 아마 한마디의 변명도 듣지 않고 투옥했을 것이다. 주인은 아내 이외의 모든 것을 맡길 만큼이나 요셉을 신뢰하고 있었다. 그 요셉의 옷을 손에 든 아내가 입술을 떨면서 호소하는 말을 듣고 노발대발했을 것이다. 완전히 신뢰하던 인간에게 배신당하는 것처럼 고통스러운 일은 없다. 처음부터 신뢰하지도 않은 인간의 배신은 그다지 우리를 노하게 하지는 않는다.

나는 이곳을 읽으면 보디발이라는 사람에게서 우리가 빠지기 쉬운 약점을 보는 것 같은 생각이 든다. 그는 외국에서 팔려 온 노예인 요셉을 총무로 발탁(拔擢)할 정도로 공평한 남자였다. 그 당시 사람들이 모두 능력이 있는 노예를 그렇게 다루었는지 나는 모른다. 그러나 하여간 노예에게 그 소유물을 모두 맡긴다는 사실은 대단한 신용방식이다. 우리는 과연 자기의 토지도, 집도, 가재도 남에게 일임할 수가 있을까? 보디발이 요셉을 믿은 정도를 말하자면 집과 토지의 권리서도, 예금통장과 도장도 맡길 정도이다. 그 정도의 신뢰도 아내의 말과 그 요셉이 벗어 버린 옷으로 단번에 사라졌다. 사람이 지닌 신뢰란 도장을 맡길 정도로 두터웠다 해도 얼마나 허무한 것인가.

우리가 남에게 오해를 받는 처지에 있을 때, "아니다, 저 사람은 그런 짓은 하지 않는다"고 사람들은 좀처럼 말해 주지 않는 법이다. "설마!" 하고 일단 생각은 해도 움직일 수 없는 증거가 있으면 증거쪽을 사람들은 신용한다. 사람의 마음은 믿을 수 없는 것이다. 요셉을 옥에다 넣은 보디발은 아내의 말에 흥분해서 이성을 잃었다고 밖에 나는 생각할 수 없다. 그리고 그 일이 보디발의 한계이며, 우리의 한계라고 생각해 허전한 마음이 든다.

한편, 투옥된 요셉의 마음은 어떠했을까? 그 당시의 감옥이란 고관의 주택 안에 있었던 모양인데, 보디발의 집에도 감옥이 있었다. 보디발은 이집트 왕의 신하이며 시위대장이었던 때문인지 그 감옥은 왕의 죄수도 함께 넣는 감옥이었다. 아마 재판도 없었을 것이다. 틀림없이 죄를 범한 사람과 함께 마음에 들지 않는 신하들도 투옥되고 있었을 것이다. 만일 내가 요셉이라면 극구 보디발의 아내를 욕했을 것이다. "그녀야말로 나를 유혹하려고 했다"고 큰소리로 외쳤을는지도 모른다.

참으로 이 여자가 한 짓은 "혹은 계획적이었던 것은 아닌가"고 생각될 만큼 악질이다. 아무리 요셉에게 수작을 걸어도 거절당한 분풀이로 그녀는 요셉을 투옥시키기 위해서 요셉의 옷을 붙잡고 놓지 않은 것이 아닌가 하고 생각될 정도이다. 이것이야말로 정직한 사람이 손해를 보는 전형적인 사건이 아닐까? "의인은 고난이 많다"(시편 34 편 19 절＝역자 주)고 성경에도 쓰여 있지만, 사실 요셉이 그녀가 바라는 대로 그녀와 동침했다면 투옥되지는 않았을 것이다. 요셉은 옥중에서 자기의 옳았음을 후회했을까?

성경에는,

"요셉이 옥에 갇혔으나 여호와께서 요셉과 함께 하시고 그에게 인자를 더하사 전옥(典獄)에게 은혜를 받게 하시며 전옥이 옥중 죄수를 다 요셉의 손에 맡기므로 그 제반 사무를 요셉이 처리했다."고 쓰여 있다. 참으로 그는 감옥에서조차 모든 것을 위임받는 존재가 되었다. 만일 요셉이 "나는 억울하게 죄를 뒤집어쓰고 옥에 들

어왔다. 저 놈의 보디발! 저 여자야말로 옥에 넣어야 할 것이 아
닌가!"고 욕만 했다면 과연 그가 전옥의 신임을 얻을 수 있었을
까?

요셉은 형들의 미움을 사서 멀리 타향으로 팔려 왔다. 그 슬프고
외로운 가운데 자포자기하지 않고, 묵묵히 일하여 보디발의 사랑
을 받고, 신뢰를 얻어서 총무가 되었다. 보디발은 그에게 이국땅에
서 가장 의뢰할 수 있는 사람이었다. 자기를 인정하고, 사랑하고,
중히 여겨 주는 보디발만큼 그의 위로가 되는 인간은 없었다. 그러
나 기가 막히게도 그 보디발의 신뢰도 사랑도 단번에 잃었을 뿐 아
니라, 투옥될 만큼 미움을 샀다.

이렇게 슬프고 외로운 일이 세상에 있을까? 더구나 요셉 자신
은 보디발을 배반한 죄는 하나도 범하지 않았다. 그러나 이런 심한
고독 속에서도 요셉의 마음은 하나님을 향하여 맑고 밝았던 것이
아닐까? 그는 하나님 앞에 보디발의 아내 때문에 절대로 죄를 범
하지 않았다. 그는 자기의 옳음을 아시는 하나님이 계시는 것만으
로 만족했다. 그는 절대로 "정직한 사람이 손해를 본다"고는 생각
지 않았다.

하나님을 믿는 사람은 근시안적으로 사물을 보지는 않는다. 아
아, 바보짓을 했다, 손해를 봤다고 그리 간단하게 떠들지는 않
는다. 왜냐하면 옳은 일을 했다는 그것 이상으로 이로운 일은 없
고, 하나님은 "모든 것이 협동하여 선을 이룬다"는 사실을 알고 있
기 때문이다. 하나님을 믿는 사람은 그리 성급하게 결론을 내리지
않는다. 우리가 일의 결말이라고 생각하는 것이 사실은 일의 시작
일 수도 있다.

누명을 쓰고 투옥되었어도 요셉은 절망하지 않았다. "아아, 이젠
끝장이다"고 자포자기도 하지 않았다. 하나님을 믿는 사람에게 끝
은 없다. 죽음조차 끝은 아니다. 절망도 아니다. 죽음 앞에서도 하
나님 나라를 바라보면서 죽는다.

여담이지만, 얼마 전에 우리 교회의 카와따니(川谷) 목사님이
"일을 던져 버리는 사람은 책임자가 될 자격이 없다"는 소중한 말
씀을 하셨다. 나는 과연 그렇구나 하고 깊이 느끼는 바가 있었다.
맡겨진 일을 내던진다면 확실히 책임자로서는 실격이다. 일이 어
려워지면 곧 내던지거나, "저 사람은 틀렸다" "이 사람은 안되
겠다" "나는 못하겠다"고 던져 버리는 것도 책임 있는 인간이 할
일이 아니다. 내던진다는 것은 곧 절망하는 것이리라.

나는 카와따니 목사님의 그 말씀을 들었을 때 "아아, 나는 책임
자는 될 수 없구나"라고 느꼈다. 책임자란 아무리 쓰라린 일도 아
무리 싫은 인간도 받아들일 수 있어야 한다.

그러나 생각해 보면, 책임자란 것은 반드시 단체의 장(長)이거
나, 회의 장인 사람만을 가리키는 것은 아니다. 가정의 주부는 주
부로서의 책임이 있고, 어머니로서의 책임이 있다. 집안이 재미
없다고 해서 가정을 내던지거나, 아이를 기르는 것이 귀찮다고 해
서 아이를 버리는 것은 책임포기이다.

우리는 인간으로서 책임을 지고 있는데, 그 책임을 포기하고서
는 살아갈 수 없다. "나 같은 것은 어찌 되어도 좋다" "나 같은 것
은 죽어도 좋다"고 자기를 포기해 버리는 절망적인 말은 고난과 싸
우는 것을 기피하는 무책임한 인간의 말일 것이다.

얘기가 빗나갔다. 요셉은 옥중에서도 이전과 다름없는 생활 방
식으로 살아갔다. 옥중이나 포로수용소 안에서도 인간답게 살아
간다는 것은 어려운 일이다. 요셉은 아마 세상에서 총무의 지위에
있을 때와 똑같이 성실하고, 표리(表裏) 없이, 그리고 사람들을 사
랑하면서 살았을 것이다. 그래서 그는 옥중에서도 전옥한테서 모
든 것을 떠맡을 수 있었다.

이 요셉이야말로 '참된 신앙인'이라고 해도 좋을 것이다. 그는
노예로 팔려서 이집트까지 왔음에도 불구하고 모든 것을 맡게 되
어 자유인 이상으로 자유를 누렸다. 지금도 역시 죄수의 몸이면서

감옥의 일을 모두 맡고, 그는 옥중에서 전옥처럼 자유로웠다.

「신약성경」에,

"진리가 너희를 자유케 하리라."(요한복음 8 장 32 절＝역자 주)

고 쓰여 있다. '진리', 즉 하나님의 아들 그리스도께서 우리에게
자유를 주실 것이라는 이 성구는 바로 '진리'이다. 이것은 우리가
인간으로서 해야 할 일을 자유롭게 하는 힘을 받는다는 말이다. 미
운 사람도 미워하지 않는 자유, 어떠한 사람도 받아들이는 자유,
옳은 일을 하는 자유, 유혹을 물리치는 자유, 그런 자유를 하나님
은 우리에게 주신다. 즉, 죄에서의 자유를 주신다. 요셉의 생활 방
식은 하나님의 말씀을 상징하듯이 노예이거나 죄수이거나 사람은
하나님과 함께 있는 한 이렇게도 자유롭다는 것을 증거하는 것같
이 나는 생각된다.

여하간 인간은 절망적인 상태에 빠졌을 때 그 진가가 판명되는
것이 아닐까? 성경에는 전옥이,

"옥중 죄수를 다 요셉의 손에 맡기므로 그 제반 사무를 요셉이
처리하였더라."

고 쓰여 있다. 더욱이 전옥은,

"요셉의 손에 맡긴 것은 무엇이든지 돌아보지 아니하였더라."

고 했으니까, 요셉은 전옥과 아무 것도 의논하는 일이 없이 일체를
자기의 생각대로 해도 좋았던 것이다. 이 감옥의 죄수들은 왕의 죄
수들이다. 즉, 왕에게 죄를 범한 사람들이다. 물론 정치범이 많았
을 것이다.

이런 때에 왕에게 드릴 술을 맡았던 시종장과 빵을 구워 올리는
시종장이 들어왔다. 두 사람은 왕을 독살하려고 했다는 혐의로 투
옥된 모양이었다. 여기에서 두 사람은 하룻밤 사이에 의미가 있는
듯한 꿈을 꾸었다. 꿈자리가 사나우면 마음에 걸리는 법이다. 우울
하게 보이는 두 사람의 모습을 보고,

"대체 어찌된 영문입니까?"

하고 요셉이 친절하게 말을 건넸다. 두 사람은 요셉에게 자기의 꿈 이야기를 했다. 요셉은 그 꿈을 풀어 주었다. 어떤 꿈을 어떻게 풀어 주었는지를 이야기하면 재미가 있지만, 지면관계로 여기서는 언급하지 않겠다. 성경의 창세기 40장을 보시기 바란다. 빵을 굽는 책임자는 요셉이 해몽한 대로 사흘째에 사형을 당하고, 술을 맡은 책임자는 요셉이 해몽한 대로 사흘째에 혐의가 풀려서 본래의 자리로 되돌아갈 수 있었다. 그 책임자에게 요셉은 말했다.

"당신이 여기서 나가 전직을 회복해서 행복하게 되거든 나를 잊지 말고 바로왕에게 내 사정을 말하여 주선해 주시오. 나는 이곳에 갇힐 일은 하지 않았으니까요."

라고.

"하고말고요. 당신처럼 훌륭한 사람이 옥에 갇혀 있다니 말이 안 되지요. 나는 꼭 바로왕에게 말씀드려서 당신을 옥에서 나가게 해 드리겠소."

아마 그 책임자는 이렇게 약속했을 것이다. 그러나 그만 그는 옥을 나가자마자 요셉을 까맣게 잊고 그대로 2년을 지나쳐 버렸다. '몹쓸 놈'이다.

"남이 아픈 것은 3년이라도 참는다"는 말이 있다. 자기도 투옥되었던 체험이 있다. 일각이라도 속히 그 곳에서 나가고 싶다고 원했을 터인데도 요셉의 소원은 잊어버렸다. 더욱이 요셉한테서 불안한 꿈을 해석해 받았고, 그것이 현실로 되었는데 말이다.

이것은 진정 남의 일이 아니다. 우리는 쉽게 은덕을 잊는다. 괴로울 때에 도와준 사람, 외롭게 병상에 누워 있을 때에 위로해 준 사람을 까맣게 잊는다. 한 사람이 지금 여기에 살고 있다는 사실은 지금까지 얼마나 많은 사람의 덕택을 입었는지 알 수 없는데, 그 많은 사람들의 은덕을 까맣게 잊고 우리는 버젓한 얼굴을 하며 살고 있는 것이 아닐까?

그런데 2년 동안이나 버려진 요셉은 어떻게 살고 있었을까? 그는 역시 그저 하나님만을 믿으며 살았다.

"코로 숨쉬는 자를 의지하지 말라"(이사야 2장 22절=역자 주)고 「구약성경」에 쓰여 있다. 그는 그 책임자에게 주선을 부탁한 일을 하나님 앞에 부끄러워했을 것이다. 신앙자는 하나님만을 의지해야 한다. 사람을 믿을 수 없으니까 우리는 하나님을 믿는 셈이다. 그럼에도 불구하고 자칫하면 하나님보다 사람을 의지하고 기대하다가 배반당했다든가, 의지할 수 없다고 불평하는 일이 얼마나 많은가! 경계해야 한다.

그 책임자가 잊고 있는 2년 동안에 요셉은 더욱 하나님만을 믿어야 한다는 사실을 배웠을 것이다. 이 2년은 요셉을 성장시키는 중대한 2년이었다. 2년 후에 왕 바로가 묘한 꿈을 꾸었다. 살찐 소 일곱 마리를 볼품없고 여윈 소 일곱 마리가 잡아먹는 꿈과, 마른 이삭 일곱이 토실토실 여물어 가는 이삭 일곱을 삼킨 꿈을 하룻밤 사이에 꾼 것이다. 왕은 마음이 설레었다. 대체 이것은 무슨 징조일까 하고, 온 이집트의 마술사나 현자(賢者)를 불렀지만 누구 하나 해명할 수 있는 사람은 없었다. 왕은 애가 탔다. 이 때야 그 책임자가 겨우 요셉을 생각해 냈다. 그리고는 바로왕에게 요셉이 옥중에서 꿈을 정확하게 해명한 것을 말했다. 바로는 당장 요셉을 옥에서 나오게 하고, '너는 꿈을 해명할 수 있다고 하던데'라고 물었을 때 요셉은 대답했다.

"아닙니다. 제가 아닙니다. 하나님께서 당신에게 평안한 대답을 하실 것입니다."

얼마나 겸허하고 아름다운 대답인가. 그는 하나님께 영광을 돌린 것이다. 그리고는 "7년의 풍년 후에 7년의 기근이 오는 꿈"이라는 것을 친절하게 설명했다. 왕 바로는,

"우리가 하나님의 영에 감동한 이런 사람을 따로 발견할 수 있으랴!"

하고 신하들 앞에서 칭찬하고 요셉에게,

"이집트를 다스려 주시오. 당신을 이집트 전국의 총리로 삼겠소."
하고 왕의 반지를 요셉의 손가락에 끼웠다. 이 반지에는 왕의 도장이 새겨져 있는 것이다. 왕 바로는,
"나는 다만 왕위만 당신보다 높소."
라고 말할 만큼 요셉에게 모든 권력을 주었다.

놀랍게도 요셉이 이번에는 이집트의 전국을 위임받은 것이다.
"모든 것이 합력하여 선을 이루느니라."
고 성경에 있지만, 억울한 죄로 감옥에 들어간 일이나 책임자한테 잊어버림을 당한 일도 결국은 요셉에게나 이집트에게 선한 일이 된 것이다. 이 옥중에서 요셉은 '사람'이 보이고 '세상'이 점차 잘 보이게 되었을 것이다. 겨우 30세로 일국의 재상이 된 요셉이지만, 30세라고는 생각할 수 없을 만큼 훌륭한 정치를 했다. 그가 해명한 대로 "7년의 풍년 후에 7년의 기근"이 엄습했다. 그 기근은 이웃 나라 일대에도 덮쳤다. 그의 부모형제가 있는 가나안도 기근으로 고통을 당하게 되어, 그를 판 그 형들이 곡물을 사기 위해 이집트로 왔다. 이집트에는 기근에 대비해서 대량의 곡물이 7년 전부터 확보되어 있었기 때문이다.

여기서 형제들과 요셉이 재회하는데, 형제들은 설마 이집트의 재상이 자기들이 팔아 버린 그 요셉이라고는 깨닫지 못했다. 일찍이 소년시절에 요셉이 꿈에 본 것처럼, 그들은 땅에 엎드려서 요셉에게 절을 했다. 이 창세기 42장 이하 47장까지에 있는 재회의 대목은 너무나 재미가 있어서 단숨에 읽게 된다. 그리고 요셉의 관용과 혈육의 정에 눈물이 복받쳐 오르는 것은 나 혼자만은 아닐 것이다. 요셉만큼 아름다운 얘기는 성경 속에서도 적지 않을까?

그러나 이 요셉조차 젊었을 때는 형들이 팔아 버릴 만큼 미움을 받았다는 사실은 우리들에게 의미심장한 일이 아닐까? 하나님은 그 요셉을 이렇게 훌륭한 인간으로 바꾸어 주신 것이다.

9

율법과 십계명(十誡命)

처음으로 '십계명'을 읽었을 때는 넷째에서 나도 모르게 웃어 버렸다. 그리고 다섯째에서는 위화감(違和感)도 품었었다. 그러나 지금은 적잖게 감탄하고 있다. "네 부모를 공경하라"——어느 시대 어느 사회에서건 자기 어버이와의 관계가 바르지 않고서는 다른 사람과의 관계가 바르게 될 수 없기 때문이다. 이것이 곧 사회생활의 기본윤리가 아닐까?

여기까지 읽으신 분들 중에는 「구약성경」에는 '얘깃거리'만 쓰여 있는 것일까 하고 여기시는 분도 계시리라고 생각한다. 그래서 나는 구약 전체에 대해서 대강 다루고 넘어가고 싶다.

성경이 「구약성경」과 「신약성경」으로 대별되어 있는 것은 앞에서도 언급했다. 구약 39권, 신약은 27권인데, 합쳐서 66권이다. 3×9=27이라고, 구구로 기억하면 좋다고 신자들은 누구한테서인지 전달받아서 알고 있다. 이 구약의 39권은 구주 그리스도께서 이 세상에 오실 것을 예언하고 또 대망하는 책이며, 신약의 27권에는 그 오신 예수 그리스도에 대해서 쓰여 있는 책이라고 한다. 또 구약은 하나님의 옛 계약의 책이고, 신약은 새 계약의 책이라고 한다.

그리고 이 「구약성경」은,

- 역사(창세기부터 에스더까지 17권)
- 시(욥기부터 아가까지 5권)
- 예언(이사야부터 말라기까지 17권)

이 셋으로 나누기도 하고 또 역사, 율법, 시편, 예언으로 나누기도 한다. 그러므로 「구약성경」은 지금까지 서술한 창세기와 같이 기복이 풍부한 얘기만이 아니고, 시와 율법과 예언서가 있는 셈이다.

〈십계〉라는 영화가 맨 처음으로 아사히까와에서 상영된 것은 지금부터 15년쯤 전이었다. 나의 긴 요양생활이 곧 끝나려는 무렵이라 외출도 근근히 할 수 있게 되던 때였다. 그 당시 의사인 친구가 "〈십계〉를 꼭 보러 가세요. 내가 한 턱 낼 테니"라고 권했다. 요양 중인 내 돈주머니 사정을 생각해 준 모양이었다. 여하간 이 영화

〈십계〉는 남에게 돈을 주어서라도 보여 주고 싶을 정도로 좋은 영화였다.

이것은 성경의 출애굽기를 영화로 만든 것이었다.

앞에 서술한 요셉은 이집트(애굽)의 왕 바로의 신임을 받아 매우 좋은 정치를 시행했는데, 얼마 후 그 요셉도 그 시대의 사람도 모두 죽었다. 아무리 좋은 인간도 결국은 죽는다. 요셉의 사후 요셉의 동족 이스라엘 민족의 자손이 이집트에 가득 차고 있었다. 이집트는 위협을 느꼈다. 그것도 무리가 아니었다. 만일 일본에 있는 외국인이 일본인보다 더 증가된다면 아마 우리도 위협을 느낄 테니까.

이집트에 요셉의 이름을 모르는 새로운 왕이 왕위에 올랐다. 아무리 요셉이 좋은 정치를 했다 해도 세월이 지나면 잊혀져 간다. 그 왕은 점점 늘어가는 이스라엘 민족을 압박했다. 하나님은 이 고통에서 이스라엘 민족을 구원하시려고 모세를 그 구원자로 임명하셨다. 하나님에게서 힘을 받은 모세는 동포를 인솔하고 이집트를 탈출했다. 그 수효가 실로 2백만을 넘는 대이동이었다. 한 가족이 외국으로 옮기는 일만 해도 매우 어려운 일이다. 그런데 2백만을 넘는 민족이 한꺼번에 이집트를 나오는 것이다. 소설가라도 도저히 상상으로 묘사할 수조차 없는 웅장한 드라마가 아닌가! 이 대목의 얘기는 참으로 극적이어서, 재미있고 너무나 유명하기 때문에 생략하기로 한다. 다만 이 대목의 재미를 단순히 극적으로만 인식해서 될는지 주의를 요한다. 우리는 조용히 성경을 펼쳐서, 민족 이동의 배후에 하나님의 위대한 역사(役事)를 깊이 이해해야 한다.

지도자 모세는 이 여행 도중에 있는 시내산이라는 산에서 하나님의 말씀을 받았다. 영화에서 이 장면을 봤는데, 붉은 화염이 돌에 글자를 새겨 나간다. 나는 그것을 보면서 내 자신의 가슴에 하나님의 말씀이 이와 같이 새겨져 있을까, 내 가슴에 새겨져 있는 말씀은 대체 무엇일까 하고 생각했었다.

그런데 성경에는 '십계명(十誡命)'에 대해서 어떻게 기록되어 있는가? 그다지 길지 않으니까 다음에 기록하고 싶다. 출애굽기 20장 2절부터 17절. 알기 쉽도록 하기 위해서 번호를 붙이지만, 성경에는 이 번호가 붙여져 있지 않다.

나는 너를 애굽땅, 종되었던 집에서 인도하여 낸 너의 하나님 여호와로다.

① 너는 나 외에는 다른 신들을 네게 있게 말지니라.

② 너를 위하여 새긴 형상을 만들지 말고, 또 위로 하늘에 있는 것이나 아래로 땅에 있는 것이나, 땅 아래 물 속에 있는 것의 아무 형상이든지 만들지 말며, 그것들에게 절하지 말며, 그것들을 섬기지 말라. 나 여호와 너의 하나님은 질투하는 하나님인즉, 나를 미워하는 자의 죄를 갚되 아비로부터 아들에게로 3, 4 대까지 이르게 하거니와, 나를 사랑하고 내 계명을 지키는 자에게는 천 대까지 은혜를 베푸느니라.

③ 너는 너의 하나님 여호와의 이름을 망령되이 일컫지 말라. 나 여호와는 나의 이름을 망령되이 일컫는 자를 죄 없다 하지 아니하리라.

④ 안식일을 기억하여 거룩히 지키라. 엿새 동안은 힘써 네 모든 일을 행할 것이나, 제 7 일은 너의 하나님 여호와의 안식일인즉 너나 네 아들이나, 네 딸이나 네 남종이나, 네 여종이나 네 육축이나, 네 문안에 유하는 객이라도 아무 일도 하지 말라. 이는 엿새 동안에 나 여호와가 하늘과 땅과 바다와 그 가운데 모든 것을 만들고 제 7 일에 쉬었음이라. 그러므로 나 여호와가 안식일을 복되게 하여 그날을 거룩하게 하였느니라.

⑤ 네 부모를 공경하라. 그리하면 너의 하나님 나 여호와가 네게 준 땅에서 네 생명이 길리라.

⑥ 살인하지 말지니라.

⑦ 간음하지 말지니라.

⑧ 도적질하지 말지니라.

⑨ 네 이웃에 대하여 거짓 증거하지 말지니라.

⑩ 네 이웃의 집을 탐내지 말지니라. 네 이웃의 아내나 그의 남종이나, 그의 여종이나 그의 소나, 그의 나귀나 무릇 네 이웃의 소유를 탐내지 말지니라.

이상이 열 가지 계명, 즉 '십계명'이다.

내가 처음으로 이 부분을 통독했을 때 네번째 계명을 읽고 나도 모르게 웃어 버렸다. 일본에도 축제일은 있지만 '아무 일도 하지 말라'는 것 같은 주문은 없을 것이다. 더구나 가축까지 쉬게 하라는 것이다. 성경은 가축에게 휴일을 주는 일까지 규정하고 있다. 하여간 성경이라는 것에 흥미와 반감을 반반씩 가지고 읽고 있던 참이었으므로, 나는 웃어 버린 것이다.

아마 '참 친절하구나'라는 마음으로 웃었을 것이다.

그리고 또 다섯번째의,

"네 부모를 공경하라."

를 읽고, 나는 적지 않게 위화감(違和感)을 품었다. 십계명은 말하자면 이스라엘 법률의 대본(大本), 다시 말하면 헌법이라고 해야할 것이다. 아무리 도덕률을 집어 넣었다 해도 효도는 강제로 강요해서 되는 것이 아니다. 나는 그런 저항을 느끼면서 읽은 셈이다.

그러나 지금은 이 '십계명'에 감탄하고 있다. 아니, 감탄이라는 말은 불충분할 것이다. 뭔가 우리 인간과 하나님과의 차이를 분명하게 알게 되어서 엄숙한 생각조차 든다. 시험적으로 일본국의 헌법을 최소한 첫 페이지의 서론부터 제 10 조까지를 이 십계명과 비교하면서 읽어 보면 된다. 반드시 이 나의 '엄숙한 생각'을 이해하실 것이다. '십계명'의 표현이 설혹 소박하다고 해도 그것은 참된 실존자이시며 주권자이신 하나님의 명령이다. 그 무게와 힘을 나는 느끼지 않을 수 없다. 이하, 앞에 기록한 번호를 따라서 느낀 점을 말해 보고 싶다.

먼저, 첫머리의 말씀은 "나는 너의 하나님, 여호와로다"는 선언이다. 이 얼마나 엄숙한 선언인가. 인간과 인간의 관계에서조차 "두 사람은 오늘부터 부부이다"고 선언하는 결혼식은 엄숙한 것이다. 하나님의 선언이 기초가 되어 십계명이 결정되고, 이스라엘의 율법이 결정되었다.

이 십계명 중 전반인 ④ 까지는 하나님에 대한 인간의 자세가 제시되어 있다.

①은 "하나님 이외의 아무 것도 하나님으로 삼아서는 안된다"고 말하고 있다. 참으로 명쾌해서 아무 설명도 필요치 않지만, 한없이 중요한 말씀이다. 우리는 참으로 하나님 이외의 것을 하나님으로 삼고 있지 않을까? 하나님보다 소중히 하고 있는 것이 없을까? '장사'가, '일'이, '돈'이, '명예'가, '남편'이, '아내'가, '아들'이, 그리고 무엇보다도 '자기'가 하나님보다 소중하지 않을까? 자칫 우리는 '하나님의 마음'보다 '자기의 생각'이 옳다고 생각하며, '하나님의 눈'보다 '세상의 눈'이 무서워지는 것이 아닐까? 이렇게 생각하면 첫째 계명 앞에서만도 이미 고개를 숙일 수밖에 없는 우리임을 인정하지 않을 수 없다.

둘째는, "자기들을 위하여 새긴 형상을 만들어서는 안된다. 그것에게 절하며 섬겨서는 안된다"고 했다. 새긴 형상, 즉 우상이다. 즉, 우상 숭배를 경계하고 있다. 우상의 별명은 '목각(木刻) 인형'이다. 인간이 손으로 새긴 것에 절하는 일은 언제쯤부터 시작되었을까? 야마무로 굼뻬이 목사님의 「민중의 성서」에 다음과 같은 아브라함의 에피소드 둘이 쓰여 있다.

아브라함의 아버지는 우상을 만들어서 팔고 있었다. 청년 아브라함은 이것을 불쾌하게 여기고 있었다. 아버지가 안 계실 때 손님이 우상을 사러 왔다. 아브라함은 말했다.

"손님은 연세가 몇이십니까?"

손님은 60이라고 대답했다. 그러자 아브라함은,

"육십 세 되신 당신이 여섯 시간도 걸리지 않고 인간이 만든 형상에게 절을 하십니까? 그리고 그것으로 복을 받을 수 있다고 생각하십니까?"

라고 했다. 손님은 어이가 없어서 사지 않고 돌아갔다고 한다.

또 어느 날 아버지가 밖에서 돌아왔다. 우상이 여러 개 부서져 쓰러져 있었다.

"대체 어찌된 영문이냐?"

"사실은 공양 음식을 이 신들이 서로 다투어 뺏다가 싸움이 되어, 보시다시피 부서져 버렸습니다."

"바보 소리 말아라. 생명이 없는 우상이 싸움을 할 리가 없잖으냐?"

"그러면 생명이 없는 우상에게 생명이 있는 인간이 머리를 숙이게 하고 절하게 하는데, 그래도 좋습니까?"

아브라함은 이렇게 아버지에게 충고했다고 한다.

「구약성경」의 이사야에서도,

"우상을 만드는 자는 다 허망하도다…….'(44장 9절=역자 주)

"신상을 만들며 무익한 우상을 부어 만든 자가 누구뇨."(44장 10절=역자 주)

'……그가 그것(나무)을 가지고 자기 몸을 더웁게도 하고, 그것으로 불을 피워서 떡을 굽기도 하고, 그것으로 신상을 만들어 숭배하며…….'(44장 15절=역자 주)

'그(나무의) 나머지로 신상, 곧 자기의 우상을 만들고 그 앞에 부복하며 경배하며, 그것에게 기도하여 이르기를 너는 나의 신이니 나를 구원하라 하는도다."(44장 17절=역자 주)

했다. 인용하려면 한이 없다. 우리가 평소에 합장(合掌)하여 절하는 대상이 무엇인지를 우리는 진정으로 알고 있을까? 그와 같이

아무 힘도 없는 것에게 절을 한다고 해도 인간이 구원될 리가
없다. 가령 이곳에 인간과 인형이 서 있다고 할 때 인형에게 인사
를 하고 인간을 무시한다면 어떨까? 진실하신 하나님이 계시는
데, 우상에게 기도하는 것처럼 어리석고 또 하나님에게 무례한 일
은 없다.

다음에, 셋째 번의 "너의 하나님 여호와의 이름을 망령되이 일컫
지 말라"를 생각해 보자. 나는 왜 하나님의 이름을 불러서는 안되
는지 처음에는 알 수 없었다. 하나님을 부르면 부를수록 신앙적이
아닌가 하는 생각조차 품었다. 그러나 성경에는,
"나 여호와는 나의 이름을 망령되이 일컫는 자를 죄 없다 아니하
리라."
고조차 쓰여 있다.
내가 아는 한 사람이 직장의 상사(上司)의 집을 처음으로 방문
했다. 그런데 상사의 부인은 의외에도 소학교 시절의 급우였다. 그
는 반가움과 놀란 나머지,
"야아, ○○ 아냐?"
고 했다. 그런데 선배는 노골적으로 싫다는 얼굴을 하고,
"자네, 그게 뭔가? 버릇없이."
라고 화를 내더라고 한다. 나는 이 얘기를 들었을 때 "하나님의 이
름을 망령되이 일컫지 말라"는 성구를 연상했다. 하나님을 대하는
자세, 하나님을 대하는 태도, 그 근본적인 자세가 문제이다. 경솔
하고 버릇없이 하나님을 불러서는 안된다. 우리가 날마다 드리는
기도는 어떤가? 타성(惰性)으로 드리거나, 남에게 과시하기 위해
서 드리지 않는가? 자신의 미지근한 신앙의 자세를 생각할 때에
나는 이 셋째 계명이 두렵게 생각된다. 하나님에게 나는 더욱 더
경건하고 진지한 자세를 취해야 한다고 생각한다.
넷째 계명은 "안식일을 기억하여 거룩히 지키라"이다.

어릴 때부터 나는 일요일에는 학교가 쉰다는 것을 알고 있었다. 그러나 왜 쉬는지를 몰랐다. 우리 나라에서 일요일을 휴일로 정한 것은 언제부터일까? 하여간 내가 소학교를 들어간 45년 전에 이미 일요일은 휴일이었다.

일요일에는 왜 쉬는가? 「성경」에는 엿새 동안에 천지를 창조하신 하나님이 제7일에 쉬셨다고 쓰여 있다. 그리고 하나님은 이날을 복되게 하시고 거룩하게 하셔서 안식일로 삼으셨다고 쓰여 있다. 그리고 안식일은 토요일이었다. 그것이 어느 사이엔가 일요일이 성일로 되고, 쉬게 되었다. 예수께서 부활하신 날이 일요일인데, 이것을 기념하기 위함이라고 한다. 여하간 이 안식일은 단지 근무나 영업을 쉬고, 놀기 위해서 있는 것은 아니다. 하루나마 몸도 마음도 조용하게 하나님을 향하도록 하기 위해서 있는 것이다. 아무 일도 해서는 안된다는 말은 하나님 이외의 속된 일에 마음을 뺏겨서는 안되기 때문이다.

이스라엘 민족은 이 안식일을 엄수했다. 안식일에는 부부가 함께 자는 것도, 불을 때는 것도, 음식 준비조차도 허용되지 않는다. 또 안식일에는 1킬로미터 가량밖에 길 걷는 것이 허용되지 않는다. 어느 시대에, 이스라엘은 안식일에 시리아의 공격을 받았다. 이스라엘은 대체 어떻게 했을까? 그들은 하나님의 거룩한 안식일을 지키는 편이 싸우는 것보다 중요했다. 그들은 조용하게 싸우지 않고 죽었다. 즉, 십계명의 넷째를 사수한 것이다. 하기야 이 안식일에 대해서는 오랜 세월 동안에 부수하는 규칙이 늘어, 무턱대고 복잡하게 되고 형식적이 되었다. 그리스도께서는 그런 잘못을 철저하게 바로잡으시고, 율법의 정신을 지시하셨다.

이상, 십계명의 넷째까지는 전술한 대로 하나님에 대한 인간의 자세, 태도가 지시되어 있다. 먼저 하나님 앞에 진실할 것, 그것이 율법의 근원이다. 하나님 앞에 진실하지 못한 사람이 사람과 사람의 약속이나 규정, 계율을 지킬 수 있을까? 우리는 하나님을 믿고, 행실 바르게 살려고 하는 사람이라면 중요한 약속도 안심하고 맺을 수 있을 것이다. 그러나 평소의 생활이 나태하고, 거짓말하는 사람과는 처음부터 아무 약속도 하지 않을 것이다. "이것을 이렇게 합시다"라고 결정해도, 지켜 주리라는 기대를 할 수 없기 때문이다.

하나님을 거룩하시다 하고, 하나님을 경외하며, 또 하나님 앞에 진실할 때 비로소 "부모를 공경하라" "살인하지 말라" "간음하지 말라" 등등의 계명도 지켜질 것이 아닐까? 모세는 이 십계명을 기초로 수많은 율법을 정했는데, 여하간 첫째로 하나님에 대한 자세가 계시된 것은 훌륭한 일이었다. 이 때문에 이 '십계명'은 아마 영원히 빛을 발할 것이다.

자, 십계명의 다섯 번째로 옮겨 가자.

"네 부모를 공경하라. 그리하면 너의 하나님, 여호와가 준 땅에서 네 생명이 길리라."

이곳을 한 번만이 아니라, 두 번 세 번, 다섯 번이라도 되풀이해서 읽어 주시기를 바란다. 그리하면 반드시 여러 가지 의문이나 새로운 발견을 할 것이다. 첫째부터 넷째까지는 하나님과 인간의 관계를 물었고, 하나님에 대한 인간의 자세를 물었다. 그 하나님과 인간의 관계에 이어서, 첫째로 우리는 자기의 부모를 공경하라는 요구를 받고 있다. 이 다섯째는 여섯째라도 열째라도 좋을 것을 불쑥 다섯째로 올려 놓은 것은 아니다. 이것은 다섯째로 정해야 하기 때문에 다섯째로 정한 것이다.

인간과 인간의 관계에서 부모와 자녀라는 관계만큼 불가사의하고 밀접한 관계는 없다. 아무리 부모를 싫어하거나 경멸해도 자기가 인간으로서 여기에 살고 있는 것은 먼저 부모가 있었기 때문이다. 이 자기라는 인간은 자기의 부모 이외의 아무로부터도 태어날 수 없는 존재이다.

우리는 의외로, 한 남자와 한 여자가 결혼해서 그들 사이에 아이가 태어난다는 사실을 그다지 이상하게 여기지도 않는 것이 아닐까? 확실히 한 쌍의 남녀에게서 아이가 태어난다는 일은 극히 자연스럽고, 흔한 사건이기는 하다. 그러나 그 태어난 인간이 바로 나 자신이라는 사실은 이미 결코 보통 있는 일은 아니다. 만일 부모가 그날 밤 서로 의좋게 지내지 않고, 그 전날 밤 서로 껴안지 않았다면 나는 이 세상에 태어나지 못했을는지도 모른다.

3억 6천에서 6억이나 되는 정충 중의 하나가 난자와 결합해서 새로운 생명이 싹튼다고 한다. 이 얼마나 신비한 일인가. 만일 이 몇 억의 정충 중의 다른 정충과 결합했다면 지금 있는 나는 없었던 것이다. 그리고 그 이전으로 거슬러 올라가서, 만일 자기의 아버지가 다른 여자와 결혼하고, 자기의 어머니가 다른 남자와 결혼했어도 나는 존재하지 않았다. 한 남자와 한 여자의 만남 그 자체도 단순한 우연이라고 단언하기에는 너무나도 깊은 관계라고 하겠다.

이상은 내가 이 세상에 존재하는 일의 '기적'이라고도 할 수 있는 확률(이 확률을 정확하게 계산한다면 아마 몇 조에 하나라는 말이 될 것이다)을 불과 몇 개의 예를 들어 생각해 본 것인데, 우리는 더욱 더 나라는 존재를 겸허하게 생각해 봐야 하지 않을까?

고교나 대학의 입시 경쟁율이 10배나 20배라고 해봤자, 이 세상에 태어나는 일의 몇 조배라는 비율에 비하면 아무 것도 아니다. 이렇게 생각한다면 "낳아 달라고 하지 않았는데 나를 낳았다"는 천박한 말은 도저히 못할 것이다. 다른 누구도 아닌 이 '자기'가 태어났다는 것은 아무리 '부탁해도' 할 수 없는 엄숙한 사실이다. 참으로 하나님의 허락이 없이는 우리는 이 세상에 태어나지 못했을 것이 아닌가?

더욱이 우리는 지극히 당연하다는 얼굴을 하고서 어버이들에게 반항하고, 또는 어버이들을 업신여기면서 자라났다. 아마 "네 부모를 공경하라"는 다섯째 계명에 반발을 느끼는 사람들은 적지 않을 것이다. "공경하라고 하지만, 우리 아버지와 같은 벽창호를 공경할 수 있습니까?" "참 우리 어머니처럼 푸념 잘하는 사람은 없어요. 존경할 수 없어요"라고 할는지도 모른다. 확실히 세상에는 아이를 버리는 어버이도 있고, 욕심 많은 어버이, 또 난폭한 어버이, 게으른 어버이, 오만한 어버이, 색욕에 빠지는 어버이도 적지 않다.

우리 집에도 어버이를 존경할 수 없다고 하면서 가출하여 찾아오는 처녀가 몇인가 있었다. 그중에는 첩을 둔 아버지를 경멸해서 가출한 사람도 있었다. 어버이라고 해도 천차만별(千差萬別)이어서, 아무리 해도 존경할 수 없는 어버이를 가진 사람들도 있을 것이다. 그럼에도 불구하고 여기에 엄연하게 "네 부모를 공경하라"고 성경은 명령하고 있다.

나는 신앙이란 무엇보다도 하나님에 대한 복종이라고 생각하고 있다. 참으로 전능하시고 사랑이신 하나님을 완전히 믿는다면 어떠한 말씀에도 복종할 수 있을 것이라는 지극히 소박한 생각을 나는 품고 있다. 물론 믿음이 얇고 부끄러운 생활이기는 하지만, 적어도 "우리 어버이를 존경할 수 있습니까?" 하는 등의 말 대답을 해서는 안된다고 나는 생각하고 있다. 여하간 이곳에는 그저,

"네 부모를 공경하라."

는 말씀뿐이고, "다만 성품이 나쁜 어버이는 공경할 것 없다"는 등의 단서(但書)는 붙어 있지 않다. 그것은 마치 「신약성경」의 에베소서 5장에,

"자기 남편에게 복종하기를 주(그리스도)께 하듯 하라."

고 쓰여 있는 것과 같다. 이곳에는 "좋은 남편은 주님을 섬기듯이 섬기라"고 쓰여 있지는 않다. 좋든지 나쁘든지, 부지런한 사람이든지 게으른 사람이든지, 진실치 못하든지 바람을 피우든지 "자기 남편에게 복종하기를 주께 하듯 하라"고 한다.

나는 최근에 여기서 깊은 하나님의 마음을 느끼게 되었다. 그것은,

"네 부모를 공경하라."

"자기 남편에게 복종하기를 주께 하듯 하라."
고 명령하신 하나님의 말씀을, 마음으로 경외하고 복종한다면 나
중은 하나님이 책임을 지시고 좋게 해결해 주실 것이 아닌가 하는
것이다. 하나님은 무책임하게 명령하시지는 않는다. 하나님은 반
드시 어버이와의 관계, 남편과의 관계를 놀라울 정도로 회복시켜
주실 것이다.

앞에서도 말한 것처럼 첩을 둔 아버지를 가진 딸이 가출하고 우
리 집으로 와서 며칠인가 머물렀다. 우리 부부는 그녀와 대화를 나
누고, 무조건 집으로 돌아가서 아버지에게 사과하고 앞으로는 아
버지를 존경하라고 성경의 말씀을 인용했다. 아버지를 존경할 수
없고, 사랑할 수 없어서 가출한 결백하고 젊은 그녀에게 그것은 매
우 어려운 요구였을 것이다. 그러나 그녀는 그렇게 하겠다고 약속
하고 돌아갔다. 며칠인가 지나서 편지가 왔다.

"'내가 잘못했다. 이제부터는 정말 좋은 아버지가 되겠으니 용서
해다오. 아버지는 달라질 것이다'라고 했습니다. 선생님, 기뻐해
주십시오. 아버지의 입에서 달라지겠다는 말이 나오다니 얼마나
기쁜 일입니까!"

그리고 그녀는 오랜만에 교회에 나간 일을 말하고,

"…… 그랬더니 어떻게 되었는지 아시겠어요? 지금까지 마음속
으로 하나님 같은 것을 어떻게 믿을 수 있단 말인가 하는 생각으로
신자들을 대한 탓인지, 한 번도 마음을 터놓고 얘기를 한 일이 없
던 사람들이 그날은 몹시 다정하게 웃으면서 말을 걸어 왔습니다.
이상하지요. 저의 마음이 변하면 상대도 역시 변하는군요. 그것을
실감했고, 약간 알게 된 것 같습니다. 지금부터 열심으로 변하도록
노력하겠습니다."

이상, 원문 그대로 소개했다. 자기가 마음을 낮추어 아버지를 대
했을 때 아버지가 변했다. 이것이 하나님의 말씀을 따른 결과이다.
이것을 단순한 우연이라고 말할 수 있을까?

나는 수필집 「사랑하며 믿으며」 속에서 다음과 같은 글을 썼다. 강연을 마친 후 부부원만의 비결을 질문받고 대답에 궁해서 어떤 선생님이 말씀하신 말을 인용했다. 그것은,

'성경에는 남편에게 복종하기를 주께 하듯 하라는 말씀이 있다. 만일 자기의 남편이 도둑인데도 거기서 망을 보라고 하면 잠자코 망을 보라. 그것을 영리한 체하고, 도둑질은 나쁜 짓이니까 그만두세요라고 한다면 그것은 복종하기를 주께 하듯 하지 않는 것이 된다. 매우 심한 말을 하는 것 같지만, 이처럼 유의한 아내들은 모두 부부관계가 좋아졌다.'

고 하는 말이었다. 그런데 얼마 후 다음과 같은 편지를 받았다.

"저는 결혼 20년이 넘는 주부입니다. 남편하고는 이제는 헤어질 수밖에 도리가 없다고 생각할 정도로 서로의 마음이 식어 있었습니다. 당신의 말씀을 듣고 저는 느끼는 바가 있었습니다. 설혹 도둑인 남편이라고 해도 망을 보라고 하면 그대로 하라는 말씀을 실천했습니다. 그랬더니 놀랍게도 남편은 점차 본래의 남편으로 돌아오고, 우리는 위기를 극복할 수 있었습니다."

지금도 나는 이 편지를 받았던 때의 놀라움을 잊을 수가 없다. 여하간 우리는 자기의 약아빠진 이론이나 빈약한 경험으로서 하나님의 말씀을 거역해서는 안된다. "부모를 공경하라"고 하시면 공경하면 된다. 공경하려고 마음먹으면 절대로 존경할 수 없는 인간은 없다. 무엇인가 하나쯤 존경할 수 있는 점이 있다. 그러나 우리 인간이란 존재는 매우 마음이 좁고, 또 오만해서 훌륭한 인간조차 훌륭하다고 그대로 느낄 수 없는 것이다. "계집종에게 영웅은 없다"는 속담이 있다. 여기서 말하는 계집종이란 남을 섬기는 사람으로서의 여자인데, 어떤 영웅을 섬겨도 여자는 그의 결점만을 보기 때문에 존경심을 품을 수 없다는, 여성이 빠지기 쉬운 한 모습을 이 속담은 꼬집고 있다. 그러나 이것은 특히 여성에게만 해당되는 말은 아니다. 아이들도 자기의 어버이를 공평하게 보는 눈을 잃

는 수가 많다.

"네 부모를 공경하라"가 하나님과 인간의 관계에 대한 계명에 이어서 나온 것은 의미가 깊다. 자기의 어버이를 용납할 수 없는 인간이 다른 인간을 바르게 용납할 수 있을 리가 없다. 이렇게 말하면 "아니지, 어버이를 용납할 수는 없지만 친구라면 용납할 수 있다"고 사람에 따라서는 말하는지도 모른다. 그러나 그것은 친구는 어버이만큼 가까이 있지 않기 때문이고, 만일 가까이 있다면 과연 어떻게 될는지 그것은 알 수 없다.

그러므로 어버이와의 관계를 바로잡는 것은 다른 사람과의 인간관계를 바로잡는 기초가 되지 않을까? 어버이와의 관계가 바로되었을 때 앞에서 소개한 가출했던 아가씨가 쓴 편지처럼 남과의 관계도 정상이 될 것이다. 나는 이렇게 해석하며 이곳을 읽었다.

여하간 하나님께서 "하라!"고 명령하신 일을 우리는 겸허하게 따라보자. 순종은 완전한 신뢰에서 생기는 것임을 다시 확인하자. 주 예수께서 겟세마네 동산에서 "나의 원대로 마옵시고 아버지의 원대로 하옵소서!" 하고 기도하신 모범을 따랐으면 한다.

자, 다음에 여섯째 계명 "살인하지 말라"에 눈을 모으자. 이것도 단서는 없다.

어떤 사람도 죽여서는 안된다. 그런 말은 하지 않아도 우리는 알고 있다. 사람을 죽일 리가 없다고 생각하는지도 모른다. 그러나 우리는 과연 어떠한 때에도, 어떤 사람도 죽이고 있지는 않을까? 우리의 주위에는 사람을 죽인 사람들이 많다. 그것은 전쟁하러 간 사람들이다. 만일 내가 남자라면 나도 총을 들고 얼굴도 모르는 적국의 사람을 죽였을 것이다.

"아아, 전쟁 말인가. 그것은 별문제이지. 그것은 자기의 의지가 아니었어. 나라의 명령이었으니까 도리가 없었지."

라고 사람들은 말하는지도 모른다. 그리고 또 전쟁이 일어나면,

"이것은 별문제다. 하는 수 없지."
하고 전선으로 끌려 나가서 사람을 죽이는 것이 아닌가? 여자들
도 남편이나 아들을 '하는 수 없이' 싸움터로 내보내는 것이 아닌
가?

그러나 진정으로 '그것은 별문제'이며 '하는 수 없을까?' 하나
님은 절대로 전쟁에서는 살인해도 좋다고는 말씀하시지 않았다.
"살인하지 말라"의 한마디뿐이다.

제2차 대전에서 퀘이커교도는 어떤 고문을 당해도 총을 들지 않
았다. 또 내게 세례를 베풀어 주신 오노무라(小野村) 목사님도 비
전론(非戰論)을 주창하시다가 투옥되셨다.

"사람보다 하나님을 순종하는 것이 마땅하니라."(사도행전 5장 27
절=역자 주)

는 말씀에 순종한 사람이었다. 하나님의 말씀에 복종한다란 이 정
도까지 철저하게 복종해야 하리라. 우리들 크리스찬이 설혹 살해
된다고 해도 이 세상에 발언해야 할 문제는 적지 않다. 절대 평화
를 외치는 일은 그 첫째 문제일 것이다. 상대가 소련인이든 미국인
이든 살인해서는 안된다. 사람에 따라서는 공산주의자 같은 것은
죽여도 좋다든가, 자본가들은 죽여도 시원치 않다고 하지만, 나는
크리스찬이 더 진지하게 더 소박하게 하나님의 말씀에 귀를 기울
여야 한다고 생각한다. 하나님의 심판에 맡기면서 기도와 사랑을
가지고 발언했으면 한다. 이같은 생각을 사람은 유치하다고 웃을
까?

갑자기 얘기가 전쟁으로 뛰었지만, 여하간 이런 각오가 없다면
"살인하지 말라"는 계명은 무(無)로 돌아간다. 그리고 이 여섯째
계명은 예수께서 말씀하신 마태복음 5장을 합쳐서 읽어야 할 것임
은 누구나 알고 있을 것이다. 마태복음 5장에서 예수 그리스도는
형제에게 노하는 사람, 형제를 미련한 놈이라 하는 사람도 같은 죄
라고 하셨다. 살의(殺意)는 분노나 매도(罵倒)의 씨앗에서 생기는

것인데, 이것들은 같은 근원임을 지적하셨다.

일곱째 계명인 "간음하지 말라"는 말씀도 "여자를 보고 음욕을 품는 자마다 마음에 이미 간음하였느니라"는 마태복음 5장의 그리스도의 날카롭고도 엄한 말씀과 함께 음미해야 할 것이다.

일찍이 요양할 때 나의 남자 친구가,

"나는 한평생 도둑질은 하지 않을 것이고, 살인도 않는다고 할 수 있을 것이다. 거짓말을 하지 말라고 하면 이를 악물고 거짓말을 하지 않게 될는지도 모른다. 그러나 정욕을 품고 여자를 보는 일만은 매일 되풀이하게 된다."

고 술회했다. 이 친구는 교사직에 있던 성실한 사람인데, 이렇게 나에게 말한 1년 후 갑자기 행방불명이 되고, 이래 20여 년간 아직도 소식을 알 수 없다.

"도둑질하지 말라."

여기서는 지극히 간단한 의미로 도둑질하지 말라고 했을 것이다. 우리의 통상적 윤리관을 가진 사람은 남의 금품을 훔치는 일은 하지 않는다. 그러므로 이 조항은 그만 읽고 지나쳐 버리지만 엄밀하게 말하면 사람의 마음이나 남의 시간을 훔치고 있는 자기를 잊어서는 안될는지도 모른다.

"거짓 증거하지 말라."

"이웃의 집을 탐내지 말라."

는 계명도 "도둑질하지 말라" "간음하지 말라"는 계명과 같이 이웃의 생활을 위협하지 않기 위한, 즉 사회생활의 가장 기본적인 윤리이다. 그러나 그 후 수천 년이 지난 현대까지 이 기본적인 윤리는 끊임없이 계속 침범되어 왔다. 어린이까지도 살인하거나 도둑질이 나쁘다는 것을 알고 있는데, 지금도 아직 모든 나라에서 이런 범죄가 끊이지 않는다.

대체 그것은 무엇 때문인가? 결국은 십계명 첫째부터 넷째까지의, 하나님 앞에 있는 자세가 확립되어 있지 않기 때문이 아닐까?

하나님의 눈을 모르는 사람은 다만 사람의 눈만을 의식한다. 그러나 사람의 눈은 속이려고 생각하면 속일 수 있다. 만일 그럴 마음만 먹으면 완전 범죄를 계획해서 사람을 죽일 수도, 남의 재산을 횡령할 수도, 이웃의 딸이나 아내를 범할 수도 있을 것이다. 사람의 눈을 속일 수 있는 것이다. 그러나 진지하게 하나님을 경외하는 사람은 사람의 눈을 속이려고 생각하지는 않을 것이다. 오로지 하나님의 눈을 두려워하고 있기 때문이다.

하기야 그렇게 완전한 인간이 과연 있을까? 우리는 많거나 적거나 하나님의 눈을 두려워하기보다도 훨씬 사람의 눈을 더 의식하며 살고 있는 것이 아닐까? 우리는 본래 넷째 계명까지를 지켜내지 못하는 존재로 태어났다. 즉, 그것은 원죄를 짊어지고 있다는 말이기도 할 것이다. 이 원죄 때문에 우리는 하나님 중심이 아닌 자기 중심인 생활을 하고, 자기 중심인 까닭에 남을 미워하고 욕망을 일으켜서 다섯째 계명 이하의 죄를 범하는 것이리라.

만일 그리스도께서 우리의 죄를 짊어 주시지 않았다면 우리는 대체 어찌 되었을까? 생각은 역시 십자가로 용서해 주시는 그리스도에게로 돌아온다.

막내 남동생의 집에서 얼마 전에 아기가 태어났다. 올케는 입원할 때에 아이들에게 아침 6시 반에 일어날 것과, 밤에 잠자리에 들기 전에 이를 닦을 것을 종이에 써서 거실의 벽에 붙여 놓고 갔다.

아이들은 소학교 5학년, 3학년, 2학년의 3명이다. 그 수칙 몇 조목을 읽으면서 나는 재미있다고 생각했다. 어머니가 해산이나 여행으로 집을 비울 때 누구나 다 이렇게 써 붙이고 가는가? 모든 어머니가 써 붙이고 간다고 해도 그 내용은 각기 다를 것이라고 생각했다. 몇 시에 일어난다든가 잔다든가 하는 것 외에, 올케는 다음과 같은 것도 썼다. 그것은,

· 식사 준비와 설겆이는 모두가 협력해서 할 것
· 마른 빨래는 각기 자기의 것을 골라서 장롱에 정리해서 넣을 것
· 잠자리에 들기 전에 할머니의 이부자리를 깔아 드릴 것
· 할머니의 말씀을 잘 듣고 성가시게 굴지 말 것

등이었다.

이것을 읽고 평소 그녀의 자녀교육을 엿보는 듯하여 나는 흥미가 진진했다. 그녀는 시어머니인 나의 어머니에게 상냥하다. 그래서 평소에 아이들도 앞을 다투어 할머니를 소중히 모시고, 할머니의 어깨를 주무르고, 이부자리를 깔아 드리며 안녕히 주무시라고 인사말을 할 때에 뺨에 뺨을 대고 비빈다. 올케가 쓴 식사 준비와 설겆이도, 빨래 정리도 할머니에 대한 배려이다. 나는 그 배려에 감동을 받았다. 한 가정에도 그 집의 정신이 있다. 한 나라에도 물론 그것이 있어야 한다. 「구약성경」의 율법을 보면, 하나님을 높이는 일에 기초를 둔 그 정신의 높이에 눈을 크게 뜨지 않을 수 없다.

「신약성경」의 마태복음 22 장에는 사람들이 예수님에게,

"율법 중에서 어느 계명이 가장 소중한가?"

라고 묻는 장면이 있다. 그때 예수님은,

"마음을 다하고, 목숨을 다하고, 뜻을 다하여 주 너의 하나님을 사랑하라."

"네 이웃을 네 몸과 같이 사랑하라."

는 두 가지를 드시고, 이 두 가지에 율법 전체가 걸려 있다고 대답하셨다. 말하자면 이스라엘의 율법은 하나님을 사랑하고, 이웃을 사랑하는 것의 두 가지에서 벗어난 율법은 없다고 할 수 있을 것이다. 여기에 그 몇을 들어서 함께 생각해 보자.

"사람이 새로이 아내를 취(娶)하였거든 그를 군대로 내어 보내지 말 것이요, 무슨 직무든지 그에게 맡기지 말 것이며, 그는 일년 동

안 집에 한가히 거하여 그 취한 아내를 즐겁게 할지니라."(신명기
24 장 5 절)

나의 셋째 오빠는 결혼한 지 1 주 만에 소집당했다. 아마 이 글
을 읽으시는 분들 중에도 결혼한 지 반년도 되기 전에 신부를 남겨
두고 전장으로 간 경험이 있는 분, 또는 갓결혼한 남편을 전장으로
내보낸 경험을 가지신 분도 계실 것이다. 결혼 후 1 년 동안은 소
집령도 나오지 않고, 징용령도 나오지 않는 멋진 배려, 동정심이
있는 배려는 여지껏 우리 나라에는 없었다. 지금부터 3 천년이나
옛날에 이미 율법이 있던 나라와 비교해서 사람들은 어떻게 생각
할까? 다음 조문을 보자.

"곤궁하고 빈한한 품꾼은 너의 형제든지, 네 땅 성문 안에 우거
하는 객이든지 그를 학대하지 말며, 그 품삯을 당일에 주고, 해진
후까지 끌지 말라. 이는 그가 빈궁하므로 마음에 품삯을 사모함이
라. 두렵건대, 그가 너를 여호와께 호소하면 죄가 네게로 돌아갈까
하노라."(신명기 24 장 14~15 절)

그 당시는 일급제(日給制)였던 모양이다. 가난한 사람쪽에 서서
임금은 그날 중에 지불하라고 명령하는 율법은 가난한 사람에게
얼마나 큰 힘이 되고 위로가 되었을까. 전후(戰後) 우리 나라에도
노동기준법 등이 생겼지만, 그 당시에 이미 이런 사고 방식이 실천
되고 있었다. 아직도 임금 미지불이나 과중한 노동이 문제가 되는
우리의 주위를 돌아보고 이 율법이 얼마나 앞서 있었는가를 생각
하지 않을 수 없다. 여기에 또 우거하는 객이라는 말이 쓰여 있는
데, 이스라엘의 율법은 외국인에 대해서는 특히 유의하고 있다.

"너는 객이나 고아의 송사를 억울하게 말라."(신명기 24 장 17 절)

"너희 땅의 곡물을 벨 때에 밭 모퉁이까지 다 베지 말며, 떨어진
것을 줍지 말고, 너는 그것을 가난한 자와 객을 위하여 버려 두라.
나는 너희 하나님 여호와니라."(레위기 23 장 17 절)

"네 모든 소산의 십일조 다 내기를 마친 후에 그것을 레위인과

객과 과부에게 주어서 네 성문 안에서 먹어 배부르게 하라."(신명기 26 장 12 절)

이 때에 하나님에게 보고하라고 명령하셨다. 레위인이란 성전에서 섬기는 직을 말한다. 외국인에 대해서는 아직도 제정된 율법이더 있는데, 이와 같이 외국인을 고아, 과부와 함께 보호한 것은 외국에 처한 생활의 어려움을 동정한 것이리라.

내가 살고 있는 아사히까와시의 근교에 수난당한 중국인 묘가있다. 전쟁중 강제노동을 하며 음식도 제대로 먹지 못하고, 병이들어도 치료를 받지 못했다. 이 수난자들은 일본 사람들에 의한 희생자였다.

또 한국 사람들은 그 당시 일본 국적을 가졌음에도 불구하고 몹시 가혹한 일을 당했다고 한다. 또 지금 한국 고교생을 원수처럼여기는 학생들의 말을 들으면 나는 형용할 수 없이 서글픔을 느낀다. 이런 말을 하면 어떤 사람들은 반드시 "당신은 그러고도 일본사람인가?"라고 하면서 노하지만, 일본인이고 일본을 사랑하니까 한층 더 한심함을 느끼는 것이다. 외국인을 압박하고, 침략하고차별한 우리 일본인은 아무리 반성해도 이제는 다 되었다는 것은없다.

"너는 애굽땅에서 종 되었던 것을 기억하라. 이러므로 내가 네게이 일(외국인을 소중히 하는 것)을 행하라 명하노라."(신명기 24 장22 절)

"너는 애굽에서 종이 되었던 일과 네 하나님 여호와께서 너를 거기서 속량하신 것을 기억하라. 이러므로 내가 네게 이 일을 행하라명하노라."(신명기 24 장 18 절)

「구약성경」의 율법에는 되풀이해서 이렇게 쓰여 있다. 이스라엘사람들은 이집트에서 노예로서 괴로운 세월을 보냈다. 그때의 고통을 지금 외국인에게 짊어지워서는 안된다고 율법으로 경계하고있는 것이다.

"며느리가 시어머니 된다"는 말이 있다. 시어머니한테 괴로움을 당한 며느리가 이번에는 자기가 시어머니가 되어서 아들의 아내를 괴롭히는 모습을 말한 것이다. 자기들도 고통을 당했다. 이번에는 괴롭히자는 태도를 취하지 않은 이스라엘의 자세는 역시 참되신 하나님을 경외하고, 참되신 하나님을 사랑하기 때문에 배양(培養)된 이웃 사랑을 표시하고 있다고 하겠다. 이 일은 다른 나라의 문제로서가 아닌 우리의 문제로서 우리는 진지하게 생각해야 할 것이다. 외국에 거주하는 외로움과 불안은 만일 자기가 외국에 거주한다면 하고 생각하면 당장 알 수 있는 일이다.

이 구약의 율법에는 여러 문제가 다루어졌는데, 좀더 대인관계에 대해서 골라 보겠다. 출애굽기 21장 22절부터 25절까지에는 다음과 같은 규정이 있다.

"사람이 서로 싸우다가 아이 밴 여인을 다쳐 낙태케 하였으나 다른 해가 없으면 그 남편의 청구대로 반드시 벌금을 내되 재판장의 판결을 좇아 낼 것이니라. 그러나 다른 해가 있으면 갚되, 생명은 생명으로, 눈은 눈으로, 이는 이로, 손은 손으로, 발은 발로, 데운 것은 데움으로, 상하게 한 것은 상함으로, 때린 것은 때림으로 갚을지니라."

"눈은 눈으로!"라는 말은 현대의 우리도 쓴다. 성경 중의 말이 부지중에 일용어로서 정착한 한 예이기도 하다. 그런데 이 "눈은 눈으로!"라는 말은 눈을 뽑혔으면 상대의 눈도 뽑으라는 매우 통렬한 보복적 말로 쓰이고 있다. 앞에 말한 바와 같은, 외국인 이집트에서 고통을 당했으니까 외국인에게는 친절하게 하라는 율법이 있는데 왜 이렇게 말했을까? 나는 처음에는 그렇게 느끼고 있었다. 그러나 이것은 보복의 규정은 아니라고 한다. 보상의 율법이라고 한다.

"남의 생명을 빼앗으면 자기의 생명으로 갚으라."

"남의 눈을 멀게 했으면 자기의 눈을 뽑아서 갚으라."

"상대의 이를 하나 뽑았으면 자기의 이를 하나 뽑아서 갚으라."
는 말이라고 한다. 즉, 상대에게 준 고통을 자기도 맛보지 않으면
보상이 되지 않는다는 말이다. 이와 동시에 보복을 규제하는 목적
도 있었다고 목사의 설교를 들은 일이 있다. 사람은 눈을 잃으면
분노와 증오하는 나머지 상대의 한 눈은커녕 목숨을 뺏고 싶은 충
동을 받는다. 그래서 '눈은 눈'만으로 참으라는 뜻으로 이 율법이
설정되었다고 한다.

구약의 형법에는 징역 3년이라든가 10년이라는 투옥에 관한 규
정은 보이지 않는다. 눈을 멀게 했으면 2년이라든가, 발을 끊었으
면 3년이라는 식의 규정이 없다. 따라서 '눈은 눈'으로 보상하면
계속 그대로 생활할 수 있었을까? 이런 형편은 나도 알 수 없다.
「신약성경 대사전」에 의하면 감옥은 있었지만 투옥의 형은 없다고
쓰여 있다. 투옥의 형이 없었다면 역시 죄를 범한 사람은 피해자가
마음이 시원하게 되는 벌을 받아 '눈은 눈'으로서 보상해야 했을
것이다.

내 생각에는 인간은 '눈은 눈' 정도로 참으라는 규정이 필요한
존재라고 생각한다. 사람은 자기가 받은 고통을 최대한으로 느끼
는 법이다. '눈'을 뽑히면 '목숨'을 뺏아도 시원치 않다고 생각하
는 법이다. 최근의 신문에도 "이 바보야!"라는 말을 전화로 듣고
격분해서 그 집으로 가서 상대를 죽였다는 기사가 실렸다. 우리의
대인 감정을 음미해 봐도 짐작이 가는 일이다. "그냥 두지 않
겠다!"는 분노나 증오가 우리의 가슴에 소용돌이치는 일은 없는
가? 그 대부분은 '눈은 눈으로'를 넘어선 생각으로 에스컬레이트
할 것이다.

자, 다음 율법은 어떤가?

"여자는 남자의 의복을 입지 말 것이요, 남자는 여자의 의복을
입지 말 것이라. 이같이 하는 자는 네 하나님 여호와께 가증한 자

니라."(신명기 22장 5절)

얼마 전에, 어떤 사람이 거리를 걸어가고 있었다. 그러자 앞을
가는 여자가 손수건을 떨어뜨렸다.

"아가씨, 이거 떨어졌소."

하고 말을 하자,

"아아, 고맙습니다."

하고 돌아본 사람은 남자였다고 한다. 현대에서 이런 경험은 누구
나 하고 있다. 남자인가 하고 생각하면 여자, 여자인가 하고 생각
하면 남자여서, 어라 이거 틀렸구나 하고 생각하는 일이 종종 생
긴다. 그래서 이 율법을 보면 현대인들은 반발할는지도 모른다. 그
러나 인간을 남자와 여자로 창조하신 하나님은 이런 복장을 싫어
한다고 말씀하신다. 하나님이 창조하신 대로 두는 것은 중요한 일
이다. 더구나 남자가 여자 복장을 하여 동성인 남자에게 아양을 떨
고, 여자가 남자 복장을 하여 동성인 여자를 유혹한다는 일부 남녀
의 작태를 생각하면 이 복장문제는 단지 외관상 문제에 그치지 않
고 인간성의 뿌리 깊은 문제와 직결되고 있다. 레위기 20장 13절
에는 다음과 같이 지시되어 있다.

"누구든지 여인과 교합하듯 남자와 교합하면 둘 다 가증한 일을
행함인즉 반드시 죽일지니 그 피가 자기에게로 되돌아가리라."

이어 성에 관한 율법을 찾아보면, 다음과 같은 일을 하는 사람은
죽임을 당해야 하기로 되어 있다.

"남의 아내와 간음하는 자는 그 간부와 간부를 함께"

"그 계모와 동침하는 자는 남녀 둘 다"

"자부와 그 동침하거든 둘 다"

"아내와 그 장모를 아울러 취하는 자"

"짐승과 교합하는 남자나 여자"

이런 율법이 존재했다는 것은 그 당시에도 동성애나 수간(獸姦)
이나 난교가 있었다는 말이기도 하겠는데, 참으로 지금의 세상과

비슷한 상태가 아닌가! 인간은 아직도 인간다운 진지한 생활에 도달하지 못하고 있다. 몇 천년 전의 남자와 여자들과 똑같은 과실을 되풀이할 뿐 아니라, 현대는 그런 일을 자랑으로 여기기조차 하여 성의 자유를 구가하고 있다. 어리석기 짝없다고 해야 하겠다. 만일 현대에 이 율법을 적용한다면 죽어야 할 인간은 매우 많을 것이다. 이 율법에는 다음과 같이 마음을 끄는 말씀도 있다.

"귀먹은 자를 저주하지 말며, 소경 앞에 장애물을 놓지 말고, 네 하나님을 경외하라. 나는 여호와니라."(레위기 19장 14절)

언젠가 라디오에서 만담가가 "여기서 귀먹은 사람의 욕을 해도 상관없다. 귀먹은 사람은 욕을 해도 듣지 못하니까"라는 요지의 말을 했다. 나는 참으로 속이 빈 말을 한다고 생각하며 들었다. 물론 귀머거리를 저주하는 말은 아니지만, 그래도 하나님을 두려워하지 않는 불손한 말, 동정심이 없는 말이라고 해야 할 것이다.

또 어느 날엔가 친정으로 갔더니 다음과 같은 텔레비전 드라마가 있었다. 아버지가 산책을 하고 있는데 자기 아들이 한쪽 발을 절뚝거리며 걷고 있었다. 보니까 발이 불구인 아이의 흉내를 내고 있었다. 아버지는 노해서 4,5세인 그의 아들을 때렸다. 아들은 울면서 집으로 돌아갔다. 아버지가 귀가하니까, 아내도 어머니도 화를 냈다.

"아이가 한 일이 아니예요? 때리지 않아도 될 텐데."

라는 비난을 받고, 이 아버지는 풀이 죽어 자기가 잘못했다고 생각한다. 그렇게 아이의 비위를 맞추는 홈드라마였다.

이것을 봤을 때의 분노를 나는 지금도 잊지 못한다. 하나님을 경외하지 않는 것은 이렇게 두려운 일이다. 발이 불구인 사람의 흉내를 낸 이 아들은 매를 맞아 당연하고, 때린 일을 항의한 아내와 어머니도 더욱 비난을 받아야 하지 않았을까? 결코 흑(黑)을 백(白)이라고 우겨서는 안된다.

"재판할 때에 불의를 행치 말며, 가난한 자의 편을 들지 말며,

세력 있는 자라고 두호하지 말고 공의로 사람을 재판할지며⋯⋯ 나
는 여호와니라.”(레위기 19 장 15 절)

가난한 사람에 치우쳐서 편을 들어도, 세력 있는 사람을 두호(斗
護)해도 안된다. 이런 재판은 공정할 것이다. 그러나 이 세상은 자
칫하면 세력 있는 사람을 두호하여 도피시키고 있지 않은가? 재
판을 받기 전에 이미 도피시켜 버린다. 그런 사실을 우리는 여럿
알고 있다. 요시다(吉田) 전 수상이 강권을 발동한 저 유명한 사건
을 우리는 절대로 잊어서는 안된다. 이렇게 드러난 추태는 논외로
하고 뒤에 숨어서 은연한 세력이 세력 있는 사람을 ‘바르지 못하
게’ 도와주는 사실을 흔히 듣는다. 율법에는 곳곳에,

“나는 너의 하나님 여호와로다.”

는 말씀이 기록되어져 있다. 이 말씀의 무게를 우리는 알아야
한다. 그러나 참되신 하나님을 경외하지 않는 사람, 두려워하지 않
는 사람은 이 말씀에 아무 무게를 느끼지 못할 것이다. 야마무로
굼뻬이 목사님은 그의 레위기 주해에서,

“레위기를 일관하는 정신은 ‘내가 거룩하니, 너희도 거룩할지
어다’이다.”(레위기 11 장 45 절)

라고 기술하셨는데, 이것은 또 이스라엘의 율법을 관통하는 정신
이기도 할 것이다. 율법은 사람들이 성별(聖別)된 사람으로서, 하
나님의 사랑을 받는 사람으로서 취할 자세를 지시한 것이다. 우리
가 하나님의 거룩하심 앞에 경외심을 품지 않는 한 율법은 사문(死
文)이 되어 버린다.

10

초인적 큰 힘을 지닌 삼손

삼손은 혼자서도 1천 명 2천명을 쓰러뜨릴 힘이 있
었다. 그러나 부하가 단 한 사람도 없었다. 그만큼 방
자한 사람이었는지도 모른다. 곁에 있으면서 충고하는
사람조차 없었던 그의 일생이야말로 아무리 큰 힘이라
도 외로운 인생이 아니었을까? 삼손은 결국 친구와의
교제를 유지하지 못하는 신앙은 잃기 쉽다는 사실을
증거해 주고 있지 않을까?

「구약성경」은 모두가 39장(章)으로 되어 있는데, 그 일곱째 장이 '사사기(士師記)'라는 대목이다. 나는 처음으로 이 '사사기'라는 말에 접했을 때 무슨 뜻일까 하고 생각했다. 사(士=武士)의 스승 (師)이니까, 검도사범인 야규 쥬베(柳生十兵衛)처럼 강한 사나이를 가리키는가 하고 막연하게 생각했었다. 낯선 낱말이기 때문이다.

이럭저럭 무력에 강하다는 점만은 맞았다. 사사란 해방자, 또는 통치자라는 뜻이라고 해설되어 있다. 원수를 물리치고 이스라엘을 원수처럼 침략에서 해방시키고, 그 공적으로 통치자로 추대된 사람이라고 한다. 그러면 일부러 '사사'라는 미심쩍은 말을 쓰지 말고 '통치자'라든가, '해방자'라고 하면 좋을 것 같은데, 그것도 적당하지는 않았던 모양이다. '통치자'라면 '왕'이 아닌가 하고 생각도 되지만, '사사'는 '왕'처럼 세습(世襲)이 아니고 일대(一代)뿐이라고 한다. '왕'이면 왕이 죽으면 그의 아들, 즉 왕자가 '왕'이 된다. '사사'는 어쩐지 왕이라고 할 만큼의 품격도 없었는지도 모른다.

사사는 모두 13인이 등장한다. 그러나 내가 곧 그 이름을 생각해 낼 수 있는 사람은 부끄러운 일이지만 그 13인 중에 기드온과 삼손뿐이다. '기드온'이라는 사사는 믿음이 대단한 용사로서 사건마다 하나님에게 기도하고, 하나님에게 여쭈면서 싸웠다. 사람들은 기드온을 왕으로 삼으려고,

"당신도, 당신의 아들도 손자도 우리를 다스려 주십시오."
라고 청원했을 정도로 충성했다. 그러나 기드온은,

"나는 당신들을 다스리지 않겠소. 그리고 나의 아들도 당신들을 다스려서는 안되오. 여호와께서 당신들을 다스리시리라."
는 겸손한 대답을 했다. 그는 자신이 다스릴 생각은 없었는지도 모

르지만,

"기드온의 사는 날 동안 40년에 그 땅이 태평하였더라."

고 성경에 쓰여 있다(사사기 8 장 28 절=역자 주).

기드온은 사사 중에서 믿음이 가장 뛰어난 인물이 아니었나 하고 생각한다. 그러므로 지금도 '기드온 협회'라는 큰 모임이 있다. 호텔에 들어가면 대개는 성경이 각 방마다 비치되어 있다. 이것은 '기드온 협회'의 사람들이 기증한 책이다. 이 모임은 학교의 학생들과 병원의 환자, 교도소의 수인들에게도 성경을 증정하고 있다.

그러나 아직 나는 '삼손회'라는 모임이 있다는 말을 들은 일이 없다. 혹은 넓은 세계에 '삼손회'가 있는지도 모르겠다는 생각도 들지만, 아무래도 없는 듯이 생각된다. 나는 '사사 삼손'의 얘기를 처음으로 읽었을 때 재미있기는 확실히 재미있지만, 왜 이렇게 호색하는 무뢰한의 생애가 성경책에 들어 있는가 하고 참으로 이상히 여겼다.

성경을 가지신 분은 성경을 펼쳐서 읽으시면 좋겠다. 그 편이 상세하고도 재미있으리라고 생각한다. 결코 난해한 곳은 없다. 우선 읽으시기 바란다. 그리고 당신은 삼손의 이야기를 어떻다고 생각하시는지 들려주셨으면 한다.

삼손이 태어날 즈음, 이스라엘은 하나님 앞에서 악을 행한 벌로 40년 동안 블레셋인 밑에서 압박을 받고 있었다.

삼손의 아버지는 마노아라고 했다. 어머니의 이름은 밝혀지지 않았다. 이 어머니는 한 번도 아이를 낳은 일이 없었다. 성경에는,

"그 아내가 잉태하지 못하므로 생산치 못했다."

고 쓰여져 있다. 아이를 원하는 사람에게 아이가 없는 일만큼 슬픈 일은 없을 것이다. 세상에는 무정한 인간이 있어서, 아이가 없는 것은 그 여자에게 낳을 능력이 없는 것처럼 업신여기는 인간이 있다. 나도 아이가 없지만, 그것은 몸이 약한 나를 위하여 남편 미우라가 충분한 배려를 해서 의지적으로 절제했기 때문이다. 그러

나 나를 대면해서 '석녀(石女)'라고 비웃은 사람이 있다. 나는 그
리 섭섭하지는 않았지만, 만일 이것이 아이를 갖고 싶다고 열망하
는 사람에게 내뱉은 말이라면 얼마나 큰 상처를 주었을까 하고 생
각했다. 아마 삼손의 어머니도 멸시를 받으면서 살고 있었을 것
이다. 이 어머니에게 하나님의 천사가 나타나서 말했다.

"네가 잉태하여 아들을 낳으리니 그 머리에 삭도(削刀)를 대지
말라. 이 아이는 태에서 나옴으로부터 하나님께 바치운 나실인(성
별된 사람이라는 뜻)이 됨이라. 그가 블레셋인의 손에서 이스라엘
을 구원하기 시작하리라."(사사기 13장 5절＝역자 주)

이 말을 들은 남편 마노아는,

"우리 부부가 그 태어나는 아이에게 해야 할 일을 가르쳐 주옵소
서."

하고 간절히 기도했다. 아이가 있는 사람이라면 이 마노아의 말에
반드시 감동할 것이다. 태어나는 아이를 위해서 어버이가 무엇을
해야 할 것인가고 진실하게 하나님에게 기도하는 어버이는 그리
많지는 못할 것이다. 그러나, 그렇게 기도했다고 대부분의 어버이
는 생각하지 않을까? 천사의 대답은 이러했다.

"너는 포도나무의 소산을 먹지 말며, 포도주와 독주를 마시지 말
며, 무릇 부정한 것을 먹지 말라."

이리하여 드디어 기도하며 기다리던 아이가 태어났다. 그 아이
가 바로 초인적으로 큰 힘을 떨친 삼손이다.

삼손은 블레셋인의 여자에게 한눈에 반했다. 성경에는 "그는 돌
아와서 부모에게 말했다. '내가 딤나에서 블레셋인의 딸 중 한 여
자를 보았사오니 이제 그를 취하여 내 아내를 삼게 하소서."
라고 쓰여 있다. 삼손은 보기만 하고 결혼하고 싶다고 생각했다.
대체 삼손은 여자의 무엇을 보았을까? 대체로 남자란 여자의 자
태만으로도 빠지게 마련이다. 물론 남성 전체가 그렇다는 것은 아
니지만, 아무래도 아름다운 여자를 아름답다는 점만으로 그 여성

을 받아들이는 경향이 있다.

파티 등에서 뛰어나게 아름다운 여성이 있으면 남성들의 눈은 홀끔홀끔 그 여성에게 집중된다. 아니, 집중될 뿐 아니라 이것저것 말을 건다. 설혹 그 곁에 그 미녀보다 마음씨가 좋은 아가씨가 있다고 해도 아름답지 못하면 무시당한다. 보기만 해서는 성격을 알 수 없으니까 무리도 아니지만, 여하간 미녀 편중은 확실하다. 남자들은 이런 미녀 편중의 경향 때문에 역사가 시작된 이래 단단히 따끔한 맛을 보아 왔지만, 아직도 고쳐지지 않는다. 아마 미래에도 영원히 고쳐지지 않을 것이다.

삼손도 아름다운 여자에게 마음을 뺏기고 따끔한 맛을 봤는데, 그 첫째번이 이 여성이다. 외국의 여자라니 어림도 없다고 부모는 반대했지만, 삼손은 듣지 않았다.

삼손은 여자의 집에서 혼인잔치를 베풀었다. 그 곳에 블레셋인이 30명 손님으로 나타났다. 삼손은 그들에게 수수께끼를 냈다. 지금도 아이들은 수수께끼를 좋아한다.

"발 하나 눈 하나인 꼬마는 뭐지?"

"바늘."

"허리 굽혀 줍지 않고, 손을 들어서 줍는 것은 뭐지?"

"택시."

등등 수수께끼 내기 놀이를 한다. 이것은 조금만 생각하면 풀 수 있는 수수께끼이지만, 삼손이 낸 수수께끼는 다르다. 성경을 읽지 않고 이 수수께끼를 풀 수 있는 사람이 있으면 만나 뵙고 싶다. 삼손은 이런 수수께끼를 냈다.

"먹는 자에게서 먹는 것이 나오고, 강한 자에게서 단 것이 나왔다. 아는 사람은 손을 들 것?"

"7일 동안에 너희가 능히 그것을 풀어서 내게 고하면 내가 베옷 30벌과 겉옷 30벌을 너희에게 주리라. 그러나, 그것을 능히 내게 고하지 못하면 너희가 내게 그 옷을 줄지니라."

하고 삼손은 말했다.

그들은 사흘을 생각했지만, 수수께끼를 풀 수 없었다. 그래서 그들은 신부(新婦)에게,

"네 남편을 꾀어 그 수수께끼를 우리에게 알리게 하라. 그렇지 아니하면 너와 네 아비의 집을 불사르리라. 너희가 우리의 소유를 취하고자 하여 우리를 청하였느냐? 그렇지 아니하냐?"

고 협박했다. 신부는 삼손한테서 해답을 알아내려고 했지만, 삼손이 가르쳐 주지 않았다. 그녀가 나흘을 계속 울며 졸랐기 때문에 할 수 없이 7일째에 해석해 주었다. 그것은 삼손이 신부의 집으로 오기 전에 사자를 맨손으로 찢어 죽인 일이었다. 그 후 며칠인가 지나서 그 시체 곁을 지나갔는데, 사자의 몸에 꿀이 있었다. 그는 그 꿀을 긁어 모아서 먹은 일이 있었던 것이다.

이 말을 신부한테서 들은 사람들은,

"무엇이 꿀보다 달겠으며, 무엇이 사자보다 강하겠느냐?"

라고 답을 내놓았다. 삼손은 신부가 가르쳐 주었기 때문에 풀 수가 있었다고 말하고, 그 성의 사람 30명을 죽이고 옷을 약탈하여 손님 30명에게 약속한 대로 주고는 화가 나서 자기 집으로 되돌아가 버렸다. 얼마 후 마음도 진정되어, 염소 새끼를 선물로 삼고 아내의 집으로 찾아갔더니 아내의 아버지가 그를 집으로 들이지 않고,

"네가 내 딸을 싫어서 버리고 집으로 돌아간 것이 아닌가고 생각했다. 그래서, 그 아이는 그날의 신랑 들러리에게 다시 신부로 주어 버렸다. 그러나 그 아이의 동생이 그 아이보다 아름답다. 동생한테 장가들어라."

했다. 삼손은 크게 노하여 여우 300마리를 잡아 두 마리씩 꼬리를 매고 그 사이에 횃불을 매달아 추수 직전의 보리밭에 놓았다. 보리밭도 올리브밭도 모두 불타 버렸다. 블레셋인은 신부의 집에 방화했다. 삼손은 더욱 노해서 수많은 블레셋인을 때려 죽었다.

그 일로 인하여 이스라엘 사람들은 파랗게 질렸다. 블레셋인의

지배하에 있었기 때문이다. 삼손은 그것을 잘 알았고, 기회가 있으면 블레셋인의 압제에서 자기 나라를 해방시키려고 생각하고 있었다. 말하자면 하나의 레지스탕스이기도 했다. 삼손이 블레셋 여자에게 한눈에 반한 것도 사실이겠지만, 그 내심 블레셋인에게 트집을 잡을 기회를 노리고 있었는지도 모른다. 성경에도 삼손의 결혼이 '틈을 타서 블레셋인을 치려 함이었던' 일과 결부시켜서 서술되었다(사사기 14장 4절＝역자 주).

이 난리가 나자, 삼손 한 사람을 유다인 3천 명이 에워싸고 블레셋인에게 내주기로 했다. 삼손은,

"당신들이 나를 치지 않겠다면 좋다. 묶이는 것뿐이면 묶여 주지."

라고 하면서, 쇠줄에 묶여서 블레셋인이 있는 곳으로 끌려왔다. 블레셋인은 묶인 삼손을 보자, 환성을 지르면서 삼손에게 다가왔다. 이 때 하나님의 영이 그에게 임하고, 그를 묶고 있던 줄이 "불탄 삼과 같이 되어서 그 올가미가 손에서 풀어져 떨어졌다"고 성경에 쓰여 있다. 그는 맨손이었는데, 나귀의 새 턱뼈를 주워 들고, 그것을 무기삼아 1천 명을 때려 죽였다. 그 후에 삼손은 가사로 가서 또,

"거기서 한 기생을 보고 그에게로 들어갔다."

고 성경은 기록했다.

삼손이 왔다는 소식에 가사의 사람들은 철야로 성문에서 매복했다. 아침에 삼손이 나오면 죽이려고 숨을 죽이고 기다리고 있었다. 그러나 삼손은 적의 동정을 살피고, 밤중에 일어나서 성문짝들과 문기둥 둘에 손을 걸어 빗장을 지른 채 뽑아 어깨에 메고는 산꼭대기까지 유유히 운반해 버렸다. 아마 문 부근에 숨어 있던 사람들은 그 진동에 떨어져서 죽거나 상하거나, 아니면 도망쳤을 것이다.

그는 이런 일이 있은 후에 소렉 골짜기에 있는 데릴라라는 여자

를 알았다. 데릴라도 역시 블레셋 여자였다. 이 데릴라는 매우 매력적인 여자였던 모양이다. 삼손은 이 여자에게 빠졌다. 블레셋의 중요 인물들이 살며시 데릴라에게 와서,

"데릴라, 저 삼손의 큰 힘의 비밀이 어디에 있는가, 어떻게 하면 저 남자를 이길 수 있을까, 그 비밀을 알아내면 우리가 각기 은 일천일백을 네게 주겠다."

라고 사주했다. 야마무로 굼뻬이 목사님은 1936 년에 쓰신 「민중의 성서」에서 "이 남자들은 5 인인데 모두 1 만 엔으로 이 데릴라를 매수했다"고 쓰셨다. 1936 년의 1 만 엔이라고 하면 그 당시 사범출신의 소학교 교사의 초임 봉급이 55 엔 가량이었으니까, 참으로 15 년 하고도 1 개월분이 넘는 금액에 해당한다. 지금 돈으로 환산하면 1천만 엔을 훨씬 넘는 금액이다.

데릴라는 삼손을 사랑하지는 않았던 모양이다. 이 금액에 데릴라의 마음이 움직인 것은 무리가 아니다. 아니, 금액만으로 움직였을까? 데릴라도 역시 블레셋인이다. 적대관계인 삼손을 사랑하지 않았다고 보는 것이 아마 옳겠다. 여하간 욕심도 곁들여서 이 비밀을 알아내려고 했다.

침실의 정담 중에,

"이봐요, 당신의 그 큰 힘이 어디서 나와요? 가르쳐 주지 않겠어요?"

하고 응석을 부렸다. 삼손은 전에 수수께끼를 밝힌 실패가 있으므로 거짓말을 했다.

"마르지 않은 푸른 칡 일곱으로 나를 묶어 봐. 당장 보통 사람 같이 약해지지."

여자는 삼손을 그것으로 묶고는 블레셋인을 살그머니 안방으로 불러들여 놓고,

"삼손, 블레셋인이 왔어요."

라고 했더니, 삼손은 당장 칡을 끊어 버렸다. 데릴라는 이번에는,

"아아, 당신은 거짓말을 했군요? 자, 사실대로 가르쳐 주지 않겠어요?"

하고 아양을 떨었다. 여느 때 같으면 이 일로 여자가 블레셋인과 내통해서 자기를 위험에 빠뜨리려고 하는 속셈이 판명되었으니까 정신을 차렸을 것이다. 그러나 삼손은 아직도 이 여자에게 미련이 남아 있었다. 그래서,

"한 번도 쓰지 않은 새 줄로 나를 묶으면 나도 보통 사람과 같이 돼 버리지."

하고 말했다. 데릴라는 서둘러서 그가 말한 대로 한 번도 사용한 일이 없는 줄로 삼손을 묶고, 또 블레셋인을 불러들였다. 그러나 이번에도 삼손은 줄을 실처럼 쉽게 끊어 버렸다. 세 번째로 그녀는 삼손에게 진실을 가르쳐 달라고 졸랐다. 삼손은,

"나의 머리털 일곱 가닥을 베틀의 실과 섞어 짜고, 못으로 그것을 박으면 힘이 약해진다."

고 말했다. 데릴라는 삼손이 잠든 사이에 머리털을 베틀의 실에 섞어 짰다. 그리고 나서 또 블레셋인을 안방에 숨겼다. 이번에도 삼손은 간단하게 자유롭게 되었다. 그 후의 데릴라의 말을 성경에는 다음과 같이 서술했다.

"당신의 마음이 내게 있지 아니하면서 당신이 어찌 나를 사랑한다 하느뇨? 당신이 세 번 나를 희롱하고, 당신의 큰 힘이 무엇으로 말미암아 있는 것을 내게 말하지 아니하였도다."

하며, 날마다 그 말로 그를 재촉하여 조르매 삼손의 마음이 번뇌하여 죽을 지경이라. 삼손이 진정을 토하여 그녀에게 이르되,

"내 머리에는 삭도를 대지 아니하였느니, 이는 내가 모태에서 하나님의 나실인이 되었음이라. 만일 내 머리가 밀리우면 내 힘이 내게서 떠나고 나는 약하여져서 다른 사람과 같으리라."

하여, 삼손은 드디어 그 여자에게 모든 것을 실토했다. 이 대목을 읽으면 삼손이 얼마나 이 여자에게 빠져 있었는가를 잘 알 수

있다. 우리 처지라면 도저히 데릴라처럼 "세 번이나 속였다"고 삼손을 나무랄 수는 없지 않을까? 삼손도 잠자코 비난을 받을 것은 없다.

"너는 내 목숨을 블레셋인에게 넘겨 주려고 세 번이나 나를 묶거나, 머리털을 베틀에 짜 넣지 않았느냐? 그렇게 무서운 여자에게 진실을 밝혀 줄 수 있느냐?"

고 반대로 나무라도 좋았을 것이다. 그러나 삼손은 나무라기는커녕 죽을 만큼 괴로워했다. 삼손은 이 여자의 미색에 완전히 빠져 있었던 모양이다. 설마 데릴라의 마음을 사랑했다고는 생각할 수 없다. 데릴라에게 강한 말을 해서,

"그럼 돌아가세요. 이별이에요."

라고 정을 떼는 말을 들을까 봐 두려웠던 것이다. 여색에 빠지는 남자란 모두 이런 것이다.

남자는 여자의 마음을 사랑하기보다는 용모를 사랑한다. 카바레에서 호스티스에게 팁을 듬뿍 주지만, 정성을 기울여서 사랑해 주는 아내에게는 블라우스 한 벌 사 주는 것도 아까운 남자는 많은 것 같다. 보통 여자라면 처음에는 1천만 엔의 돈이 탐이 나서 삼손의 힘의 비밀을 탐지하다가도 죽을 지경으로 괴로워하는 삼손의 모습을 눈앞에 본다면 이렇게 자기를 사랑하는가고 남자의 모습에 감동되지 않을까? 그리고,

"내가 잘못했어요. 이젠 일러주지 않으셔도 되어요."

라고 하지 않을까? 그리고, 또 그 비밀을 실토해도 듣지 않은 것으로 해 두지 않을까? 그러나 데릴라는 남자의 진실에 감동되는 일이 없는 차갑고 탐욕을 품은 여자였다. 마침내 그녀는 삼손을 무릎 위에서 잠들게 하고는 그의 머리털을 싹 밀어 버렸다. 이번에야말로 삼손에게서 힘이 떠났다. 삼손은 블레셋인에게 잡혀서 무참하게도 두 눈을 뽑히우고, 게다가 투옥되어 버렸다.

이 삼손을 대체 데릴라는 어떤 심경으로 보았을까? 이렇게 해

서 얻은 1천만 엔은 데릴라를 행복하게 만들었을까? 정성을 기울여서 사랑해도 인간은 반드시 서로 사랑하지는 않는다. 그것은 우리에게도 경험이 있다.

우리는 얼마나 남에게 배반을 당하고 있는가? 아니, 그 이상으로 배반하고 있는가? 가슴에다 손을 얹고 생각해 보면 사랑이 없는 정도가 마치 데릴라를 닮지 않았을까? 우리를 사랑하셔서 우리의 죄 때문에 십자가에 못박히신 예수 그리스도를 우리는 얼마나 계속 배반하고 있는가 하고 생각하면 그다지 큰소리는 칠 수 없다.

이렇게 되어 옥에 갇힌 삼손은 날마다 맷돌을 돌리는 작업을 하고 있었는데, 세월이 흐름과 함께 머리카락이 자랐다. 블레셋인들이 그 우상 다곤에게 제사하는 즈음에는 삼손의 머리털은 원상대로 자랐다. 머리털은 한 달에 1센티미터 자란다고 하니까, 본래대로 되는 데 적어도 1년은 걸리지 않았을까?

이 1년 동안은 눈을 뽑힌 삼손은 옥중에서 맷돌을 돌리면서 무엇을 생각하고 있었을까? 데릴라의 미색에 빠져 자기 힘의 출처를 밝힌 어리석음을 그는 통절하게 반성했을 것이다. 아니, 삼손이 자기 힘의 출처를 밝혔다는 것은 하나님한테서 받은 나실인(하나님을 섬기는 사람)으로서의 사명을 여자에게 내어준 것과 같은 불신의 죄이다. 하나님의 은혜를 짓밟았다고 해도 된다. 더구나 나실인인 삼손은 창녀와 희롱하고, 여자에게 탐닉한 결과 하나님의 은사인 힘을 송두리째 잃게 되었다. 얼마나 신앙적이 아닌 일인가.

신앙은 개인의 것이다. 아무리 삼손의 부모에게 신앙이 있었다고 해도 아들인 삼손에게도 신앙이 이어진다고는 할 수 없다. 삼손은 자기의 힘이 하나님께서 주신 것임을 잊고는 오만해졌으며 제멋대로 믿음 없는 타락생활에 빠져 버렸다. 우리도 자칫하면 하나님의 은혜를 생각하지 않고 자기 힘으로 무엇을 할 수 있는 것처럼 생각하여 순탄할 때면 오만해지는 것이 삼손과 비슷하다.

그런데 삼손은 두 눈을 뽑히고 나서 비로소 보아야 할 것이 분명히 보이기 시작한 것이 아닐까? 즉, 신앙적이 아닌 자신과 하나님이 보이기 시작한 것이 아닐까?

그날 블레셋인들은 우상 다곤의 제사에 많이 모이고, 그 곳으로 삼손을 불러내어 자기들 앞에서 '재주를 부리게' 하였다. 성경에 기록된 재주부림이 어떤 것인지 알 수 없지만, 여하간 삼손을 모욕한 것이다.

삼손은 그때 건물을 받친 기둥에 기대게 해 달라고 자기의 손을 이끄는 사람에게 부탁했다. 건물에는 사람이 차고 넘쳤고, 옥상에도 3천여 명의 남녀가 모욕당하는 삼손의 모습을 구경하러 와 있었다. 그곳 에는 데릴라를 사주한 그 블레셋인들도 있었다고 성경에 쓰여 있다. 혹은 데릴라도 있었는지 모른다. 그때 삼손은 하나님에게 기도했다.

"아아, 여호와 하나님이여, 저를 생각해 주십시오. 아아, 하나님이여 제발 다시 한 번 저를 강하게 하셔서, 제 두 눈의 하나를 위해서도 블레셋인에게 원수를 갚게 해주십시오."

그는 그 건물의 중심에 있는 두 큰 기둥을 두 손으로 껴안았다. 그는 자신도 블레셋인과 함께 죽을 생각으로 혼신(渾身)의 힘을 다하여 기둥을 끌어당겼다. 그렇게 큰 기둥도 삼손의 크나큰 힘으로 무너지고, 건물이 붕괴되었다. 블레셋인의 왕들과 군중은 당장 그 밑에 깔려서 죽었다. 이리하여 삼손은 블레셋인과 함께 죽었다. 하나님은 이상한 분이시다. 이렇게 타락하고 결점투성이인 삼손조차 사용하셔서 유다국을 블레셋인으로부터 해방하셨다. 우리도 결점이 많은 인간이지만, 하나님이 쓰시려고 할 때 각자의 결점을 초월해서 쓰신다.

내가 오랜 질병 중에 기도한 것은, "고쳐 주십시오"라는 기도보다 "써 주십시오"라는 기도쪽을 많이 드렸다. 그때 나는 이런 생각을 했다. 내 인생은 건강하고 쾌적한 생활을 하기보다 하나님에

생활을 하기보다 하나님에게 쓰이는 인생이 되고 싶다고 생각하고 있었던 것이다. 그리고 그 생각은 지금도 변하지 않는다.

삼손은 사람들한테서 얼마나 무시무시한 초인적인 큰 힘의 소유자인가 하는 찬탄을 받아 왔지만, 생각해 보면 사실 그는 무력했었다. 하나님의 힘이 임했기 때문에 힘이 있었던 것이고, 머리카락을 깎이니까 순간에 힘을 잃은 무력한 삼손이 되었다. 무력한 삼손의 본래의 모습이다. 그러나 설혹 무력하게 되고, 소경이 되었어도 깊이 회개하고 하나님에게 부르짖을 때 하나님은 또다시 힘을 주신다. 삼손에게는 부하가 단 한 사람도 없었다. 사람을 의지하지 않고도 혼자서 1천 명, 2천 명을 쓰러뜨릴 힘이 있었다. 그러나, 또 부하도 생기지 않는 방자한 사람이었는지도 모른다. 곁에 있으면서 삼손에게 충고하는 사람도 없었던 것은 아무리 큰 힘을 가졌을지라도 외로운 인생이었다는 생각이 든다. 친구와 교제를 유지하지 못하는 신앙은 잃기 쉽다는 사실도 삼손은 나타내고 있는 것이 아닐까?

처음에 이 대목을 읽었을 때 무엇 때문에 이런 얘기가 성경에 있는지 매우 이상히 여겼다. 그러나 사사기는 잠자고 있는 신앙을 깨울 목적으로 쓰여졌다고 쿠로자끼 코끼찌(黑崎幸吉) 목사님이 말씀하셨다. 그런 의미에서는 이 삼손의 얘기도 역시 뜻 깊은 것이리라.

11

아름다운 이야기 '룻기'

"어머님의 모국은 제 모국, 어머님이 믿으시는 하나님은 제 하나님이십니다. 제가 어머님과 생이별한다면 어떤 벌이라도 내리시옵소서." 룻은 이렇게 말하고 시어머니를 따라서 그 고향 베들레헴으로 갔다 —— 얼마나 마음이 착한 여성인가! 외국에서 남편과 두 아들을 잃은 그녀는 남편이 못다한 효도를 대신 해드렸다. 사랑의 줄은 그렇듯 강한 것!

어느 가정에서나 아이의 이름은 태어나기 전부터 마음을 쓰는
법이다. 이름이라는 것은 한평생 그 아이에게 붙어 다니는 것이기
때문이다. 읽기 어렵고 난해한 이름이나 어감이 나쁜 이름은 피하
고, 불길한 이름도 피하는 것이 상례이다. 아이의 이름에 '사(死)'
라든가 '흉(凶)'이라는 글자를 쓰는 어버이는 없다. 행복을 빌고
그 아이의 한평생에 좋은 영향을 끼치도록 위인의 이름을 따기도
하고, 의미가 있는 이름을 지어 주려고도 한다. 이것이 일반적인
어버이의 마음일 것이다.

크리스찬의 가정에서는 아무래도 성경 속에서 그 이름을 구하는
수가 많다. 남편 미우라는 '미쯔요(光世)'라는 이름이다. 여성과
혼동되는 이름인데, 남편은 이 때문에 콤플렉스를 지니고 자라난
모양이지만, 이것은 성경의 "너희는 세상의 빛이라"(마태복음 5 장
14 절＝역자 주)는 말씀에서 딴 좋은 이름이다.

그것은 고사하고, 이름을 보면 그 가정이 크리스찬이라고 당장
알 수 있는 이름이 있다. 예를 들면 '루쯔(룻)꼬'가 그중 하나
이다. 이 이름을 보면 그 가정은 우선 크리스찬이라고 생각해도 틀
림이 없다.

이마바리(今治)에 에노모또 야스오라는 목사님이 계시다. 설교에
도 글재주에도 뛰어난 목사님이신데, 친근히 사귀고 있다. 이 분의
큰따님이 루쯔꼬 씨이다. 이것은 「구약성경」 '룻기(Ruth 記)'에서
딴 이름이다.

'룻기'란 사실은 시어머니와 며느리의 얘기이다. 봉건적이었던
일본에서는 '고부(姑婦)'라는 관계는 그다지 좋은 이미지가 없다.
곧 험악한 것을 연상케 한다. 그러나 '룻기'의 룻과, 그녀의 시어
머니 나오미의 얘기는 감동적이고 아름다운 얘기이다. 요나서와

같이 평이하고 또 6페이지도 채 못되게 짧기 때문에 읽기 쉽다. 대체 어떤 고부담(譚)인가? 모두가 한 번씩 읽으면 좋겠지만, 가정에 「구약성경」을 못 가지신 분을 위해 소개해 보겠다.

"사사들이 세상을 다스리던 때에"

라고 성경에는 쓰여 있다. 즉, 기원전 1350년부터 1050년경까지의 시대, 이스라엘 민족이 이집트를 나와서 사울과 다윗이 왕위에 오르기까지 그 동안의 300년, 이 기간 중에 유다 베들레헴에 흉년이 들었다.

나오미는 그녀의 남편 엘리멜렉과 함께 두 아들 말론과 기룐을 데리고 식량을 구하러 모압 지방으로 갔다. 이 나오미는 마음이 매우 너그러운 여성이었던 모양인데, 불행하게도 모압 지방에서 남편 엘리멜렉을 여의었다. 자기 나라에 흉년이 들었기 때문에 일부러 외국인 모압까지 피해 왔는데, 엘리멜렉이 거기서 죽었다.

인생에는 때때로 이런 일이 있다. 좋기를 바라고 한 일이 어긋나기도 하고, 피했다고 생각한 순간 또 다른 고난을 만나는 일은 의외로 많다. 인간의 지혜는 한계가 있어서, 자기의 미래는 알 수가 없다. 만일 우리가 외국에 거주할 때에 남편이 두 아들을 남기고 먼저 세상을 떠난다고 하면 얼마나 불안할까? 진실한 친구 하나 없고 친척도 없는 타향에서의 생활은 상상만 해도 근심스러운 일이다.

이 나오미에게는 아마 땅도 집도 없었을 것이다. 아니, 조국으로 돌아갈 여비조차 없었던 게 아닐까? 성경에는 다음과 같이 간략하게 쓰여 있지만, 나오미의 고생은 쉬운 것이 아니었으리라.

"나오미의 남편 엘리멜렉이 죽고 나오미와 그 두 아들이 남았으며 그들은 모압 여자 중에서 아내를 취하였다."

성경에서 읽은 대로는 나오미와 두 아들이 남고, 그 아들들이 결혼하기까지 얼마나 세월이 흘렀는지 전혀 알 수 없다. 그러나 나는 나오미가 아직 어린 아들 둘을 혼자서 길렀다고 생각된다. 그리고 근근히 길렀는데, 아들들은 모두 모압 여자를 아내로 맞이한 것이다.

이 '모압 여자'는 즉 외국 여자이다. 지금 일본에도 국제결혼을 하는 사람이 늘었다. 하지만 아들이나 딸을 외국에 유학시키는 어버이는 있어도 내심 자기 아들이 눈이 푸른 처녀와 결혼하거나, 딸이 외국인과 결혼하지 않기를 마음속으로(혹은 공개적으로) 원하고 있는 것이 아닐까?

인간이란 존재는 묘해서, 저쪽에서 보면 이쪽도 외국인인데 까닭 없이 다른 나라 사람을 싫어하거나 경멸하는 경향이 있다. 그것은 특히 일본인에게 많다. 미국인을 '양키' '옛'(아메리카의 '아메'는 일본발음의 옛=역자 주), 소련인을 '로스께'(러시아=露西亞의 露와 일본인 이름에 흔한 助를 붙인 것=역자 주)라고 부르는 사람이 지금도 많다. 일찍이 어떻게 불렀는가를 돌이켜 보면 나에게는 이런 감정이 없다고 할 수 있는 사람은 적을 것이다. 물론 일본인도 '잽'이라고 멸시하는 말로 불린다고 하지만.

여하간 이것은 각국인이 공유하는 감정일 것이다. 그중에서도 이스라엘은 신앙의 순수성을 존중하는 나라여서, 외국인과의 결혼을 좋아하지 않았다.

"또 그들과 혼인하지 말지니 네 딸을 그 아들에게 주지 말 것이요, 그 딸로 네 며느리를 삼지 말 것이라."(신명기 7장 3절)

고 쓰여 있는 대로, 외국의 풍습이 들어와서 우상숭배에 빠져 유일하신 하나님에 대한 정절이 상실될 것을 경계하고 있었다.

즉, 신앙의 순수성을 관철하기 위해서 외국인과의 결혼을 거부하고 있던 셈이다. 특히 모압인은 앞에 말한 롯과 그의 딸 사이에 태어난, 즉 근친상간(近親相姦)으로 생긴 자손으로서 멸시하고 있었다. 그 모압 여자와 아들들이 결혼했다는 사실은 나오미에게 결코 작은 사건이 아니었을 것이다. 그러나 나오미는 모압 여자인 룻과도 오르바와도 사이 좋게 살고 있었다.

이리하여 10년의 세월이 흘렀지만, 불행은 아직도 기다리고 있었다. 아들 말론이 죽은 것이다. 그 눈물이 채 마르기도 전에 기론마저 세상을 떠났다. 나오미는 잇달아서 두 아들을 외국에서 잃어버렸다. 조국 이스라엘에는 이미 기근도 지나갔다.

남편과 두 아들을 먼저 보내고 실의에 빠진 나오미는 모국으로 돌아가기로 작정했다. 고향을 향해 길을 가다가 두 며느리 룻과 오르바에게 나오미는 말했다.

"너희는 각각 네 어머니의 집으로 돌아가거라. 너희가 죽은 두 아들과 나에게 친절을 다한 것과 같이, 여호와께서 너희에게 은혜 베푸시기를 원한다. 여호와께서 너희에게 남편을 주시고 남편의 집에서 각각 평안함을 얻게 하시기를 원한다."

이렇게 인사하고 나오미는 두 며느리에게 작별의 입맞춤을 했다. 만일 우리가 며느리의 처지라면 이런 경우에 어떻게 할까? 남편은 죽었다. 아이도 없다. 이곳은 자기의 나라이다. 고국으로 돌아가겠다는 시어머니와 이곳에서 헤어지는 것이 보통일 것이다.

"어머님, 오랫동안 사랑해 주셔서 감사합니다. 어머님도 여호와의 위로를 받으시면서 행복하게 사시기를 바랍니다."

이렇게 말하고, 제2의 인생을 꾸미기 위해 헤어졌을지도 모른다. 그러나 그녀들은 소리를 높여서 울며,

"어머님과 함께 어머님의 나라로 가겠습니다."

고 했다. 시어머니인 나오미는 그 말에 감동하면서도 여기서 헤어져서 재혼하라고 권했다. 오르바는 울면서 시어머니에게 작별인사로 입을 맞추고 돌아갔지만, 룻은 절대로 떨어지지 않았다.

"어머님, 저는 어머님이 가시는 곳으로 가고 싶습니다. 어머님의 모국은 제 모국, 어머님이 믿으시는 하나님은 제 하나님이십니다. 어머님이 돌아가시는 곳에서 저도 죽고 싶습니다. 아아, 만일 제가 어머님과 사별하는 게 아니고 생이별한다면, 하나님이여 저에게 어떤 벌이라도 내리시옵소서."

룻은 이렇게 말하고, 기어이 시어머니와 함께 긴 여행을 계속해서 그 고향 베들레헴성으로 따라갔다.

얼마나 마음이 착한 여성인가. 그녀는 외국에서 남편과 두 아들을 먼저 보낸 시어머니가 혼자서 터벅터벅 고향으로 돌아가는 슬프고 외로운 심경을 생각만 해도 견딜 수 없었던 것이다. 아마 룻은 죽은 남편하고도 퍽 금슬이 좋은 사이였을 것이다. 사랑하는 남편이 살아 있다면 그의 어머니에게 할 효도를 그녀는 죽은 남편을 대신해서 하고 싶다는 생각도 있었을 것이다. 그러나 무엇보다도 시어머니와 룻은 서로 사랑하고 있었다. 사랑의 줄은 강하다. 그녀는 진정으로 시어머니인 나오미의 고향에서 자기도 죽고 싶었다.

동시에 시어머니 나오미의 신앙과 사랑의 위대함도 엿볼 수 있다. 외국인을 천대하는 유다나라로 룻을 데리고 간다는 일은 보통 일이 아니다. 나오미는 룻이 그런 고난을 당하는 것을 차마 볼 수 없다고 생각했을 것이다. 그러나 나오미는 일체를 하나님의 인도하심에 맡기고 룻을 자기의 고국으로 데리고 갔다.

두 사람이 고향에 도착했을 때는 보리 추수 무렵이었다. 당장에 룻은 이삭을 주으러 갔다. 이삭 줍기는 떳떳하지 못한 일이다. 남의 밭에서 흘린 보리 이삭을 줍고, 그것을 받아 가지고 돌아와서 자기의 식량을 삼는 일이니까. 하기야 유다의 율법으로는 보리도 과일도 소유자가 모두 수확하는 것을 금하고 있었다. 얼마쯤은 밭에 남겨 두어야 한다. 그것은 가난한 사람이나 나그네를 동정하는 규정인데, 그 놀라운 정신이 율법 속에 들어 있는 것이다. 그러나 이삭 줍기로 하는 생활의 어려움은 말할 것도 없었을 것이다. 더구나 그녀는 편견의 눈총을 맞는 모압 여자이다.

그러나 하나님은 이 착한 룻을 결코 버리지 않으셨다. 룻은 자기도 모르는 동안에 시어머니의 친척인 보아스의 보리밭에 와 있었다. 이 보아스는 친절하고도 부자인 남자였다. 일념으로 이삭을 줍고 있는 낯선 여자를 보아스는 보았다. 그는 자기 보리를 베는

사람들을 감독하는 머슴에게,

"저 소녀는 누구의 딸이냐?"

고 물었다. 그녀가 자기 친척인 나오미를 멀리서 따라온 여자라는 사실을 알자, 보아스는 룻에게 말했다.

"다른 밭으로 가지 말고 이 밭에서 이삭을 주으라. 목이 마르거든 사양 말고 우리 물을 마시라. 네가 시어머니 나오미의 하나님을 신뢰하고, 나오미에게 상냥스럽게 한다는 소문을 다 들었다. 하나님이 네게 충분히 보답해 주실 것이다."

그리고 일꾼들에게 룻을 위해서 일부러 보리다발에서 이삭을 뽑아 떨어뜨려서 많이 줍도록 배려도 했다. 얼마 후, 이 보아스와 룻은 결혼하게 된다. 성경의 그 언저리의 묘사도 감동적이지만, 이 결혼이 성립되도록 힘을 쏟은 사람은 실은 시어머니인 나오미였다.

성경을 읽고 있으면, 이스라엘 민족은 하나님의 선민(選民)으로서 엘리트 의식이 너무 강해 잡혼을 금하여 민족의 피를 순수하게 유지하는 일에 급급한 것 같은 인상을 강하게 준다. 그러나 잘 읽어 보면 결코 단순히 육적인 피의 순수성보다 참된 신앙을 존중하고 있음을 잘 알 수 있다. 이 얘기는 「구약성경」 중에서는 매우 짧은 얘기이지만, 이스라엘의 성령강림일에는 반드시 낭독될 만큼 존중되고 있는 부분이다.

그리고 이 보아스와 룻에게서 태어난 사람이 다윗의 할아버지 오벳이다. 마태복음 1장, 즉 「신약성경」의 첫 페이지에는 그리스도의 족보가 소개되어 있다. 「신약성경」을 처음 펴 보면 누구나 싫증을 느끼는 저 이름의 나열 중에 "보아스는 룻에게서 오벳을 낳고"라고 쓰여 있다. 룻은 곧 그리스도의 조상에 해당되는 셈이다. 만일 룻을 모압 여인이라는 이유로 그저 멸시만 했다면 룻기는 결코 성경에 남지 못했을 것이고, 족보에도 일부러 '룻에게서'라고는 쓰지 않았을 것이다.

그리스도의 족보에는 "아브라함이 이삭을 낳고, 이삭은 야곱을 낳고"라는 식으로 부계만을 주로 기록했고, 어머니의 이름을 기록한 것은 겨우 4건에 지나지 않는다. "유다는 다말에게서 베레스와 세라를 낳고" "다윗은 우리야의 아내에게서 솔로몬을 낳고" "살몬은 라합에게서 보아스를 낳고" 그리고 이 룻이다. 이 다말, 우리야의 아내, 라합에게도 각기 흥미 깊은 얘기가 숨어 있는데, 우리야의 아내 밧세바의 사건은 나중에 서술하겠다. 라합은 외국 여자이고, 또 기생이다.

그리스도교는 유대교를 모체로 삼고 있지만, 바로 세계에 전파될 종교임을 이 그리스도의 족보는 암암리에 말해 주고 있다고도 할 수 있을 것이다.

성경을 나쁘게 평하는 사람들을 모아 여배우에게 이 룻기를 낭독시킨 일이 있었다고 한다. 듣고 있던 사람들은 감동된 나머지 대체 누가 이렇게 이야기를 썼느냐고 물었고, 그것이 자기들이 읽지도 않고 평소에 욕을 하던 성경에 실려 있다는 사실을 알고 놀랐다는 얘기가 있다. 이 얘기를 나는 남편 미우라한테서 몇 번인가 들었다. 이번에 야마무로 굼뻬이 목사님의 「민중의 성서」를 읽었더니 그 곳에도 이 에피소드가 기록되어 있었다. 여하간 이 룻기부터라도 독자께서 「구약성경」에 접해 주시기를 바란다.

12

고난의 책 '욥기'

하나님은 무엇 때문에 욥에게 재난을 내리셨는가? 하나님의 지혜와 그 마음은 인간이 측량하기 어렵고, 깨닫기도 어렵다. 그러므로 인간은 '하나님이 계시다!'는 한 가지를 알면 그것으로 충분하다. 그 다음은 모든 것을 하나님에게 맡기고 부탁하면 된다. 하나님의 배려를 기뻐하면 된다. 하나님에 대한 완전하고 깊은 신뢰, 그것이 곧 참된 신앙이다.

벌써 10년도 전이다. 남편 미우라가 급성 폐렴으로 위급한 상태에 빠진 일이 있었다. 나는 밤에 잠도 제대로 못 자면서 간호했다. 그 피로도 있었는지 모른다. 어느 날 층계를 헛디뎌서 엉덩이뼈를 크게 다쳤다. 그리고는 그대로 누워 버렸다. 반듯하게 누울 수도 없고, 또 엎드리지 않으면 누울 수 없는 상태였다. 베개를 나란히 하고 누워 있는 우리 부부를 보고 어떤 사람은 염려해서 말했다.

"무슨 저주를 받은 것은 아닐까요?"

인생에는 고난이 뒤를 이어 엄습하는 수가 있다. 더구나 부당하게 고통을 당하고 있다고 생각되는 때가 있다. 예를 들면 이런 일이 있었다. 언젠가 침실에 갑자기 덤프 트럭이 뛰어 들어와서 한 가족 중에서 두 사람이 중상, 한 사람이 죽은 사건이 있었다. 침실에서 자고 있던 사람들에게는 물론 아무 죄가 없다.

얼마 전에 미쓰비시(三菱) 중공업의 빌딩에 시한 폭탄이 장치되어서 7인이 죽고, 중경상자도 1백 수십 명에 달했다. 이 중에는 바로 그때 그 곳을 지나가던 사람이 적지 않았다. 통행인에게는 물론 아무런 죄가 없다. 아니, 그 곳에서 일하고 있던 사람들도 폭파당할 인과관계가 있었다고는 도저히 생각할 수가 없다. 완전히 부당하게 살해되고, 부당하게 상처를 입은 것이다. 이런 재해를 당한 사람은 "무엇 때문에 나는 이런 고통을 당해야 하는가?" 하고 한탄할밖에 없다고 생각한다. 그리고 또, 그런 한탄이 인생에는 얼마나 많은가를 생각하지 않을 수 없다.

"그 정직한 사람이 ……."

"그 친절한 사람이 ……."

"그렇게도 상냥한 사람이 ……."

어째서 그렇게까지 고통을 당해야 하는가 하고, 남의 일이지만 형용할 수 없는 분노를 느낄 때가 있다.

그런데, 우리 부부가 누워 있을 때 남편 미우라의 어머니가 간호하러 와서 "욥기(Job 記)를 읽으라"고 권했다.

성경은 모두 고난받는 사람에게 희망과 용기를 주지만, 그중에서도 욥기는 인생의 고난에 대해서 큰 힘을 가져다 주는 내용이다.

팔레스티나의 동쪽 우스라는 땅에 욥이라는 사람이 살고 있었다. 성경에는 욥을,

'그 사람은 순진하고 정직하여 하나님을 경외하며, 악에서 떠났다.'

고 쓰여 있다. 대체 우리 인간은 '사람이 순진하고 정직하다'는 말을 들을 만한 것을 가지고 있을까? 마음으로 악에서 떠나고, 하나님을 경외하고 있을까? 아마 대부분의 사람들은 완전하지 못하여 좋지 않은 일도 하고, 하나님을 잊고 있는 것이 아닐까? 그러나 욥은 '순진하고 정직하다'고 인정된 인물이었다.

이 욥에게는 열 자녀가 있었다. 각각 성인(成人)이 된 일곱 아들과, 세 딸이었다. 욥은 이 자녀들을 위해서 1주에 한 번 하나님에게 번제(燔祭)를 드렸다. 그것은 '혹시, 아들과 딸들이 하나님 앞에 죄를 범했는지도 모른다. 그 마음속으로 하나님을 배반했는지도 모른다'고 생각했기 때문이다. 하나님을 경외한다는 것은 바로 이러해야 될 것이다.

욥은 인간으로서 가능한 한 바르게 사는 사람이고, 또 하나님을 경외하는 사람이었다. 우리는 약간 자기가 품행방정하면 하나님은 믿지 않아도 된다고 생각하기가 쉽다. 그 점에서 욥은 겸손했다.

이 욥에게는 열 자녀 외에 수많은 재산이 있었다. 그러나 어느 날 갑자기 재산인 소, 양, 나귀, 낙타 등 도합 1만 1천 마리가 모두 없어지고, 수많은 하인들도 살해되었다. 게다가 그 보고가 끝나기도 전에 열 자녀가 한 사람도 남김없이 돌풍으로 죽었다는 소식이 들어왔다. 청천벽력(靑天霹靂) 정도가 아닌 일대 참사가 하루

아침에 돌발한 것이다.

만일 우리가 자기의 아이들 전부와, 소유 전부를 순간에 잃는다면 대체 어떨까? "하나님도 부처님도 있을 게 뭐냐?"고 세상을 저주하고 탄식하며 슬퍼하거나, 또는 광란할 것이다. 한 아이만 죽어도 그 슬픔을 아무도 쉽게 위로할 수 없을 것이다. 하물며 온 재산은 물론, 열 자녀를 순간에 잃은 욥의 비탄은 얼마나 심했을까? 그러나 욥은 그저 탄식만 하고 있지는 않았다. 결코 하나님을 원망하지 않았다.

그는 땅에 엎드려서 하나님에게 기도했다.

"내가 모태에서 적신(赤身)으로 나왔사온즉, 또한 적신이 그리로 돌아올지라. 주신 자도 여호와시요 취하신 자도 여호와시오니, 여호와의 이름이 찬송을 받으실지니이다."

처음으로 이곳을 읽었을 때의 놀라움을 나는 잊을 수 없다. 오랜 세월, 깁스 침대에 못박혀 있는 동안 나는 얼마나 이 말씀을 소리 내어 외웠던가? 그 당시의 문어체의 말씀이 지금도 문득문득 가슴에 떠오른다.

"여호와(하나님의 이름) 주시고, 여호와 취하시다. 여호와의 이름을 찬송할지어다."

하나님이 주시고, 하나님이 가져 가신다. 하나님이 하시는 일은 주시든지 가져 가시든지 모두 옳은 일이라고 욥은 말하는 것이다.

'이것이 신앙이다!'

나는 이렇게 생각하고, 어차피 하나님을 믿을 바에야 이 정도까지 철저한 신앙을 가져야 한다고 감동했었다. 사실 모든 것이 하나님이 주신 것이라면 모든 것은 선한 것이다. 하나님은 나쁜 일은 하시지 않는 분이니까. 그것이 사람의 눈에는 어떻게 비치든지, 하나님이 하시는 일은 훌륭한 것이다. 신앙이란 믿는 일이다. 나는 하나님을 이치로 이해하는 것이 아니고, 단순한 신앙으로 믿고 싶다.

그런데 욥의 재난은 이것뿐이 아니었다. 욥은 머리꼭대기부터 발바닥까지 기분 나쁜 종기로 고통받는 몸이 되었다. 그는 아픔과 가려움 때문에 재 가운데 앉아서 사기조각으로 몸을 긁었다. 얼굴도 무참하게 붓고 짓물러서 도저히 욥이라고는 생각할 수 없을 정도까지 변하고 말았다. 욥은 그래도 하나님을 원망하지 않았다. 그것이 욥의 아내에게는 애가 탔을까?

"하나님을 욕하고 죽어요."

하고 강박했다. 욥은 사랑하는 자녀 10명이 죽은데다 온 재산을 잃고 지금 또 종기를 앓는 중인데, 가장 사랑하는 아내한테 냉혹한 말로 찔리웠다. 그는 뭐라고 대답했을까? 그는,

"우리는 하나님한테 복을 받았으니 재앙도 받지 않겠소?"

라고 대답했다. 우리는 여러 가지 일을 하나님께 기도하며 구한다. 성경도 여러 가지 일을 하나님께 기도하라고 권하고 있다. 그러나 우리는 때때로 이기적이고 일방적인 소원으로 끝내기 쉽다. 우리가 만일, 단지 병의 치료, 사업의 번창, 가족의 안전만을 기도하고 하나님이 주시는 권유를 물리친다면 그것은 제멋대로의 얘기이고 추악한 모습이라고 해야 하겠다. 하나님 앞에 빌려면 좀더 겸손하고 사욕 없이 깨끗하고 맑아야 한다.

'복만 받겠다. 재난은 싫다.'

이것이 우리 인간의 뿌리 깊은 본심이긴 하지만, 우선 이런 마음을 고쳐 주시기를 기도해야 할 것이다. 그리고, 하나님을 향한 완전한 신뢰를 품을 때에 재난조차 조용히 받을 수 있는지도 모르겠다.

「신약성경」의 반 이상을 쓴 사도 바울은 그리스도를 전하느라 잠시도 쉬지 않았기 때문에 살이 터질 정도의 태형(笞刑)을 여러 번 받고, 돌에 맞아 반죽음을 당하고 순교하기까지 끊임없이 고난을 당했다. 그래서 그는 "그리스도를 위하여 너희에게 은혜를 주신 것은 다만 그를 믿을 뿐 아니라, 또한 그를 위하여 고난도 받게 하심

이라"고 빌립보 교회에 써 보냈다(빌립보서 1 장 29 절=역자 주). 욥
기의 말씀과 함께 나에게 깊은 감동을 주는 말씀이다.

　그런데, 이후의 욥기의 전개가 우리를 당혹케 하고, 이해할 수
없게 한다. 얘기는 이 욥을 세 친구가 위문하러 오는 장면으로 옮
겨진다. 친구들은 "욥을 조문하고 위로하려 하여 상약(相約)하고
왔다"고 성경에는 쓰여 있다. 그들은 욥이 너무 딴판으로 변한 것
을 보고 소리내어 울면서 입고 있는 옷을 찢었다(하나님 앞에 痛悔할
때에 옷을 찢는 일을 했다). 그리고 7 일 7 야를 땅에 앉은 채 아무도
욥에게 위로의 말을 걸려고조차 하지 않았다.

　이것은 또 얼마나 두터운 우정일까. 우리는 친구를 위해 자기의
옷을 찢고, 7 일 7 야 땅에 앉아 지켜 볼 정도의 우정을 과연 지닐
수 있을까?

　자, 여기까지는 알 수 있다. 알 수 없는 것은 욥이 다음 말을 하
기 시작한 곳부터이다.

　"나의 난 날은 멸망하라. 어찌하여, 내가 태에서 죽어 나오지
아니하였던가? 내 어미가 낳을 때에 내가 숨지지 아니하였던
가?"

　"어찌하여 무릎이 나를 받았던가? 어찌하여 유방이 나로 빨
게 하였던가?"

　"어찌하여 곤고한 자에게 빛을 주셨으며, 마음이 번뇌한 자에
게 생명을 주셨는고?"

　"나는 먹기 전에 탄식이 나며, 나의 앓는 소리는 물이 쏟아지
는 것 같구나."

"나의 두려워하는 그것이 내게 임하고, 나의 무서워하는 그것
이 내 몸에 미쳤구나."

"나는 평강도 없고, 안온(安穩)도 없고, 안식도 없고, 고난만
임하였구나."

군데군데를 띄엄띄엄 인용해 봤는데, 어둡고 음산한 독백이다.
대단하던 욥도 견디기 어려운 고통 중에서 이렇게 말하지 않고는
배길 수 없었던 모양이다. 그렇기는 하지만 "하나님 주시고 하나님
가져 가신다"고 대답한 말과는 너무나 대조적이다. 확실히 욥은 하
나님을 원망하지는 않았다. 그러나 자기의 생일을 저주하고, 자기
의 목숨을 저주했다. 자기에게 목숨을 주신 분은 바로 하나님이
시다. 아무리 의문형식으로 말했다고 해도 온건치 못하다. 나는 몹
시 배반을 당한 것처럼 느꼈다.

욥의 독백으로 친구의 한 사람이 이윽고 입을 열었다. 이하, 친
구 3인과 욥 사이에 되풀이해서 대화가 계속된다. 먼저 친구 엘리
바스가 말했다.

"당신은 수많은 사람을 가르쳐 깨우치고, 넘어지는 사람을 붙들
어 일으키지 않았소? 하나님을 경외하는 일은 당신의 의뢰할 곳
이 아니었소? 생각해 보시오. 어디 죄가 없는데 멸망당한 사람이
있소. 내가 본 바에 의하면, 불의에 씨를 뿌린 사람이 이것을 거두
는 거요. 고통과 번뇌는 흙 속에서 우연히 나오는 것이 아니오. 여
하간 나라면 하나님에게 구하고, 하나님에게 일을 맡기겠소. 나는
생각하오. 하나님한테서 징계를 받은 사람은 행복하다고. 욥이여,
내 말을 들어주지 않겠소?"

이 친구의 말은 어조도 온건하고, 논지도 바르고, 아주 옳다고
보인다. 그러나 욥은 매우 길게, 절실한 반론을 펴는 것이다.

"친구들이여, 나의 재앙을 정확하게 재어 주게. 그 분노도 바르게 저울질하여 주게. 나는 하나님의 말씀을 거부한 일은 없네. 그럼에도 불구하고, 이 고통을 당하고 있네. 내가 돌인가, 청동(靑銅)인가? 나는 살아 있는 인간일세. 대체 얼마나 참으라는 건가? 우정을 보류하는 것은 하나님에 대한 배반이 아닌가? 가르쳐 주게, 나의 잘못을! 지시해 주게, 나의 혀에 불의가 있는가를!"

욥의 말을 받아서 다른 친구가 설득한다.

"욥이여, 왜 그렇게 거칠은 말을 토하오? 마치 말의 폭풍 같지 않소? 하나님이 정의를 굽히실 리는 없소. 당신이 맑고 바르다면 하나님은 반드시 당신을 번영케 하실 것이오."

욥이 또 반론한다.

"자네들은 옳은 사람이 번영한다고 하지만, 현실을 보게, 현실을. 극히 횡포한 악인이 현재 번영하고 있지 않은가? 약한 사람, 가난한 사람을 부당하게 괴롭히는 놈들이 태평한 것은 어찌 된 일인가? 악한 일을 하고도 번영하고, 죽을 때도 별로 고통도 당하지 않네. 이것을 대체 어떻게 설명하는가?"

이렇게 해서 논쟁은 되풀이되는데, 어느 쪽이나 그 나름대로 할 말이 있어서 친구를 옳다고도, 욥을 그르다고도 쉽게 결정하기 어렵다. 친구의 주장은 확실히 악인악과(惡因惡果), 선인선과(善因善果)라는 공식론에 서 있는데, 그중에는 명기(銘記)할 만한 금언과 격언도 많이 포함되어서, 자칫하면 친구쪽이 유리한 것처럼 보인다. 도리어 자기를 어디까지나 옳다고 주장하는 욥이 오만하게 보이기조차 한다.

이 논쟁은 풍부한 언어를 구사한 현란(絢爛)한 극시(劇詩)인데, 대화가 모두 시의 형식이다. 성경이 위대한 문학이라는 말을 흔히 하는데, 참으로 그 진면목이 여기에 있다. 그런 만큼 한 번 읽어서 진의를 정확하게 파악하지는 못할 것이다. 그것은 여하튼, 인간은 결국 비정한 존재이다. 욥이 열 자녀와 온 재산을 잃고, 게다가 얼

굴도 식별할 수 없기까지 종기로 덮이고서 재 가운데 있는데도 불구하고 친구들은,

"너에게는 뭔가 죄가 있다. 하나님 앞에 옳게 하라."

고 바꿔 가며 비난하는 것이다. 더욱이 처음에는 온건하던 어조가 점차 격해져서,

"너는 벗은 사람에게서조차 옷을 벗겨 뺏고, 약한 자를 괴롭혔다."

고 없는 일을 단정하고, 마침내는,

"구더기 같은 인간이 어찌 옳을 수 있느냐?"

라고까지 하는 것이다. 얼굴이 추악하게 변해 버린 욥에게 얼마나 잔혹한 말일까. 이것이 7일 7야 함께 울어 준 친구의 말인 것이다. 만일 우리가 중병으로 헐떡이고 있을 때 이런 말로 비난을 받는다면 어떨까? 아무리 이치에 맞는 말이라고 해도 아무런 도움도 되지 못할 것이다.

나중에는 엘리후라는 남자까지 나타나서 자기의 생각을 서술하기 시작한다. 다만 이 인물은 세 친구의 공식론을 초월하여 욥의 재난은 그 죄를 벌하기 위한 것이 아니고 교육적인, 말하자면 시련의 하나라는 논지(論旨)인 것 같다. 특히 욥이 자기의 옳음을 주장하는 나머지 하나님을 부당하시다 하고, 하나님보다 자기를 옳다고 하는 과오에 빠졌다는 사실을 지적했다. 이 엘리후의 말만도 8페이지에 달하고, 이것을 포함해서 실로 35장에 걸쳐서 길게 논쟁이 계속된다. 인생의 고난을 다룬 참으로 압권(壓卷)이다. 인생고(人生苦)를 대체 어떻게 보아야 좋을까, 그리고 또 이 논쟁을 어떻게 볼 것인가? 역시 직접 원문에 접하시기를 간절히 바란다.

그런데, 이 언제 끝날지도 알 수 없는 논쟁이 갑자기 종말을 고한다. 무엇 때문인가? 그것은 하나님이 나타나셨기 때문이다. 하나님은 폭풍 중에서 욥에게 말씀하셨다.

"무지한 말로 하나님의 이치를 어둡게 하는 자가 누구냐? 내가

네게 묻는 것을 대답할지니라."

이 말씀으로 시작해서 하나님은 숨쉴 사이도 없이 욥에게 질문하신다.

"천지창조 때에 네가 어디 있었느냐? 바닷물의 한계를 누가 정하였느냐? 오리온 성좌를 풀 수 있느냐? 북두성을 인도할 수 있느냐?"

등등 천지만상에 대해서 물으셨지만, 욥은 무엇 하나 대답할 수 없었다.

"스스로 의롭다 하려 하여 나를 불의하다 하느냐?"

욥은 대답하여 말했다.

"저는 미쳤사오니 무엇이라 주께 대답하리이까? 손으로 제 입을 가릴 뿐이로소이다."

하나님 앞에는 아무리 위대한 사람도, 옳은 사람도 왜소한 자에 지나지 않는다. 하나님 앞에는 어떠한 성자도 얼굴을 들 수 없다.

하나님은 무엇 때문에 욥에게 재난을 내리셨는지 여기에서는 아무 대답도 하시지 않았다. 하나님은 다만 자기가 전능하신 분, 만물의 창조자이신 것만을 말씀하셨다. 하나님이 아무 대답도 안하셔도 하나님이 그 곳에 나타나시는 것만으로 논쟁은 끝났다. 여기서 나는 신앙이라는 것을 다시 알게 되었다는 생각이 든다.

하나님의 지혜와 그 마음은 인간이 측량하기 어렵고, 깨닫기도 어렵다. 그러니 인간은 '하나님이 계시다!'는 한 가지를 알면 그것으로 충분하다. 그 다음은 모든 것을 하나님에게 맡기고 부탁하면 된다. 인간의 생각을 훨씬 초월한 하나님의 배려를 기뻐하면 된다. 인간의 지혜는 결국 믿을 것이 못 된다. 하나님에 대한 완전하고 깊은 신뢰, 그것이 신앙이다.

욥은 하나님에게 말씀드렸다.

"주께서는 무소불능(無所不能)하시오며, 또 무슨 경영이든지 못 이루실 것이 없는 줄 압니다."

욥은 하나님에게서 대답은 듣지 못했지만 평안을 얻었다.

쉽게 알 수가 없던 욥기를 나도 조금은 안 것 같다. 우리 인생은 "왜 이런 일을 당하는가?"라는 질문에 해답을 얻을 수가 없는 때가 많다. 그리고 의문이 많다. 그런 때 이 욥기를 읽고서 하나님의 한없는 능력을 깨닫고, 신앙이란 하나님에 대한 완전한 신뢰임을 다시 알게 된다면 그것은 참으로 큰 행복이라고 생각한다.

13

시편(詩篇)과 다윗왕의 공죄(功罪)

"아아, 여호와께 나는 얼마나 큰 죄를 범했는가!" 단 한마디, 다윗은 이렇게 회개하고 기도했다. 우리는 뭔가 나쁜 짓을 했을 때, 단 한마디 "제가 잘못했습니다. 제발 용서해 주십시오"라고 하면 되는데, 그렇지 못하니 탈이다. 때의 권력자나 세상의 이목도 두려워 않고 하나님의 뜻에 합당한 발언을 하는 것은 자기가 중심이 되어서는 안된다.

「구약성경」에는 율법에 관한 부분 뒤에 역사의 부분이 약간 계속되는데, 그 부분은 뒤로 돌리고 여기서는 성경 속에 있는 시편(詩篇)에 눈을 멈춰 보려고 생각한다. 시라고 하면 나는 웬지 다음의 단시(短詩)가 생각난다.

　　　반딧불

　아!
　풀섶에 맺힌
　달의 영상(影像)!

시란 무엇인가? 시인이 아닌 나는 모른다. 그러나, 시라는 말에서 연상하는 말이 무엇이냐고 질문을 받으면 나는 '응축(凝縮)' '순수(純粹)' '미(美)'라고 대답할 것이다. 따라서, 시와 인연이 없는 말은 '용장(冗長)' '속임수' 그리고 '추(醜)'라는 것이 될는지도 모른다.

시를 모르는 나는 물론 여기에서 시론을 펼 생각은 없다. 다만 나는 시에 대해서 말할 수 없다고 해도 시에 대해서 경애(敬愛)의 정을 많이 느낀다. 그것은 다음과 같은 말을 시에서 연상하기 때문이다. "청년 시절에 자기가 경애하는 특정 시인을 가지는 사람은 행복하다"는 의미의 말을 한 사람이 있다. 나는 특정의 시인을 좋아한 일은 없다. 그러나 청년시절에 암송할 만큼 좋아하는 시는 있었다. 무로우 사이세이(室生犀星)의,

고향은 먼 곳에 있어도 생각나는 것
그리고 슬프게 노래하는 것 ……

과 카알 붓세의,

산너머 저쪽 하늘 멀리
행복이 있다고 사람들이 말하는 ……

을 비롯해서, 키따하라 하구슈(北原白秋)의 〈낙엽송〉, 사이죠 야소
(西條八十)의 〈새끼손가락〉 등 수없이 읊었다. 지금 문득 그 시
가 입에 오를 때, 나는 그 당시에 내가 품고 있던 정감이 생생하게
생각난다. 그리고 생각한다. '시라는 것은 얼마나 사람의 마음을
길러 주는 것일까'라고. 확실히, 경애하는 시인을 청년기에 만날
수 있었던 사람은 행복하다고 말한 사람의 마음을 나도 알 수 있다
는 생각이 든다.
　그런데 유대인들은 성경 속에 시편을 가지고 있었다. 그들은 그
시편을 어렸을 때부터 죽음에 이르기까지 계속 읽을 수 있었다.
즉, 사랑하는 시인을 어렸을 때부터 가질 수 있었던 행복한 사람들
이다. 이 시편은 우리 크리스찬도 함께 성경 속에 가지고 있어서
예배할 때마다 낭독하고 있다. 그러나 유감스럽게도 유대인이 그
시편을 사랑한 정도로는 사랑하지 않는 것이 아닐까? 그래도 시
편 중에서 어느 시를 좋아하느냐고 질문을 받으면 좋아하는 시편
을 당장 드는 크리스찬도 적지 않다.
　대개의 경우 그 사람의 신앙과 좋아하는 시편과는 퍽 깊은 관계
가 있다. 그 사람이 좋아하는 시편은 그 사람의 영혼의 영양이 되
어 있기 때문이다. 예를 들면, 오랜 요양생활을 하고, 여러 번 죽
음의 위기를 만난 사람들은 시편 23편을 애송하는 수가 많다.

시편 제 23 편 다윗의 〈목자의 노래〉

야훼는 나의 목자
아쉬울 것 없어라.
푸른 풀밭에 누워 놀게 하시고
물가로 이끌어 쉬게 하시니
지쳤던 이 몸에 생기가 넘친다.
그 이름 목자이시니
인도하시는 길 언제나 곧은 길이요,
나 비록 음산한 죽음의 골짜기를 지날지라도
내 곁에 주님 계시오니 무서울 것 없어라.
막대기와 지팡이로 인도하시니
걱정할 것 없어라.
원수들 보라는 듯
상을 차려 주시고,
기름부어 내 머리에 발라 주시니
내 잔이 넘치옵니다.
한평생 은총과 복에 겨워 사는 이 몸,
영원히 주님 집에 거하리이다.

지금 나는 구어의 성경에서 이 시를 베꼈지만, 사실은 내가
애송한 시는 문어역이었다. 그래서 구역으로는 어쩐지 딴 것인
듯해서 실감이 나지 않는다. 내가 애송한 문어역으로는,

여호와는 나의 목자시니
내가 부족함이 없으리로다.
그가 나를 푸른 초장에 누이시며

쉴 만한 물가로 인도하시는도다.

이며,

내가 사망의 음침한 골짜기로 다닐지라도
해를 두려워하지 않는 것은
주께서 나와 함께 하심이라,
주의 지팡이와 막대기가 나를 안위하시나이다.

였다.

이 시는 〈목자의 노래〉라고 불리우는 것인데, 나도 요양중 중환자병동으로 옮긴 즈음에,

'내가 사망의 음침한 골짜기로 다닐지라도, 해를 두려워하지 않는 것은 주께서 나와 함께 하심이라.'

고 되풀이해서 읊으면서, 얼마나 격려를 받고 위로를 받았는지. 그리고 수천 년의 역사를 지닌 이 시가 고민하는 사람, 슬퍼하는 사람, 병든 사람과 더불어 있지 않았을까 상상하고 그 사실에서도 나는 위로를 받았었다. 이것은 앞에 소개한 것처럼 다윗의 시이다.

시편은 모두 150편의 시로 성립되어 있는데, 약 절반인 73편이 다윗의 시이다. 그 밖에 모세, 솔로몬, 아삽 등 몇몇 분의 작품도 있다. 이 시편에는 '다윗이 그의 아들 압살롬을 피할 때에 지은 노래'라든가, '다윗의 기도' '다윗이 아비멜렉 앞에서 미친 체하다가 쫓겨나서 지은 시' 등의 설명이 쓰여 있다.

내가 시편 중에서 가장 좋아하는 51편에는 '지휘자로 한 노래, 다윗이 밧세바와 동침한 후 선지자 나단이 저에게 온 때에'라는 설명이 쓰여져 있다. 이것은 「구약성경」을 잘 읽어 본 사람이면 곧 어떤 일인지 알겠지만, 읽지 않은 사람은 무슨 소리

인지 통 이해가 되지 않을 것이다. 시편을 읽기 전에, 역시 적어도 이스라엘의 역사인 사무엘 상·하와, 열왕기 상·하, 역대기 상·하를 읽어 둬야 한다. 작품을 깊이 알기 위해서는 그 배경을 아는 일이 어떤 경우에도 필요하다.

그것은 여하간에 나는 여기서 다윗에 대하여 요약해서 소개해 보고 싶다.

다윗은 이스라엘 왕 중에서 그 대대로 민족에게 가장 사랑을 받은 왕인데, 또 파란 한평생이기도 해서 대하소설의 주인공이 충분히 될 수 있는 인물이다. 「신약성경」 밖에 읽지 않은 사람이라도 다윗의 이름은 여러 번 보게 될 것이다.

먼저 「신약성경」 첫 페이지의, 아주 길어서 지루하게 생각되는 족보 중에 나오는 마태복음 1장 6절에 "이새는 다윗왕을 낳으니라. 다윗은 우리야의 아내에게서 솔로몬을 낳고……"라고 나와 있고, 같은 1장 20절에는 '다윗의 자손 요셉아'라는 말이 쓰여 있다. 즉, 「신약성경」 첫 페이지에 이미 여섯 번이나 다윗이라는 이름이 나와 있다. 이 밖에도 "두 소경이 따라오며 소리 질러 가로되 '다윗의 자손이여, 우리를 불쌍히 여기소서!'하더니"(마태복음 9장 27절), "호산나 다윗의 자손이여"(마태복음 21장 9절), "예수께서 그들에게 물으시되 '너희는 그리스도에 대하여 어떻게 생각하느냐? 뉘 자손이냐?' 대답하되 '다윗의 자손이니이다'"(마태복음 22장 41절)라고 쓰여 있는데, 마태복음에서만 보아도 다윗의 이름이 기록되어 있는 곳이 많다. 그러면 이 '다윗'이라는 이름은 유대인에게 무엇을 의미하는 말일까? 그것은 이스라엘을 융성으로 인도한 왕에 대한 동경(憧憬)과 함께 하나님에게 드린 수많은 시로서 신앙을 나타낸 그에 대한 신뢰를 담은 것이 아니었을까 한다. '다윗의 자손'이란 바로 큰 존칭이고, 상대를 찬양한 호칭이었다.

이리하여 다윗보다 약 1천 년 후에 태어나신 예수님도 사람들이

'다윗의 자손'이라고 부른 것이다. 다만, 예수님은 자신을 다윗의 자손이라 부르는 일에 이의를 제기하신 것이 성경에 나와 있다. 처음부터 예수님은 '하나님의 아들 그리스도'이시다. 단지 '다윗의 자손'이라는 호칭에 머물게 할 수는 없다. 이 다윗은 확실히 신앙의 사람이긴 했지만 여러 가지로 문제도 많고 예수님에게 자기의 이름을 쓰일 수 있을 만큼 거룩한 인간은 아니었다. 무엇 때문에 다윗의 이름이 이다지도 사랑을 받는지 나는 오히려 이상히 생각된 적도 있다.

다윗은 이스라엘의 초대 왕 사울 다음에 왕이 되었다. 2대째의 왕이다. 사울이 왕위에 있던 즈음 다윗은 양을 치는 목동이었다. 성경에 따르면 다윗은 "빛이 붉고, 눈이 빼어나고, 얼굴이 아름답더라." 그리고 "수금(堅琴)을 탈 줄 알고, 호기와 무용과 구변이 있는 뛰어난 자라." 더욱이 이것이야말로 중요한 일인데, "여호와께서 그와 함께 계신다"고 쓰여 있는 대로 확실히 그는 하나님을 믿는 사람이었다.

사울 왕이 블레셋인과 싸우고 있던 때 그 적진 중에 골리앗이라는 용맹한 거인이 있었다. 이 남자는 사울의 군대를 향해서 1대 1로 결전하자고 도전해 왔다. 만일에 자기를 쓰러뜨린다면 블레셋 군대는 사울의 부하가 되겠다, 그러나 자기에게 살해된다면 사울의 군대는 블레셋인을 섬기라는 도전의 말이었다. 아무래도 상대는 유명한 강자여서 감히 자발적으로 도전에 응하는 사람은 없었다.

이 때 다윗은 산에서 양을 지키고 있었는데, 아버지의 명령으로 싸움터로 형들을 위문하러 갔다. 그리고 골리앗의 도전하는 말을 들었다. 모두 골리앗을 두려워하고 있다는 말을 듣자, 이 아름다운 소년은 말했다.

"저 골리앗은 대체 자기를 어떤 자로 생각하고, 이스라엘의 살아계신 하나님의 군대에 도전하는가?"

소년 다윗은 용감히 골리앗을 향해 떠났다. 다윗은 목동으로서 양을 지키기 위해서 사자나 곰과 여러 차례 싸운 경험이 있었다. "여호와께서 나를 사자의 발톱과 곰의 발톱에서 건져내셨은즉 나를 골리앗의 손에서도 건져내시리이다."

다윗은 순수한 신앙으로 하나님을 믿고 있었다. 사울 왕은 다윗에게 자기의 놋투구와 갑옷을 입혀 주었으나 다윗은 그것들을 벗어 버리고 돌멩이 다섯 개와 물매를 가지고 골리앗을 대했다. 골리앗은 다윗을 멸시했지만, 한 발의 돌을 이마에 맞고 맥없이 땅에 쓰러졌다. 이것은 말하자면 다윗의 신앙고백이다.

"여호와의 구원하심이 칼과 창에 있지 아니하다."

이렇게 선언하고, 다윗은 승리를 얻었다. 그는 이와 같이 처음부터 신앙의 사람이었다. 이후에 다윗은 사울 왕을 섬기고, 왕자 요나단과 서로 진실한 우정을 나누게 되었다. 내가 알고 있는 선교사에 다윗이라는 이름을 가진 분이 계시고, 그 분의 막내 아들은 요나단이라는 이름이다. 이 목사님이 자기의 아이에게 요나단이라고 명명한 것은 옛날의 다윗, 요나단의 매우 아름다운 우정을 본받고 싶었던 것이리라.

사울 왕은 다윗을 중하게 등용하고, 또 다윗이 연주하는 수금의 소리를 사랑했다. 딸을 다윗의 아내로 주기조차 했지만, 골리앗을 쓰러뜨린 다윗이 그 후 싸울 때마다 무용을 나타내고 명성을 얻기에 이르자, 사울 왕은 이것을 질투해서 마침내는 증오하는 나머지 죽이려고조차 계획하게 되었다. 다윗은 아슬아슬하게 사울 왕 앞을 피하여 유랑한다. 사울 왕은 3천 명이나 군인을 이끌고 다윗을 쫓았다. 어느 날 사울 왕은 동굴로 들어가서 낮잠을 잤다(일설에는 변을 보았다고 한다). 그런데 그 동굴 안쪽에 다윗과 그의 부하가 숨어 있었던 것이다. 밝은 밖에서 들어온 사울의 눈에는 다윗들이 보이지 않았을 것이다. 좋은 기회가 왔다고 부하들은 사울 왕을 죽이자고 했다. 그러나, 다윗은 왕의 겉옷자락을 베었을 뿐이었다.

사울이 동굴을 나가자 다윗이 뒤에서,

"내 주 왕이여!"

라고 외쳤다. 자기의 목숨을 쫓아다니면서 노리는 사울을 "내 주 왕이여!"라고 부르는 다윗의 마음씨가 애처롭다. 더욱이 사울이 돌아보자 다윗은 땅에 엎드려 벤 겉옷자락을 보이고, 살의나 딴 마음이 없었다는 것을 표명했다. 왕도 다윗의 충성에 과연 눈물을 흘렸다. 그 후 파란이 몇 차례 있었는데, 이것은 사무엘 상·하에 상세하게 묘사되어 있다. 사무엘 상·하는 특히 읽기 쉬운 책이니까 꼭 한 번 읽어 주시기 바란다.

이곳까지는 다윗도 퍽 훌륭한 인간이지만, 곧 영원히 지울 수 없는 죄를 범한다. 그것은 「신약성경」의 첫 페이지에 있는 족보 중에 명시되어 있는데, 이 죄는 아마 세상 끝날 때까지 계속 얘기될 것이다.

"다윗은 우리야의 아내에게서 솔로몬을 낳고……."

마태복음 1장 6절에는 이렇게 기록되어 있다. 이것이 바로, 다윗은 우리야의 아내에게 솔로몬이라는 아이를 낳게 했다는 일이다. 다윗은 부하인 우리야한테서 실로 파렴치한 방법으로 그의 아내 밧세바를 뺏았다. 어느 날 황혼에 다윗 왕은 낮잠에서 일어나 왕궁의 옥상을 거닐고 있었다. 다윗은 문득 걸음을 멈췄다. 아름다운 여자가 그 하얀 몸을 씻고 있는 것이 보였다. "저 여자는 누굴까?" 다윗은 가슴이 뛰었다. 당장 그 여자의 신분을 조사해 보니 여자는 부하인 우리야의 아내인 사실을 알았다. 다윗은 서슴지 않고 이 여자를 불렀다. 남의 아내와 자거나, 남의 남편과 자는 것은 현대에서는 드문 이야기는 아니게 되었다. 그러나 그것은 엄연히 죄이다. 결코 죄가 아니라고 말할 수는 없다. 어디까지나 죄다.

그것은 그렇다치고, 이 다윗도 다윗이지만 밧세바라는 여자도 그렇다. 왕궁의 옥상에서 보아 아름다운가 아름답지 못한가를 알 수 있는 정도의 거리이니까 결코 멀지 않다. 그 곳이 밧세바의 집

뜰이었는지 개울이었는지, 여하간 왕궁에서 가깝다. 옥상에서 보였다면 밑에 있는 밧세바도 다윗 모습을 보았을 것이다. 다윗이 그날 처음으로 옥상에 섰던 것은 아닐 것이다. 그렇다면 밧세바는 다윗이 날마다 그 시각에 옥상에 서는 사실을 알고 있었던 것이 아닐까? 자기 남편 우리야는 싸움터로 나가고 잠시 집에 없다. 밧세바는 모든 것을 계산에 넣고, 사람들이 보이는 곳에서 몸을 씻고 있었던 것이 아닐까?

성경에는 밧세바가 "그 부정함을 깨끗케 하였으므로"라고 쓰여 있다. 생리 뒤였을 것이다. 하여간 사람의 눈에 띄지 않는 곳에서 몸을 씻을 수 있었을 것이다. 밧세바는 다윗과 자고 나서 곧 임신했다. 남편은 싸움터에 있는데, 임신한 것이다. 다윗은 당황했다. 모세의 십계명에는 "간음하지 말라, 네 이웃의 아내를 탐내지 말라"고 되어 있다. 숨어서 지은 죄가 나타난다면 설혹 왕이라고 해도 큰일이다. 다윗은 자기의 죄를 호도(糊塗)하기 위해서 어떻게 했는가? 당장 싸움터에 있는 우리야를 소환했다. 그리고 "오늘밤은 집으로 돌아가서 휴식하라"고 위로하는 척했다. 그러나 우리야는 성실한 남자였다.

"내 상관 요압과 전우들이 야영하고 있는 때인데, 나만이 유유하게 집으로 돌아가서 아내와 자거나 할 수는 없다."

그는 이렇게 말하고, 다윗왕의 집 입구에서 다른 부하들과 함께 잤다. 이튿날도 우리야는 아내 밧세바가 있는 곳으로는 가지 않았다. 이렇게 되면 여러 날 이곳에 두어도 우리야는 절대로 아내하고 자지 않을 것이다. 다윗은 사흘째 아침에 우리야를 불렀다. 그리고 그의 상관 요압에게 보내는 편지를 우리야의 손에 들려주었다. 그 편지에는 "우리야를 격전이 벌어지는 최전선으로 내보내고, 그를 버려 두어서 전사시키라"는 사연이 적혀 있었다.

아무 것도 모르는 우리야는 그 편지를 가지고 돌아와서 요압에게 전하고, 드디어 무참하게도 다윗이 지시한 대로 전사당했다. 이

리하여 다윗은 밧세바를 자기의 아내로 삼았다. 다윗에게는 이미
아내가 여럿 있었다. 그럼에도 불구하고, 충성스러운 부하를 죽이
기까지 해서 밧세바를 아내로 삼았다. 이 다윗의 죄를 날카롭게 지
적한 사람은 참된 예언자 나단이었다. 과연 다윗도 하나님의 진노
하시는 말씀 앞에 두려워 떨고, 죄를 깊이 뉘우쳤다. 이 때의 시가
유명한 시 51 편이다.

어느 날 예언자 나단이 다윗왕한테로 왔다. 나단은 다윗왕이 부
하인 우리야를 모살(謀殺)하고, 그의 아내 밧세바를 자기의 아내로
삼았다는 말을 듣고 노하면서 왕 앞으로 온 것이다.

나는 사실 성경을 읽기 시작할 무렵은 예언자(預言者)란 예언자
인가 보다 하고 오해하고 있었다. 즉, 어느 달 어느 날 어디어디서
지진이 일어날 것이라고 예언하거나, 누구를 죽인 범인은 어디에
사는 어느 놈이라는 등 점쟁이처럼 맞추는 사람이라고 생각하고
있었다. 그러나 예언자란 '하나님의 말씀을 맡는 사람'임을 알
았다.

지금 시험삼아 옆에 있는 「신(新)성서대사전」을 펼쳐 보자. '하
나님의 탁선(託宣)을 말하는 사람' '하나님의 대변인' '야훼(하나님
의 이름)와 백성과의 진실한 인간관계를 수립하는 것을 가르치는
사람'이라고 쓰여져 있다. 또 '선견자(先見者)'라고도 쓰여 있고,
"예언자는 미래를 말하는 임무도 맡고 있다"라고도 쓰여 있는데,
사실 「구약성경」에는 "이대로 죄 가운데 있는다면 멸망이 있을 뿐"
이라는 경고를 언제나 말하고 있었으며, 이 견고한 거리도 이렇게
해서 망한다는 그 예고대로 된 사실도 많다. 그리스도의 탄생도 예
고되어 있던 일이었다. 그러나 그것은 절대로, 소위 점괘나 말로
맞추는 일과는 달랐다. 어디까지나 참된 실재자이신 하나님의 말
씀을 맡고 부탁받아서 말한 것이다. 「신약성경」 마태복음에는 '예
언의 성취'라는 말이 여러 번 나온다. 어떤 예언이 어떤 모양으로
성취하고 있는지 다시 읽어 보는 일도 필요할 것이다.

여하간 예언자란 자기의 말을 하는 것이 아니고, 하나님이 지시하신 말씀을 하는 사람인 것이다.

나단은 다윗의 의논상대, 고문이었다. 다윗은 하나님을 경외하고 있었기 때문에, 나단을 통해서 하나님의 말씀을 듣는 일이 많았을 것이다. 말하자면 나단은 다윗의 인생의 스승이다. 그 나단이 몹시 노해서 다윗이 있는 곳으로 온 것이다. 그러나 그는 분노를 누르고 아무렇지도 않은 체하고 말을 꺼냈다.

"왕이여, 이렇게 무정한 얘기가 있을까요? 사실은 어떤 성에 한 부자와 한 가난한 사람이 있었소. 부자에게는 헤아릴 수 없는 정도의 양과 소가 있었지만, 가난한 사람에게는 여러 해 걸려서 얻은 새끼양이 한 마리 있을 뿐이었소. 그는 그 새끼양을 품고 잘 만큼 사랑하고, 또 소중히 여기고 있었소. 그런데 부자에게 한 손님이 왔소. 그는 그 손님에게 자기의 양을 대접하기가 아깝기 때문에 가난한 사람의 새끼양을 뺏아 삶아 버렸소. 왕이여, 당신은 이 말을 듣고 어떻게 생각하오?"

다윗은 가난한 사람을 동정한 나머지 노해서 말했다.

"그 부자는 죽임을 당해 마땅하오."

이 때 나단은 소리를 높여서 날카롭게 말했다.

"왕이여, 다름 아닌 당신이 그 부자요. 왜 당신은 하나님을 업신여기고, 하나님 앞에 악한 일을 했소? 당신은 우리야를 죽이고, 그의 아내를 빼앗았소!"

예언자 나단은 또 말했다.

"하나님이 이렇게 말씀하셨소. 네 위에 재화를 내리겠다. 네 아내들은 남에게 빼앗기고, 태양 밑에서 능욕을 당할 것이다."

얼굴이 창백해진 다윗은,

"아아, 나는 얼마나 큰 죄를 범했는가!"

하고, 하나님 앞에 회개하고 기도했다.

이즈음의 사건은 사무엘 하 11장, 12장에 상세하게 묘사되어 있다. 시편 51편은 실로 이 때의 통회하는 마음을 통절하게 노래한 것이다.

여기서 내가 감탄하는 것은 왕위에 있는 다윗에게 서슴지 않고 하나님의 말씀을 제시하고 견책해 마지 않았던 예언자의 태도이다. 일본에서 천황, 장군 등에게 이렇듯이 단호한 태도를 취할 수 있던 종교가가 일찍이 있었을까? 드물게라도 그런 인물이 있었는지도 모른다. 그러나 이스라엘에는 나단뿐이 아니고, 모세를 비롯해서 사무엘, 예레미야, 아모스, 엘리야 등등 왕이나 모든 권력을 두려워하지 않고 오로지 하나님의 말씀을 따른 예언자가 대대로 나타나고 있다. 현대의 우리 신자도 한 사람 한 사람 참으로 목숨을 걸고 하나님의 말씀에 귀를 기울이고, 하나님의 거룩한 뜻을 세상에 전하는 사람이어야 한다. 그것이 예언자적 자세라는 것이며, '만인 제사장(萬人祭司長)'이라는 것이리라. 시대의 권력자를 두려워하지 않고, 세상의 이목도, 직장의 상사도 두려워하지 않고, 하나님의 뜻에 합당한 발언을 하는 것은 자기가 중심이 되어서는 도저히 할 수 없다. 그러므로 더 한층 하나님을 의지하는 사람이어야 하는 것이리라.

다윗은 예언자 나단의 견책을 받고, 당장 하나님 앞에 죄를 참회했다. 다윗이 우리야를 죽이고 그의 아내를 뺏은 일은 물론 용서받을 수 없는 짓이다. 그러나 예언자 나단의 질책을 받았을 때에 취한 그의 모습은 애처로울 만큼 솔직했다.

"내가 여호와(하나님)께 죄를 범하였소."

단 한마디, 다윗은 이렇게 말했다. 아무 변명도 그는 하지 않았다.

우리는 뭔가 나쁜 짓을 했을 때, 단 한마디 "제가 잘못했습니다. 제발 용서해 주십시오"라고 하면 되는데, 그렇게 하지 않는다. 나 자신을 돌이켜 보아도 그렇게 생각된다. 원고가 마감시간에 늦었을 때 "몸이 아파서, 마감에 늦었습니다"라고 한다.

확실히 몸이 약한 나로선 상태가 악화되면 연필을 잡기만 해도
어깨 결림이 가속도적으로 심해지고, 손끝이 연필을 잡을 수 없을
만큼 아파서 반창고로 연필을 손가락에 붙여야 할 때가 있다. 이렇
게 되면 설혹 마감이 임박했더라도 하루 푹 잠자곤 한다. 내심 "야
단났군" 하고 생각하면서도, 한편 "목숨까지 팔 약속은 하지 않았
으니까" 하고 마음을 고쳐먹고 모두 내던지고 잠자는 면이 있다.
그리고 그 결과 마감에 늦어져 "몸이 아파서……"라는 변명을 하
게 된다. 하루 잠잔 것이 꺼림칙하기 때문에 변명을 하는 것이다.

선물을 받고 감사의 편지가 늦어진 때에도 "분주함에 쫓겨서" 하
는 등 멋이 없는 변명을 한다. 사람을 죽여도, 도둑질을 해도, 인
간은 뭔가 자기가 다 잘못한 셈은 아니다. 상대도 나쁘다고 말하고
싶어한다. "그놈이 나를 학대했기 때문에 죽였다"라든가, "문이
잠겨져 있지 않았기 때문에 그만 정신 없이 들어가 버렸었다"라고
한다. 심한 말이 되면 "죄를 범한 내가 뭣을 잘못했어? 사회가 나
쁘지" 하고 태도를 바꾼다. 인간은 좀처럼 항복하지 않는다. 다른
사람이 자기의 처지였다면 이런 죄를 범하지 않았을 것이라는 겸
손한 생각은 좀처럼 품지 않는다. 사실 말이지, 나보다 몸이 약한
사람이라도 마감에 늦지 않을는지도 모르고, 보다 더 분주한 사람
이라도 감사의 편지는 일찌감치 쓸는지도 모른다.

학대당했기 때문에 죽였다고 하는 사람보다 더욱더 남의 학대를
받고도 죽이지 않는 사람이 많고, 생각해 보면 변명이라는 것은 매
우 자기 중심적인 생각에서 나온 것이라고 생각한다. 어떻게든 자
기를 정당화하려는 생각, 자기에게도 할 말이 있다는 생각, 그것은
결국 자기는 그다지 잘못하지 않았다, 아니, 자기는 옳다는 마음이
앞선 생각일 것이다. 그래서 솔직하게 단 한마디 "잘못했습니다"라
고 할 수가 없는 것이다. 그 말을 다윗은 할 수 있었다. 왕위에 있
는 그는 그 권력으로서 흑(黑)을 백(白)이라고 구슬릴 수도 있었을
것이고, 나단을 말살하려고 생각하면 할 수 있었을 것이다. 그러나

그는 하나님을 경외하고, 예언자의 질책 앞에 고개를 수그렸다.

1급 정치가가 될 자격의 하나로 '비판에 귀를 기울이는 자세'가 필요하다는 말을 들었다. 일본의 정치가로서 허심탄회하게, 겸손하게 '비판에 귀를 기울이는' 사람이 대체 몇 사람 있을까? 아니, 정치가가 아니라도 자기에 대한 비판에 솔직하게 귀를 기울이는 인간은 우리 서민들 중에도 거의 없다. 하물며 권력을 가진 사람이 비판하는 사람을 투옥하거나, 반대자를 부당하게 처형해 버리는 일은 역사상 드물지 않을 것이다. 소위 공포정치라는 것도 그것인데, 소련의 숙청이나 또는 일본의 전시 때 등은 그 두드러진 예였다.

다윗은 왕임에도 불구하고 나단에게 권력을 휘두르지 않고 그저 항복했다. 역시 이 태도는 허심탄회하게 배워야 한다. 나는 지금 새삼스럽게 생각한다. 서편 51편은 이런 때에 다윗이 지은 시이다. 감동되는 것은 당연할는지도 모른다. 이 시를 처음 알았을 때 나는 아직 다윗에 대해서 잘 몰랐다.

「신약성경」에는 '부(付) 시편'이라고 해서 「구약성경」의 시편을 권말에 수록한 것이 있다. 나는 '신약성경 부 시편'으로, 이 시편 51편을 읽었을 것이다. 그러나 사정은 잘 몰라도, 매우 감동되고 강하게 마음이 끌렸다. 상하고 겸손한 영혼의 외침은 우리의 마음을 감동시키고야 말 것이다. 내가 처음 읽은 것은 문어체의 사였다. 구어체에도 그 나름대로의 맛이 있지만, 역시 나에게는 문어체가 익숙하다. 그래서 문어체인 51편을 다음에 소개한다.

이것은 〈참회의 노래〉로서 유명하다. 자기의 죄에 울고, 사죄를 원하는 사람이라면 큰 공감과 위로를 이 시에서 꼭 받게 될 것이다.

하나님이여,
주의 인자를 좇아

나를 긍휼히 여기시며,

내 죄과를 도말하소서.

나의 죄악을 말갛게 씻기시며

나의 죄를 깨끗이 제하소서.

나는 내 죄과를 아오니

내 죄가 항상 내 앞에 있나이다.

내가 주께만 범죄하여

주의 목전에 악을 행하였사오니,

주께서 말씀하실 때에 의로우시다 하고

판단하실 때에 순전하시다 하리이다.

내가 죄악 중에 출생하였음이여,

모친이 죄 중에 나를 잉태하였나이다.

중심에 진실함을 주께서 원하시오니

내 속에 지혜를 알게 하시리이다.

우슬초(牛膝草)로 나를 정결케 하소서.

내가 정하리이다.

나를 씻기소서,

내가 눈보다 희리이다.

나로 즐겁고 기쁜 소리를 듣게 하사

주께서 꺾으신 뼈로 즐거워하게 하소서.

주의 얼굴을 내 죄에서 돌이키시고

내 모든 죄악을 도말하소서.

하나님이여,

내 속에 정한 마음을 창조하시고

내 안에 정직한 영을 새롭게 하소서.

나를 주 앞에서 쫓아내지 마시며

주의 성신을 내게서 거두지 마소서.

주의 구원의 즐거움을 내게 회복시키고

자원하는 심령을 주사 나를 붙드소서.
그러하면 내가 범죄자에게 주의 도를 가르치리니
죄인들이 주께 돌아오리이다.
하나님이여, 나의 구원의 하나님이여,
피 흘린 죄에서 나를 건지소서,
내 혀가 주의 의를 높이 노래하리이다.
주여, 내 입술을 열어 주소서,
내 입이 주를 찬송하여 전파하리이다.
주는 제사를 즐겨 아니하시나니
그렇지 않으면 내가 드렸을 것이라.
주는 번제를 기뻐 아니하시나이다.
하나님의 구하시는 제사는 상한 심령이라.
하나님이여, 상하고 통회하는 마음을 주께서 멸시치 아니하시
리이다.
주의 은택으로 시온에 선을 행하시고 예루살렘성을 쌓으소서.
그때에 주께서 의로운 제사와 번제와
온전한 번제를 기뻐하시리니
저희가 수소로 주의 단(壇)에 드리리이다.

내가 이 시를 처음 읽었을 때 가장 공감한 것은 "나는 내 죄과를
아오니 내 죄가 항상 내 앞에 있나이다"였고, "모친이 죄 중에 나
를 잉태하였나이다"였다.

나는 특별히 내 죄를 이것저것 헤아린 것은 아니다. 또한 나는
소위 불의하게 태어난 자식은 아니다. 그러나 나는 나라는 온 존재
가 바로 죄라고 생각하고 있었다. 어디 한 군데도 깨끗한 곳이
있다고는 생각할 수 없었다. 그래서 이 말에 깊은 공감을 품었다.
'나 같은 인간을 구원해 주시는 하나님이 계실까?' 나는 시종 그
렇게 생각하며 자신을 책하고 학대했다. 그것이 그리스도의 사랑

을 알고 나서 변했다.

　우슬초로 나를 정결케 하소서
　내가 정하리이다
　나를 씻기소서
　내가 눈보다 희리이다

　이 말씀이 자주 입 밖으로 터져 나오게 되었다. 하나님만이 내 죄를 깨끗케 하실 수 있다는 사실에 깊은 기쁨을 지니기에 이르렀다. 어느 해에 나는 백양사(白洋舍)의 창립자인 이가라시 켄지(五十嵐健治) 씨로부터 이 시에 나오는 우슬초가 송달된 일이 있었다. 우슬초란 팔레스티나 지방에 생육되는 풀인데, 결례(潔禮)에 사용되었다고 한다. 이가라시 씨는 이 씨앗을 이스라엘로부터 가져다가 일본에서 재배하신다는 것이었다. 나는 이 우슬초의 작은 잎을 보고 얼마나 기뻐했는지 모른다. 그리고 그리스도께서 이 우슬초 이상으로 우리의 죄를 완전히 속죄해 주시고 깨끗케 해주신 일을 감사와 더불어 생각했었다.

　약간 신앙의 연수가 쌓이고, 초심의 순진한 신앙에 손때가 묻기 시작한 즈음 나는 이 51편의 딴 말씀에 마음이 찔리게 되었다. 그것은 "하나님의 구하시는 제사는 상한 심령이라"는 한 구절이었다. 나는 어느 사이엔가 영혼을 상한다는 것을 생각지 않았다. 언제나 오만했다. 깨닫고 보니, 언젠가 그렇게 하고 있었다. 조금도 항복하지 않았던 것이다.

　51편을 읽을 때마다 나는 이 시구에 마음이 찔려서 몹시 부끄러워진다. 그리고 지금 내가 하나님 앞에 참회의 시를 드린다고 하면 어떤 시를 지을까 하고 생각한다. 다윗과 같이 "나는 내 죄과를 아오니 내 죄가 항상 내 앞에 있나이다"라는 겸손하고 상한 말은 아마 나오지 않을 것이 아닌가 하고 부끄러워진다. 읽을 때마다 이

51 편은 새롭다. 아마 한평생 내가 애송하는 시편으로 남을 것
이다.

그런데 이렇게도 마음속 깊이 스며드는 시를 지은 다윗을 내가
좋아하게 되지 못하는 것은 무슨 일일까? 그것은 역시 내가 우리
야를 동정하고, 역시 우리야를 죽인 다윗을 용서할 수 없다는 점에
마음이 가기 때문일 것이다. 하나님께서 용서하신 다윗을 용서할
수 없다는 것은 불손한 일이다. 다윗을 용서하지 않는다는 것은 내
가 친지나 친구와 친한 사람들에게 똑같은 비판의 마음을 가지고
있다는 말일는지도 모른다. 진정 내가 이 시를 이해하는 것은 다윗
을 용서할 수 있는 때인지도 모른다. 다윗을 용서할 수 없는 동안
은 이 시를 좋아한다고 할 자격이 없는지도 모른다.

어거스틴을 비롯해서 신앙이 두터운 많은 선배들이 이 51 편을
사랑했고, 어떤 사람은 임종의 침상에서 이 시를 읊으면서 승천
했다고 한다. 이 사람들은 아마 진정 심령이 상한 위인들이었다고
나는 생각한다. 여하간 여기서 하룻밤 성경의 심장부라고 하는 시
편을 펼치고, 자기가 좋아하는 시를 발견해 주신다면 하는 마음 간
절하다.

14

잠 언(箴言)

"네 손이 선을 베풀 힘이 있거든 마땅히 받을 자에게 베풀기를 아끼지 말라."──그러나 우리의 손은 자기를 위해서는 뭔가를 해도 남을 위해서는 아무 선한 일도 하지 않는다. 아니, 얼마나 남에게 악한 짓을 하는 손일까? 만일 이같은 경우에 '손'을 '입'이라는 말로 바꾸어 보자. 그러면 우리들 자신의 마음가짐에 깨우치는 바 더욱 크리라.

시편 다음에 들어 있는 잠언(箴言)으로 붓을 진행시키자. 잠언이란「광사림(廣辭林=사전)」에 따르면, ① 경계의 말, ② 교훈의 뜻을 포함한 단구(短句)이다. 즉, 명언이다. 금언 또는 격언, 속담 따위이다. "천리 길도 한 걸음부터" "효도하고 싶을 때에는 어버이가 안 계신다" 등도 잠언일 것이다.

잠언은 매우 긴 문장과는 달리 단구이기 때문에 기억하기 쉽다. 좋은 잠언을 많이 가슴에 간직해 두면 그의 생활방식에 큰 영향을 끼칠 것이다. 나는 성경은 어렵다든가,「구약성경」은 골치라고 생각하는 사람에게 "그럼, 잠언을 읽으시오"라고 권하고 있다.

그것도 어렵다고 하는 사람이 있다면 그 사람은 독서 의욕이 없다고 생각할 밖에 도리가 없다. 물론 잠언이 쉽다는 것은 그 어구에 대한 이해를 말하는 것이고, 이것을 실천하기가 어려움은 또 다른 문제이다. 여하간 잠언은 이해하기 어려운 문장은 결코 아니다.

나는 성경 속에 있는 것뿐이 아니고 모든 잠언을 좋아한다. 소설 〈속(續) 빙점〉에도 "한평생을 마친 후에 남는 것은 우리가 모아 둔 것이 아니라 우리들이 남에게 준 것이다"는 제럴 샌드리의 말을 쓰고 있다. 특히 〈돌아오지 않는 바람〉이라는 소설에서는 의식하고 흥청망청 잠언을 사용했다. 예를 들면 "당신이 입을 벌려 말을 할 때에 그 말은 침묵보다 가치가 있는 것이어야 한다" "젊음이란 성장하는 것이다. 무엇을 향해 성장할까? 그것이 젊은이의 과제이다" "지력(地力)이 좋은 토지에는 잡초가 자란다" "우리는 모두 남의 불행은 참고 볼 수 있을 만큼 마음이 강하다" 등등, 아직도 수많은 잠언을 사용하고 있다. 좋은 말을 가슴에 간직하는 일은 돈을 저축하는 일보다 소중한 일이라고 생각하기 때문이다.

그런데 성경의 잠언은 910 페이지부터 945 페이지까지 36 페이지
에 꽉 차고 있다. 잠언은 마치 보석이 꽉 차 있는 상자와 같아서
번쩍번쩍 빛나는 말씀으로 가득 찼다고 말한 사람이 있다. 물론 그
것은 성경 전체가 그렇다고 말할 수 있지만……

생각해 보면 이 성경의 말씀들에는 생명이 있다. 결코 죽어 있지
않다. 우리 마음의 눈을 뜨게 하고, 격려하고, 위로하고, 어떤 때
는 푹 찌른다. 야마무로 굼뻬이 목사님은 그의 저서 「민중의 성서」
15 권의 머리말에 다음과 같은 말씀을 하셨다.

메이지(明治) 말기에 어떤 잡지사가 각 방면의 명사에게 "청년
시절에 읽고 감명받아 분발하게 만든 책은 무엇인가?" 하는 앙
케이트를 구했다. 그런데 1백 명 중 50명까지는 나까무라 마사
나오(中村正直) 번역 「서국 입지편(西國立志編)」을 들었다. 이것
은 얼마나 「서국 입지편」이 깊은 감동을 사람들에게 주었는가를
말해 주는 것이다.

그러면 이 「서국 입지편」이란 어떤 책인가? 그것은 그 원저자
사무엘 스마일즈가 말하고 있는 대로이다. "이 교훈은 솔로몬의
잠언과 같은 것으로 새로운 것은 조금도 없고, 또 별로 새롭게
만들어 낸 것도 아니다"라고 스마일즈가 쓰고 있는 것과 같이,
결국은 성경의 솔로몬의 잠언이 메이지의 사람들을 크게 감동시
킨 책이었다는 말이다. 스마일즈는 성경의 잠언을 그 시대에 들
어맞는 말로 고쳐 말하고, 또는 그 당시에 에피소드에 살을 붙인
것이어서, 결국은 성경의 잠언이었던 것이다.

여기서 나는 「구약성경」의 910 페이지를 펼쳐, 자신의 마음에 닿
은 잠언에 대해 서술해 가려고 한다. 성경의 잠언 저자는 솔로몬왕
이라고 하는데, 사실은 솔로몬왕 혼자만의 작업이 아니다. 잠언 31
장 중 24 장까지는 솔로몬, 25 장부터 30 장까지는 유다의 왕 히스기

야의 신하가 편집한 솔로몬의 말, 31 장은 맛사의 왕 르무엘의 말
이다. 결국은 성경의 잠언 대부분은 솔로몬 왕의 말이라는 것이 되
는데, 그러면 이 솔로몬 왕이란 어떤 왕이었는가?

솔로몬은 시편의 장(章)에서 서술한 저 다윗왕의 아들이다. 다윗
이 충신 우리야를 모살하고 얻은 우리야의 아내 밧세바에게서 낳
은 자식이다. 밧세바가 낳은 첫 아이는 태어나자 곧 죽었다. 예언
자 나단이 다윗에게 "당신은 이 행위로 여호와를 크게 욕되게 하였
으니 당신의 낳은 아이가 반드시 죽을 거요"라고 말한 대로 죽
었다. 그 다음에 밧세바가 낳은 아이가 솔로몬이다.

다윗은 회개하고, 시편 51 편 같은 훌륭한 참회의 시를 지었다.
그럼에도 불구하고 여전히 밧세바에게 아이를 낳게 했다. 이 대목
이 아무래도 나에게는 이해가 되지 않는다. 왜 다윗은 밧세바와 헤
어지지 않았을까? 이미 우리야가 죽었기 때문에 돌려보낼래야 돌
려보낼 수 없어서 그대로 아내로 삼고 있었던 것일까?

이 석연치 않은 상황 속에 태어난 솔로몬이 다윗의 뒤를 이어서
왕이 되었다. 다윗에게는 다른 여자가 낳은 솔로몬의 이복형이 여
럿이나 있었다. 그럼에도 불구하고 밧세바가 낳은 솔로몬이 왕이
되었다. 다윗은 밧세바에게 얼마나 매혹되어 있었는가를 알 수
있다는 생각이 든다. 그것은 그렇다치고 이 솔로몬은 하나님을 믿
었다. 하나님이 그의 꿈에 나타나셔서,

"네게 무엇을 줄까? 원하는 것을 말해 보라."
고 하셨을 때, 솔로몬은 하나님에게 구했다.

"저는 작은 아이입니다. 그런데 주의 백성은 셀 수 없을 정도로
많습니다. 그러므로 저에게 분별하는 마음을 주셔서 백성을 공평
하게 재판하게 하시고, 저에게 선악을 분별하게 해주십시오."

이것은 좀처럼 할 수 없는 말이다. 만일 우리가 하나님한테서
"네게 무엇을 줄까? 말해 봐라"는 말씀을 듣는다면 무엇을 구할
까? 농담이 아니라 진지하게 자기 가슴에 물어 보기 바란다. '대

체 나는 무엇을 바라고 살고 있는가'라고. 한평생 곤궁하지 않을
만큼의 돈을 바라는가? 권력의 자리를 바라는가? 건강을 바라는
가? 장수(長壽)를 바라는가? 명예를 바라는가? 또 신앙을 구하
는가?

'가내 안전, 사업 번창'이라고 하면 신사(神社)에 합창할 때의
제목처럼 생각하는 일본에서는 참으로 신에게 먼저 무엇을 구해야
할까를 모르는 것이 실정이 아닐까? 우리 크리스찬도 우선 기도
의 말로서 무엇을 구해야 할까는 알고 있어도, 현실 생활에서는 무
엇을 바라고 살고 있는지 알 수 없다는 말을 들을 수밖에 없게끔
살아가고 있는 것이 아닐까? 이 기회에 말한다면 지금까지 솔로
몬과 같은 지위, 또는 가까운 지위에 오른 사람들이 하나님에게 무
엇을 구하며 살았을까? 또는 있을까? 노부나가(信長, 氏는 織田
=역자 주), 히데요시(秀吉, 氏는 豊臣=역자 주), 이에야스(家康,
氏는 德川=역자 주), 역대의 총리, 대신들, 히틀러, 스탈린, 루즈
벨트, 처칠…… 문득 그런 것을 생각해 보고 싶어진다.

진정 선악을 분별한다면, 솔로몬이 원한 것처럼 공평하고 바른
재판도 할 수 있을 것이다. 일본에는 지금 재판에 대한 불신의 생
각이 드높은 사실을 약간 재판에 관심을 가지는 인간이라면 모두
느끼고 있을 것이다. 송천(松川) 사건을 비롯해서 인보(仁保) 사
건, 모례(牟禮) 사건 등을 통해서 우리는 재판이 꼭 믿을 수 있다
고는 생각할 수 없게 되어 있다.

한데, 이 솔로몬의 소원에 하나님은 무엇이라고 대답하셨을까?
"네가 이 일을 구하고, 자기를 위하여 장수(長壽)도 구하지 않
고, 부(富)도 구하지 않고, 자기의 생명도 구하지 않고, 오직 송사
(訟事)를 듣고 분별하는 지혜를 구하였은즉 내가 네 말대로 하여
지혜롭고 총명한 마음을 준다. 네 전에도 너와 같은 자가 없었고,
네 후에도 너와 같은 자가 일어나지 못할 것이다. 나는 네가 구하
지 않을 것, 부와 영광도 네게 준다. 네 평생에 왕들 중에 너와 같

은 자가 없을 것이다."

이것은 솔로몬이 꿈속에서 들은 하나님의 말씀이었다. 이 꿈속의 말씀대로 하나님은 솔로몬에게 비할 것이 없는 지혜와 함께 그가 구하지 않은 재물도 지위도 주셨다. 여담이지만 성경의 솔로몬에 대한 기사를 읽고 있노라면, 일본의 오오까(大岡) 재판은 이 솔로몬의 얘기가 출처가 아닌가고 생각할 정도로 흡사해서 흥미가 깊다. 그런데 나는 마태복음 6장 31절 이하의 주 예수의 말씀이 생각난다.

"염려하여 이르기를, 무엇을 먹을까, 무엇을 마실까, 무엇을 입을까 하지 말라. 이는 다 이방인들이 구하는 것이라. 너희 천부께서 이 모든 것이 너희에게 있어야 할 줄을 아시느니라. 너희는 먼저 그의 나라와 그의 의를 구하라. 그리하면 이 모든 것을 너희에게 더하시리라."

이 예수님의 말씀처럼 솔로몬은 먼저 참된 지혜를 구했기 때문에 구하지 않은 재물과 지위도 받았다. 그러면 이 솔로몬은 잠언에서 어떤 말을 하고 있는가, 메이지의 사람들을 크게 감동시킨 「서국 입지편」의 근본인 잠언에는 어떤 말이 쓰여 있는가, 함께 배워보자. 잠언 1장 1절부터 6절까지에는 잠언에 대한 머리말이 쓰여 있고, 7절이 첫 잠언이 된다. 솔로몬은 그 첫 말을 무엇이라고 썼는지, 먼저 7절을 인용하기로 하겠다.

"여호와를 경외하는 것이 지식의 근본이다."

솔로몬은 '솔로몬의 지혜'라는 말이 세상에 남을 정도의 지혜를 하나님에게서 받았다. 지혜에 있어서 솔로몬보다 나은 사람이 없었다. 그 솔로몬이 "여호와를 경외하는 것이 지식의 근본이다"라고 했다. '하나님을 경외하는 것이 지식의 근본'이라는 말이다. 현대의 일본에서는 하나님을 믿는 일은 비과학적이고, 무지한 얘기라고 생각하는 사람이 여간 많지 않다. 그러나 솔로몬은 잠언 9장 10절에도,

"여호와를 경외하는 것이 지식의 근본이다."
라고 했으며, 다시 같은 15장 33절에도,
"여호와를 경외하는 것은 지혜의 훈계다."
라고 되풀이해서 말했다.

말하자면 잠언의 테마는 "하나님을 믿는 것이 지식의 근본이다"라는 것이 된다.

「신약성경」 고린도 전서 8장에는,
"만일 누구든지 무엇을 아는 줄로 생각하면 아직도 마땅히 알 것을 알지 못하는 것이다."
라는 바울의 말이 있다. 그 얼마나 통렬한 말인가. 확실히 대학을 나오고, 전문적으로 배웠어도 '알아야 할 정도의 일조차' 알지 못하면 정치도 그르치고, 교육도 그르치고, 재판도 잘못에 빠지는 것이 당연할 것이다. 반대로, 하나님을 알고 있으면 그 사람의 판단은 하나님의 마음을 따라 이루어지니까 잘못이 적어질는지도 모른다. 자기를 사랑하면 마음의 눈이 흐려지는 법이다. 인간이 인간을 죽여도 좋은지 여부를 안다면 전쟁의 존재는 인정할 수 없을 것이다. 그러나 이 문명이 발달한 세계라고 하면서 거의 모든 나라가 군대를 가지고 있다. 진정 이성이 있는 인간은 무엇 때문에 서로 죽여야 하는지 의문을 품을 것이다. 진심으로 나라를 사랑하는 일은 세계를 사랑하는 일이다. 절대로 무기를 들고 싸우는 일이 아니다. 이런 말을 하면 코웃음을 치는 인간이 많다. 그러나 그 사람들은 '하나님을 경외하는 것'을 모르는 사람이고, '알아야 할 일도 모르는' 사람들일 것이다. 나 자신 하나님을 모르고, 알아야 할 일을 몰랐기 때문에 그 흉악한 전쟁에 협력하면서 청춘시절을 보냈다.

물론 하나님을 경외하지 않기 때문에 범하는 과오는 뭐 전쟁이나 정치나 재판만은 아니다. 우리도 일상생활을 반성하면 그것을 잘 알 수 있다. 하나님을 믿는 사람의 가정의 주인은 하나님이

시다. 모든 사람이 이 하나님의 뜻대로 산다면 가정의 모습은 무척
달라질 것이다. 사소한 일로 쓸데없는 말다툼을 하는 일도 없을 것
이고, 금전출납 하나만 해도 내야 할 곳에는 선뜻 낼 수 있을 것
이다. 유감스럽게도 하나님을 믿는다고 말을 해도 진심으로 하나
님을 경외하지 않는 우리는 이따금 하나님을 생각하고, 대부분은
잊고서 어리석은 짓을 되풀이하고 있다.

여하간 하나님을 경외하는 것을 지식의 근본으로 삼는 솔로몬의
지혜는 그것만으로도 훌륭하다고 할 수 있을 것이다. 다음에 그 몇
을 골라 보겠다.

"어리석은 자의 퇴보는 자기를 죽이며, 미련한 자의 안일은 자
기를 멸망시킨다."(1 장 32 절=역자 주)

"마음을 다하여 여호와를 의뢰하고, 네 명철을 의지하지 말
라."(3 장 5 절=역자 주)

"스스로 지혜롭게 여기지 말지어다. 여호와를 경외하면 악을
떠날지어다."(3 장 7 절=역자 주)

"네 손이 선을 베풀 힘이 있거든 마땅히 받을 자에게 베풀기를
아끼지 말라."(3 장 27 절=역자 주)

만일 우리의 한평생이 이 말씀들의 하나라도 지키며 사는 한평
생이라면 얼마나 훌륭할까 하고 생각해 본다. 우리의 손은 자기를
위해서는 뭔가를 해도 남을 위해서는 아무 선한 일도 하지 않는다.
그리고 얼마나 남에게 악한 짓을 하는 손일까. 만일 이 '손'을
'입'이라는 말로 바꾼다면 우리는 자기 마음가짐에 더 쉽게 깨우침
을 받을 것이다.

"정직한 자는 여호와의 신임을 받는다."(3 장 32 절. '신임'이 국
어역에는 교통하심으로 되어 있음=역자 주)

인간인 우리조차 정직하지 못한 사람을 신용하지 않는다. 하기

야 인간인 우리는 이따금 누가 정직한가 알 수 없는 때가 있다.

"그(하나님)는 거만한 자를 비웃으시며, 겸손한 자에게 은혜를 베푸신다."(3장 34절＝역자 주)

비슷한 말씀에,

"겸손은 존귀의 앞잡이니라."(15장 33절＝역자 주)

가 있다. 어거스틴은 신앙의 요점에 대한 질문을 받자,

"첫째 겸손, 둘째 겸손, 셋째도 겸손."

이라고 대답했다든가 하는 말을 들었다. 성 어거스틴이라고 존경을 받게 된 그는 언제나 겸손의 어려움을 통감하고 이렇게 말했는지도 모른다. 겸손 없이 하나님이 참된 명예를 주시는 일은 없을 것이다. 나도 이따금이지만, 자신을 반성하고 겸손이라는 말만큼 나에게서 먼 것은 없다고 부끄럽게 생각한다. 겸손이란 있는 그대로의 자기 모습을 인정하는 일이라고 북해도에 계신 라디오 목사이신 이시까와 카즈오(石川和夫) 목사님이 하신 말씀을 회상하면서 나는 지금 쓰고 있다.

"교만이 오면 욕도 온다."(11장 2절＝역자 주)

가정 불화의 대부분은 남자가 자기의 아내 이외의 여자에게 눈을 옮기는 일에서 시작된다. 잠언은 이어서,

"내 아들아, 어찌하여 음녀를 연모하겠으며, 어찌하여 이방 계집의 가슴을 안겠느냐?"(5장 20절. '이방'이 일본어역에는 '음란한' 임＝역자 주)

라고 한다. 참으로 '어째서' 그런 일을 하느냐고 하나님한테서 질문받은 일이 얼마나 많은가. 자기도 '어째서'인지 모르고 어리석은 일을 되풀이한다. 이것이 약하고 어리석은 인간의 죄의 모습일 것이다.

"여호와를 경외하는 것은 악을 미워하는 것이라."(8장 13절＝역자 주)

주님을 경외하지 않고, 악을 친근히 하는 인간의 실태는 무척 슬

프다.

"지혜 있는 자를 책망하라. 그가 너를 사랑하리라."(9장 8절=역자 주)

"면책(面責)은 숨은 사랑보다 나으니라."(27장 5절=역자 주)

"사랑은 모든 허물을 가리우느니라."(10장 12절=역자 주)

"아름다운 여인이 삼가지 않는 것은 마치 돼지코에 금고리 같으니라."(11장 22절=역자 주)

"가난한 자를 불쌍히 여기는 것은 여호와께 꾸미는 것이다."(19장 17절)

"허물을 용서하는 것이 자기의 영광이니라."(19장 11절)

"노하기를 더디하는 자는 용사보다 나으니라."(16장 32절)

"탐욕을 미워하는 자는 장수하리라."(28장 16절=역자 주)

"채소를 먹으며 서로 사랑하는 것이 살찐 소를 먹으며 서로 미워하는 것보다 나으니라."(15장 17절=역자 주)

"원수가 배고파 하거든 식물을 먹이고, 목말라 하거든 물을 마시우라."(25장 21절=역자 주)

"게으른 자여, 개미에게로 가서 그 하는 것을 보고 지혜를 얻으라."(6장 6절=역자 주)

등등, 잠언서 곳곳에 심금(心琴)을 울리는 생명 있는 말씀이 가득 넘쳐 있다. 노트를 펼치고, 당신 자신의 마음에 울리는 말씀과 감상을 적어 놓는 것이 어떨까?

되풀이하지만, 이 잠언들은 '하나님을 경외하고 하나님을 신뢰하는' 마음에서 비롯된 것이다.

15

예 언(預言)

예언의 성취──그것은 단순한 우연일까? 그것은 결
코 우연일 수 없다. 그것은 확실히 하나님이 계시기 때
문에, 그리고 하나님의 말씀이기 때문에 성취된 것
이다. 그것을 알기 위해서 우리는 더욱 겸허한 마음가
짐으로 「구약성경」을 읽어야 하지 않을까? 그리고 목
숨을 걸고 예언한 예언자들의 고난의 한평생을 생각하
면서 신앙을 배워야 하지 않을까?

「구약성경」에는 수많은 예언자가 등장한다. 예언자에 대해서는
시편의 장(章)에서 약간 언급했다. 중복되지만 다시 한 번 그 곳을
인용해 보고 싶다.

나는 사실 성경을 읽기 시작한 즈음 예언자(預言者)란 예언자
(豫言者)를 가리키는가 하고 오해하고 있었다. 즉, 어느 달 어느
날 어디어디서 지진이 일어난다고 예언하거나, 누구를 죽인 범
인은 어디에 사는 어느 놈이라고 하는 등 점장이처럼 말로 맞추
는 사람이라고 생각하고 있었다. 그러나 예언자란 '하나님의 말
씀을 맡는 사람'임을 알았다.
　지금 시험적으로 책상 위에 있는 「신성서대사전」을 펼쳐 보자.
'하나님의 탁선(託宣)을 말하는 자' '하나님의 대변자' '야훼(하
나님)와 백성과의 진실한 인간 관계를 수립함을 가르치는 자'라
고 쓰여 있다. 또 '선견자(先見者)'라고도 쓰여 있고, '예언자는
미래를 말하는 임무도 띠고 있다'고도 쓰여 있는데, 사실 「구약
성경」에는 "이대로 죄 중에 있는다면 멸망이 있을 뿐"이라는 경
고를 언제나 내고 있으며, 이 견고한 거리도 이와 같이 해서 망
한다는 그 예고대로 된 사실도 많다. 그리스도의 탄생도 예고되
어 있던 일이었다. 그러나 그것은 결코 소위 점이나 알아맞추는
것과는 달랐다. 어디까지나 참된 실재자이신 하나님의 말씀을
맡고 부탁받아서 말한 것이다.

이곳에 인용한 것처럼, '예언자'는 하나님의 말씀을 안내하는 사
람이다. 「구약성경」의 '예언서'라고 불리우는 부분에는 그 예언자
의 언어, 행동이 수록되어져 있다. 이 예언자는 다음에 기록한 대

로 크게 나뉘어진다.

- 이사야, 예레미야(예레미야 애가), 에스겔, 다니엘 ── 4 대 (大) 예언서
- 호세아, 요엘, 아모스, 오바댜, 요나, 미가, 나훔, 하박국, 스 바냐, 학개, 스가랴, 말라기 ── 12 소(小) 예언서

이 대예언, 소예언은 질적인 차이가 아니고 양적인 차이라고 한다. 그리고 이외의 사무엘, 엘리야, 엘리사라는 위대한 예언자들 이 등장하는데, 예언서로서 정리된 중에 들어 있지 않다. 이상 소 개한 예언서 중에서 가장 읽기 쉽고 유머러스한 책은 요나서일 것 이다. 소학교 3학년 학생이라도 끝까지 읽을 수 있다. 극히 평이 하고, 또 재미있는 얘기이다. 물론 단지 '재미있는 얘기'만은 아 니다. 그 사람의 신앙에 따라서 한없이 의미가 깊어지는 얘기이다.

어느 날 예언자 요나에게 하나님의 말씀이 임했다.

"니느웨성으로 가서, 그 악독을 책망하라."

하고. 그러나 요나는 하나님의 말씀을 전할 자신이 없었기 때문에 다시스로 도망했다. 다시스로 가는 도중에 그가 탄 배가 큰 폭풍을 만났다. 이 폭풍이 자기 때문에 일어난 것을 요나는 알고,

"나를 바다에 던지시오."

라고 했다. 사람들이 요나를 바다에 던지니까 폭풍이 딱 그쳤다. 요나는 큰 물고기에게 삼키웠다가, 얼마 후에 물고기가 토해서 나 왔다. 요나가 내뱉음을 당한 곳은 니느웨성이었다(본문은 '육지'= 역자 주). 니느웨로 가지 않고 피한 셈이었는데, 니느웨로 돌아오 게 된 것이다. 하나님의 명령은 땅끝까지 도망쳐도 피할 수는 없다. 니느웨에서 요나는 다시 하나님의 음성을 들었다.

"40 일이 지나면 니느웨성은 멸망한다."

요나는 명령을 받은 대로 니느웨성으로 가서 얘기했다. 이곳은 큰 도시이고, 번영하고 있었다. 멸망하는 일은 영원히 없을 것처럼 보였다. 오늘날의 일본이면 도꾜와 같았을 것이다. 사람이 많은 곳

에는 악도 만연(蔓延)한다. 요나의 말에 니느웨 사람들은 공포에
떨었다. 하나님을 믿기 시작했다. 부자도 가난한 사람도 금식하고
회개했다. 왕도 자신의 옷을 벗어 굵은 베옷으로 갈아입고는,

"사람도 짐승도 굵은 베옷을 입고, 오로지 하나님에게 구원을 구
하라. 악한 길에서 떠나라. 하나님이 진노를 그치실는지도 모
른다."

고 온 나라에 선포했다. 결국 니느웨성 전체의 회개를 하나님은 가
상히 여기셔서 니느웨성은 멸망하지 않게 되었다. 이것을 보고 요
나는 노했다. 자기의 말대로 니느웨가 망하지 않았으므로 망신을
당했기 때문이다. 요나는 오두막집을 만들고, 성의 결말을 지켜
봤다. 그러나 해가 쪼여서 몹시 더웠다. 그랬는데, 하나님이 요나
를 위하여 박넝쿨을 하룻밤 사이에 키우셨다. 그 덕분에 요나는 더
위를 면하게 되었다. 그랬더니 하나님은 이튿날의 하룻밤 사이에
박넝쿨을 마르게 하셨다. 요나는 더위 때문에 죽기를 원했다. 이
때 하나님이 말씀하셨다.

"너는 수고도 하지 않고, 키우지도 않고, 하룻밤에 생겨났다가
하룻밤에 망한 박넝쿨조차 아끼지 않았느냐? 그렇거늘, 내가 12
만여의 사람들과 수많은 가축이 있는 이 큰 성 니느웨를 아끼지 않
을 리가 있겠느냐?"

라고. 요나는 겨우 하나님의 사랑을 깨달았다.

요나는 처음 하나님의 말씀을 전하는 것을 '거절하고' 싶었다.
그래서 배를 타고 도망친 것이다. 그러나 이것은 요나만이 아니다.
성경을 읽으면 어떻게 해서든지 하나님의 말씀을 전하는 일은 사
퇴하고 싶다는 예언자들의 모습이 눈에 띈다. 역사상 첫째라고도
할 수 있는 모세에게,

"이스라엘 백성을 이집트에서 인도해 내어라."

고 하시는 하나님의 말씀이 임했을 때 모세는 말했다.

"대체 제가 누구이길래 바로(이집트 왕)에게 가서 이스라엘 백성

을 이집트에서 인도해 내겠습니까?"

하고 뒷걸음질쳤다. 그리고 또 저주하면서,

"그러나 백성이 저를 믿지 않을 것입니다. 하나님께서 내게 나타나셨다는 것을 거짓말이라고 할 것입니다."

했다. 하나님이 나타나셨다는 표로서 모세에게 지팡이를 뱀으로 만드는 힘과, 손을 나병(癩病)에 걸리게 했다가 낫게 하는 것을 자유로 할 수 있는 능력을 주셨다. 그래도 모세는,

"저는 천생이 입이 둔합니다. 하나님을 뵈온 지금도 보시다시피 말을 잘 못합니다."

하고 마음이 내키지 않는 대답을 했다. 하나님은 말씀하셨다.

"누가 사람에게 입을 만들었느냐? 내가 아니냐, 할 말은 내가 그때그때 가르쳐 주겠다."

그래도 모세는,

"아아 하나님, 좀더 적당한 다른 사람에게 이 일을 명해 주십시오."

라고 거절하여 하나님의 꾸짖음을 받았다. 예레미야도,

"네가 태어나기 전에 너를 성별(聖別)했고, 너를 세워서 만국의 예언자를 삼았다."

는 하나님의 음성을 들었지만,

"저는 보통 젊은이에 지나지 않습니다. 무엇을 어떻게 말해야 좋을는지 모릅니다."

하고 허둥댔다. 아마 이 모세, 예레미야, 요나 등의 곤혹(困惑)은 어느 예언자도 맛보았을 것이다. 왜 그들은 하나님의 말씀 전하기를 주저했을까? 피하고 싶었을까? 또 두려워했을까?

그것은 첫째로 너무나 무거운 책임이기 때문일 것이다. 우리도 날마다 가사에 종사하고, 또는 회사에서 손에 익은 일을 하고 있는데 갑자기 "도꾜 지사장이 되라"든지, "전일본 부인회를 조직해서 회장이 되어 주기 바란다"는 말을 듣는다면 그것을 즉각 수락할 수

는 없다. 너무나 무겁다. 더욱이 짐작이 가지 않는 일이면 도저히 할 수 없을 것이다.

하물며 하나님의 말씀을 전한다는 일은 신앙이 두터우면 두터울 수록 두려움이 많아서 도저히 그 책임을 감당키 어렵다고 생각하는 것이 당연하다. 더욱이 다른 사람한테서는 광인 대우를 받기 쉽상이다. 또는 조소를 당할 것이다. 때로는 미움을 받을 것이다. 바른 말은 사람의 귀에 아프다. 어버이한테도 형제한테도, 또는 친구, 직장의 상사한테도 약간 주의를 받은 것만으로 격노해서 미워지는 것이 인간이다. 이와 같은 인간에게 예언자는 하나님의 말씀을 에누리 없이 전해야 하는 것이다. 예를 들면,

"나는 제사장들과 왕자들을 벌하겠다."(스바냐서 1 장 8 절＝역자 주)

"그 궁궐들을 불사르겠다."(아모스서 1 장 14 절＝역자 주)

"너를 패망케 하여 다시 있지 못하게 하리라."(에스겔서 26 장 21 절＝역자 주)

는 등으로 선언을 하지 않으면 안된다. 이런 말을 듣고 왕과 나라의 관장(官長)들이 노하지 않을 리가 없다. 자기가 포학하면 할수록 격노할 것이다. 예언자의 대부분은 최후에 살해당했다고 전해졌는데, 당연한 것이다. 사실 우상 숭배에 저항하고, 아합왕에게 심하게 경고한 엘리야는 끊임없이 목숨이 위태로웠다. 그리고 타오르는 불길 속에 던지운 사람, 또는 사자굴에 던지운 다니엘의 사건 등이 성경에 기록되어 있다.

예언자가 되는 것이 얼마나 큰일이었는지 이것만으로도 알 수 있다. 뒷걸음질치는 것도 무리가 아니다. 더욱이 요나의 니느웨 때와 같이 하나님의 예언은 때로 철회되는 수도 있다. 예언이 철회되면 그 예언자를 사람들은 조소했다. 이 때문에 고민한 예언자에 예레미야가 있다. 그러나 예언자들은 참으로 여러 말을 예언했다. 그리고 참으로 수많은 예언이 성취되었다.

예를 들면, 바벨론은 '큰 성'이라고 불리운 번영의 성이었다. 경제적으로도 번영했지만, 악이 번영하는 성이기도 했다. 그 바벨론 성에 대해서 예레미야는 말했다.

"나 여호와가 말하노라.

보라, 나(하나님)는 네 대적이라. 너를 바위에서 굴리고, 너로 불탄 산이 되게 할 것이니 너는 영영히 황무지가 될 것이니라."(51장 25~26절 = 역자 주)

"바다가 바벨론에 넘침이여,

그 많은 파도가 그것에 덮였도다.

그 성읍들은 황폐하여

마른 땅과 사막과

주민이 없는 땅이 되었으니,

그리고 지나가는 인자가 없도다."(51장 42~43절 = 역자 주)

바벨론에 대해서 예레미야는 많은 예언을 했는데, 이것은 그 일부에 지나지 않는다. 그러나 예레미야가 예언했을 때 누가 이 예언을 믿었을까? 한창 번영하는 중에서는 이 예언도 조소당했을는지도 모른다. 그러나 음녀라는 말을 듣기까지 타락한 성 바벨론은 현재 어김없이 사막이 되어 그 밑에 묻혀 있다. 그리고 지하의 수맥(水脈)이 높아서 파내리기도 곤란하다고 한다.

이것은 한 예이지만, 예언자들의 두로, 베트라, 그 밖의 성들의 멸망 예언도 너무나 예언대로 성취되었다. 예언자들은 이 밖에 여러 가지를 예언했는데, 특히 크리스찬······ 아니, 온 인류에게 가장 소중한 예언은 그리스도에 대한 예언이다. 「신약성경」을 읽으면,

"이 모든 일의 된 것은 주께서 선지자로 하신 말씀을 이루려 하심이라."(마태복음 1장 22절)

"이에 선지자 예레미야로 하신 말씀이 이루었다."(마태복음 27장 9절)

등의 말씀이 수없이 눈에 띈다. 이것은 바로 그리스도의 탄생은 수난, 죽음, 부활 등에 대해서 기원전 여러 백년 전에 예언되어 있고, 그 예언대로 그리스도께서 탄생하시고, 십자가에 못박히시고 부활하셨다. 아무리 「신약성경」을 되풀이해서 읽어도 이 예언자들이 한 말을 알지 못하면 그리스도에 대해서 모르는 일이 많다고 하겠다. "구약 중에 신약이 숨겨졌고, 신약 중에 구약이 나타나 있다"고 말한 사람이 있다고 하는데, 신·구약어 서로 보충해서 밝혀진다. 나는 그리스도를 예언한 중에 가장 감동적인 예언을 골라 보겠다. 그것은 아마 모든 사람이 감동될 저 이사야서 53 장이다.

　　우리의 전한 것을 누가 믿었느뇨?
　　여호와의 팔이 뉘게 나타났느뇨?
　　그는 주 앞에서 자라나기를
　　연한 순 같고 마른 땅에서 나온 줄기 같아서,
　　고운 모양도 없고 풍채도 없은즉
　　우리의 보기에 흠모할 만한 아름다운 것이 없도다.
　　그는 멸시를 받아서 사람에게 싫어 버린 바 되었으며
　　간고를 많이 겪었으며, 질고를 아는지라.
　　마치 사람들에게 얼굴을 가리우고 보지 않음을 받는 자 같아서
　　멸시를 당하였고, 우리도 그를 귀히 여기지 아니하였도다.
　　그는 실로 우리의 질고를 지고
　　우리의 슬픔을 당하였거늘,
　　우리는 생각하기를
　　그는 징벌을 받아서 하나님에게 맞으며 고난을 당하다 하였노라.
　　그가 찔림은 우리의 허물로 인함이요,
　　그가 상함은 우리의 죄악으로 인함이라.

그가 징계를 받음으로
우리가 평화를 누리고,
그가 채찍에 맞음으로
우리가 나음을 입었도다.
우리는 다 양 같아서
그릇 행하여 각기 제 길로 갔거늘,
여호와께서는 우리 무리의 죄악을
그에게 담당시키셨도다.
그가 곤욕을 당하여 괴로울 때에도
그 입을 열지 아니하였음이여,
마치 도수장으로 끌려가는 어린 양과
털 깎는 자 앞에 잠잠한 양같이
그 입을 열지 아니하였도다.
그가 곤욕과 심문을 당하고 끌려갔으니,
그 세대 중에 누가 생각하기를,
그가 산 자의 땅에서 끊어짐은
마땅히 형벌받을 내 백성의 허물로 인함이라 하였으리오.
그는 강포를 행치 아니하였고,
그 입에 궤사가 없었으나
그 무덤이 악인과 함께 되었으며,
그 묘실이 부자와 함께 되었도다.
여호와께서 그로 상함을 받게 하시기를 원하사
질고를 당케 하셨은즉,
그 영혼을 속건제물로 드리기에 이르면
그가 그 씨를 보게 되며,
그 날은 길 것이요,
또 그의 손으로 여호와의 뜻을 성취하리로다.
그가 자기 영혼의 수고한 것을 보고 만족히 여길 것이라.

나의 의로운 종이 자기 지식으로
많은 사람을 의롭게 하며, 또 그들의 죄악을 친히 담당하리라.
(중략)
그가 많은 사람의 죄를 지며,
범죄자를 위하여 기도하였느니라.

나는 이 이사야서 53장을 읽고서 몇 번이나 가슴이 뜨거워지고
눈물을 흘렸는지! 이곳에는 우리 예수 그리스도의 형상이 뚜렷하
게 묘사되어 있다. 그것은 얼마나 부당하게 고통을 당하시고, 보답
을 받지 못하신 생애였던가. 또 얼마나 불우하시고, 고독하신 한평
생이었던가. 이곳에는 다만 묵묵히 사람의 죄를 계속 지시고, 그
때문에 십자가에 최후를 마치신 예수님의 모습이 있다.
"그는 실로 우리의 질고를 지고, 우리의 슬픔을 당하였다."
"여호와께서는 우리 무리의 죄악을 그에게 담당시키셨도다."
"그가 많은 사람의 죄를 지며, 범죄자를 위하여 기도하였느니
라."
이 대목을 읽고 그리스도의 사랑의 한평생을 생각하지 않는 사
람이 있을까? 이 그리스도의 모습이 복음서에 구체적으로 나타나
있는 일을 생각하지 못하는 사람이 있을까?
성경은 결국 신·구약이 함께 이 예수님이야말로 그리스도이시
며 구주이심을 지시하는 책이다. 우리가 만일 「신약성경」중에서
의문이 있으면 「구약성경」을 펼쳐서 읽는 일이 더욱 자주 있으면
좋겠다고 생각한다. 몇 천년 전, 몇 백년 전에 사람을 통해서 예언
하신 하나님은 확실히 그 예언을 이 세상에 성취하셨다.
예언의 성취, 그것은 단순한 우연일까? 수많은 예언이 성취되
었다는 이 사실은 결코 우연이 아니다. 그것은 확실히 하나님이 계
시기 때문에, 그리고 하나님의 말씀이기 때문에 성취된 것이다. 그
것을 알기 위해서 우리는 더욱 겸허하게, 더욱 열심히 「구약성경」

을 읽어야 하지 않을까? 그리고 목숨을 걸고 명리를 버리고 예언한 예언자들의 고난과, 파란의 한평생을 생각하면서 그 신앙을 배워야 하지 않을까?

나는 카리에스와 폐결핵으로 날마다 절대적 안정을 강요받고 있던 무렵, 전국 각지의 크리스찬들과 편지 왕래를 하고 있었다. 그 모두가 거의 신앙적 말만 써 보내 오기 때문에, 나는 그 친구들에게서 많은 것을 배웠다. 그 편지들의 끝에는 특히 내게 보내는 성구가 날마다 첨부되어 있었다. 이 성구에 나는 얼마나 힘을 얻었는지 모른다. 특히 이사야서 40장 29~30절의 성구는 몇 사람에게서 자주 받았다. 그중에서 이 성구를 가장 자주 보내어 준 사람은 남편 미우라였다.

> 피곤한 자에게는 능력을 주시며
> 무능한 자에게는 힘을 더하시나니,
> 소년이라도 피곤하며, 곤비하며,
> 장정이라도 넘어지며 자빠지되
> 오직 여호와를 앙망하는 자는 새 힘을 얻으리니,
> 독수리의 날개치며 올라감 같은 것이요,
> 달음박질하여도 곤비치 아니하겠고
> 걸어가도 피곤치 아니하리라.

여러 해나 일어선 일이 없이 누워만 있던 나는 이 성구를 읽을 때마다 큰 격려를 받았다. 그러나 의심도 품었다. 과연 '진정 나의 발이 대지를 밟고 일어서는 날이 올 것인가' 하고. 여러 번이나 여러 사람에게서 이 성구를 받는 중에, 나는 "여호와를 앙망하는 자는 새 힘을 얻으리니"라는 구절에 마냥 마음이 끌리게 되었다. 처음에는,

"독수리의 날개치며 ……."

"달음박질하여도 곤비치 아니하겠고, 걸어가도 피곤치 하니하리
로다."
라는 성구에 격려를 받고 있었는데,
"여호와를 앙망하는 자는 새 힘을 얻는다."
는 말씀이 나에게 문자 그대로 힘을 주게 되었다.
'여호와를 앙망(仰望)한다.'
얼마나 훌륭한 경지인가 하고 나는 생각했다. 우리는 날마다 여
러 가지를 기다리고 바란다. 병이 낫는 일, 승진하는 일, 애인이
생기는 일, 집을 짓는 일, 자녀의 성장 등등. 대망(待望)하는 대상
에 따라서는 안달복달 초조를 느끼거나, 남을 밀어젖히는 추악함
에 빠지거나 질투하거나 인색해지거나, 그 심정은 여러 가지이다.
그러나 "여호와를 앙망한다"는 심정에는 그것이 없다. 오만한 사람
에게도 겸손을 생각나게 하고 욕심이 많은 사람에게도 구제를 생
각나게 한다. 나는 그렇게 생각하면서 "여호와를 앙망하는 자는 새
힘을 얻는다"는 말씀은 진리라고 생각했다.
참으로 '여호와를 앙망하는' 생활에는 확실히 새로운 힘이 부여
된다. 나는 그렇게 생각했다. 그렇게 생각하면서 이 이사야서를 읽
노라니까 '주 그리스도'에 대한 예언이 눈에 띄었다.
그리스도께서는 무엇 때문에 오셔야 했는가? 그것은 「구약성
경」을 읽노라면 누구나 이해할 수 있는데, 사람은 '죄를 범하지 않
고는 살 수 없는 존재'이며, '그 죄의 책임을 질 수 없는 존재'이
기 때문이다. 우리는 죄를 용서받고 또 죄에게 구출받을 수밖에 도
리가 없지 않은가? "율법을 지키면 용서한다"고 정해져 있어도 그
율법을 도저히 지킬 수 없는 것이 우리 인간이다. 율법은 "마음을
다하고, 목숨을 다하고, 뜻을 다하여 하나님을 사랑하고 또 자기를
사랑하는 것처럼 이웃을 사랑하라"에 요약되어 있다고 하지만, 이
율법을 아무도 지킬 수는 없다. 우리는 자기중심인 생활 밖에 할
수 없다. 아침부터 저녁까지 개인주의적 생활이다. 이사야는 "많이

기도할지라도 내(하나님)가 듣지 아니하리니, 이는 너희의 손에 피가 가득함이니라"(1 장 15 절＝역자 주)라는 통렬한 예언을 했다. 우리의 마음을 찌르는 말씀이다. "나는 한 번도 사람을 죽인 일이 없다"고 말할 수 없는 자신을 나는 이 성구를 통해 내 속에서 발견한다.

살아 있다는 것은 사람에게 상처를 주고 있다는 말이다. 누구를 막론하고 일찍이 다른 사람에게 상처를 준 일이 없다고 말할 수 있는 사람은 없다. 혀로 사람을 찌르거나, 눈으로 찌르듯이 사람을 보거나, 여하간 마음속에서 시종 사람을 판단하고 있는 존재이다. 그 마음은 냉랭하게 차갑고 냉혹하기 그지없다.

힐티는 그의 저서 「잠들 수 없는 밤을 위하여」 중에서 "인간을 사랑하려면──그리고 이것이야말로 어떤 인간 교육에도 필요한 일이지만──판단하기를 그쳐야 한다"고 썼다. 그 말이 맞다고 나도 생각한다. 그러나 사람을 판단하지 않고 사는 사람이 대체 이 지구 위에 몇 사람이나 있을까? 여하간 이사야를 통해서 하나님이 말씀하신 것처럼 '너의 손에 피가 가득'하다. 이사야는 또 말했다.

악을 선하다 하며,
선을 악하다 하며,
흑암으로 광명을 삼으며, 광명으로 흑암을 삼으며,
쓴 것으로 단 것을 삼으며, 단 것으로 쓴 것을 삼는 그들은 화 있을진저.(이사야서 5 장 20 절)

지금의 세상을 보고 있노라면 이 말이 옳다고 생각된다. 선악이 혼란되고, 무엇이 빛인지 어두움인지조차 분간하기 어렵게 혼돈되어 있다. 단것이 쓰고, 쓴것이 달다. 가치관의 어긋남 정도가 아니다. 무서운 세상이다. 다시 이사야서 9 장 1,2 절을 인용하겠다.

혹시 한 번도 「구약성경」을 읽은 일이 없는 사람이라도 「신약성경」을 읽고 있는 사람이라면 '저런 비슷한 말을 읽었다'고 느낄 것이다.

"전에 고통하던 자에게는 흑암이 없으리로다. 옛적에는 여호와께서 스불론 땅과 납달리 땅으로 멸시를 당케 하셨더니 후에는 해변길과 요단 저편 이방의 갈릴리를 영화롭게 하셨느니라. 흑암에 행하던 백성이 큰 빛을 보고 사방의 그늘진 땅에 거하던 자에게 빛이 비춰도다."

기억하고 계시리라고 믿는다. 마태복음 4장 15, 16절이다. 이 이사야가 말한 '큰 빛'이야말로 그리스도이시다. 그리스도께서 이 세상에 오신 것이다.

나는 지금, 어떤 잡지에 〈호소까와(細川) 부인〉을 연재하고 있다. 아시다시피 호소까와 부인이란 호소까와 타다오끼(細川忠興)의 아내인데, 아께찌 미쯔히데(明智光秀)의 딸이다. 아버지 미쯔히데가 죽은 후 그녀는 열성 있는 키리시딴(크리스챤=역자 주)이 되어 최후는 장렬한 죽음으로 마치는데, 그것은 고사하고 나는 미쯔히데가 노부나가를 쓰러뜨리지 않았다면 그 후의 일본은 어찌 되었을까 하고 상상한다.

노부나가는 아마 외국과 무역도 했었을 것이지만, 동시에 침략 군대를 외국으로 파견했을 것이다. 한국, 중국은 말할 것도 없고, 멀리 서양으로조차 군대를 파견하려고 기도(企圖)했을는지도 모른다. 여하간 바다를 모르는 '우물 안 개구리'는 무모한 짓을 해서 일본을 타국의 속국으로 만들기조차 했을는지도 모른다. 그렇다면 미쯔히데가 노부나가를 쓰러뜨린 것은 그 시비(是非)는 여하간에 일본에게 있어서 결코 작은 일은 아니었다는 생각이 든다. 4백년 전의 미쯔히데와 우리는 인연이 없지 않다.

이런 것을 생각하고 있는 참에 주문했던 카가와 토요히꼬(賀川豊彦) 목사님의 강연 테이프가 우송되어 왔다. 그 강연 중에서 카가와 목사님은 이렇게 말씀하셨다.

"예수님이 십자가에 못박히심으로 세계의 역사가 바뀌었다."

나는 문득 깨닫는(?) 바가 있었다. 지금에야 그런 것에 생각이 미쳐서 깨닫는(?) 것이어서 우습지만, 여하간 "아아, 그렇구나!" 하고 생각했다. 미쯔히데가 노부나가를 쓰러뜨리므로 역사가 바뀐 정도의 변화는 아니다.

예수님이 십자가에 못박히셨을 때는 제자들조차 얼마나 무력한 예수인가 하고 한심하게 여겼을 것이다. "남을 구원하였지만, 자기 자신을 구원할 수 없구나." "만일 하나님의 아들이라면 자기를 구원해라. 지금 십자가에서 내려와 보라." 침뱉음을 당하시고 머리를 맞으시고, 십자가에 못박히신 예수님을 제사장, 율법사, 장로들도, 지나가던 사람도, 함께 십자가에 못박힌 강도한테서도 예수님은 조소당하셨다. 그때 누구 한 사람 이 예수님의 죽음이 구주의 죽음 이라고 알고 있던 사람은 없었다. 그저 가련한 한 남자의 비참한 죽음이라고밖에 사람의 눈에는 비치지 않았다.

사람의 눈이란 그처럼 오류(誤謬)로 가득 찬 것이다. 그러나 이 예수님의 죽음이 곧 세계 역사를 바꾸었다. 세계 역사는 이 때부터 새로이 시작되었다고 해도 좋다. 달력도 예수님의 탄생부터 세어 서 금년은 1974 년이라고 사람들은 알고 있다.

만일 예수님이 이 세상에 오지 않으셨다면 대체 세계는 어찌 되 어 있었을까? 종교사는 물론이고, 문학사도 미술사도 음악사도, 그리고 과학사도 달라졌을 것이다. 1974 년 동안에 그리스도를 따 라서 걸어간 사람들의 수는 방대하다. 그 사람들의 한평생은 그리 스도에 의해서 근본부터 바뀌었다. 세계 역사가 바뀌지 않을 수 없다.

다시 이사야서에 있는 그리스도의 예언으로 붓을 돌리자.

한 아기가 우리에게 났고
한 아들을 우리에게 주신 바 되었는데,
그 어깨에는 정사(政事)를 메었고,
그 이름은 '기묘자라, 모사라, 전능하신 하나님이라,
영존하시는 아버지라, 평강의 왕이라' 할 것임이라. (이사야서
9장 6절)

이 이사야의 예언대로 예수 그리스도의 이름은 영원히 평화의
왕이라고 불리울 것이다. 이 세상에는 지금까지 영웅 또는 독재자,
권력자가 얼마나 많이 배출되었는가. 네로, 나폴레옹, 히틀러, 스
탈린. 그러나 그들의 이름은 저 십자가 위에서 죽으신 그리스도 앞
에 얼마나 연약하고 덧없는 것일까!

사무엘이라는 예언자의 때까지 이스라엘에는 왕이 없었다. 그때
까지는 하나님의 말씀을 지시하는 예언자나 유력자가 재판하고 또
다스렸다. 그러나 사무엘의 만년에 사람들은 왕제(王制)를 요구
했다. 사무엘의 아들들이 아버지와 같은 인물이 아니었던 탓도 있
지만, 사람들은 사무엘에게,
"다른 나라와 같이, 우리에게도 왕을 주소서."
라고 강요했다. 이에 사무엘은 불쾌하게 여겨 하나님에게 기도
했다. 하나님은 말씀하셨다.
"백성의 소리를 들으라. 그들이 버린 것은 네가 아니다. 너를 버
리는 것은 나를 버리는 일이다. 그들의 참된 왕이 하나님인 사실을
인정하지 않는 것이니까."
사무엘은 마지못해 그들 위에 왕을 세웠다. 이 때 왕제에 의해서
징병과 무거운 세금으로 고통받을 것을 경고했지만, 사람들은 듣
지 않았다. 사람들은 하나님보다 인간의 왕을 더 의지한 것이다.

이리하여 이스라엘은 길을 잘못 들었다. 그것은 당연하다. 하나님을 바라보지 않고 인간인 왕을 바라보는 것이니까. 이 과오를 되풀이한 역사가 계속되고, 드디어 또 사람들은 이사야나 그 밖의 예언자들이 예언한 '구주'의 출현을 대망하게 되었다. 역시 하나님이 주시는 '구주'에 의하지 않고는 이스라엘을 구원할 수 없다고 그 역사가 알렸기 때문이다. 그리고 예언을 성취하시려고 탄생하신 분이 예수 그리스도이셨다. 그러나 사람들은 몰랐다. 일단은 그리스도라고 믿었던 사람도 십자가의 예수를 보고는 그를 외면했다. 앞에서도 기록한 이사야 53장에 있는 것처럼, '그는 멸시를 받아서 사람에게 싫어 버린 바' 되었다.

"그가 많은 사람의 죄를 지며, 범죄자를 위하여 기도하셨다."

카가와 토요히꼬 목사님은,

"그리스도는 참으로 구주셨다. 자기가 십자가 위에서 심한 고통에 시달릴 때에도 옆에 있는 십자가 위의 강도한테서 주님의 나라에 들어가실 때 저를 생각해 주십시오라는 부탁을 받으시자, 네가 오늘 나와 함께 낙원에 있을 것이라고 하셨다. 우리는 배가 조금 아파도 남을 돌볼 수 없다. 예수님은 죽음의 고통중에서도 최후까지 구주로서의 길을 걸어가셨다."

라는 의미의 말씀을 하셨다. 과연 그 말이 옳다. 예수님은 심판하기 위해서가 아니고, 구원하기 위해서 오셨다. 더욱이 자신을 십자가에 못박은 사람들을 위해서 십자가 위의 고통중에도 기도하셨다.

"아버지여, 저희를 사하여 주옵소서. 자기의 하는 것을 알지 못함이니이다."

이런 처지에서 누가 이렇게 말할 수 있으랴? 참으로 이 예수님이야말로 그리스도이시고, 바로 하나님이시라고 나는 굳게 믿고 있다.

여기서 나는 굿코의 "사랑은 모든 것을 남에게 주었을 때 가장

부해진다"는 말이 생각난다. 다시 한 번 이사야의 예언으로 되돌아
가자. 이사야서에는 그리스도께서 오신다는 예언이 특별히 많이
있다.

> 이새의 줄기에서 한 싹이 나며
> 그 뿌리에서 한 가지가 나서 결실한 것이요,
> 여호와의 신,
> 곧 지혜와 총명의 신이요, 모략과 재능의 신이요,
> 지식과 여호와를 경외하는 신이 그 위에 강림하시리니,
> (중략)
> 이리가 어린 양과 함께 거하며
> 표범이 어린 염소와 함께 누우며
> 송아지와, 어린 사자와, 살찐 짐승이 함께 있어
> 어린 아이에게 끌리며
> 암소와 곰이 함께 먹으며
> 그것들의 새끼가 함께 엎드리며
> 사자가 소처럼 풀을 먹을 것이며
> 젖먹는 아이가 독사의 구멍에서 장난하며
> 젖 뗀 어린 아이가 독사의 굴에 손을 넣을 것이라.
> 나의 거룩한 산 모든 곳에서
> 해됨도 없고 상함도 없을 것이니,
> 이는 물이 바다를 덮음같이
> 여호와를 아는 지식이 세상에 충만할 것임이니라. (11 장 1~9
절=역자 주)

또 제 2 장 4 절에,

> 그가 열방 사이에 판단하시며

많은 백성을 판결하시리니,
무리가 그 칼로 쳐서 보습을 만들고
그 창을 쳐서 낫을 만들 것이며,
이 나라와 저 나라가 다시는 칼을 들고 서로 치지 아니하며
다시는 전쟁을 연습치 아니하리라.

고 쓰여 있다.

「구약성경」을 이처럼 그리스도를 대망하는 중에 그 전권(全卷)을 마쳤고, 「신약성경」은 오실 그리스도의 말씀으로서 시작되었다. 문자 그대로 복음이 기록되는 것이다. 여러 번 서술한 것처럼, 요컨대 구·신약 합쳐서 '성경'이다. 그리고 그 성경은 예수야말로 구주, 즉 그리스도이심을 지시하고 있다. 구약을 읽어야 비로소 신약의 그리스도 말씀은 마음을 떨리게 하는 기쁜 소식임을 실감하게 된다.

머리말에서, 나는 「구약성경」이란 지금은 이미 사용하지 않는 낡은 성전(聖典)이라고 생각하거나, 구교에서 사용하는 것이 구약이라고 생각한 시기가 있었던 사실을 술회했다. 그리고 지금도 그와 비슷한 초보적인 과오를 지니고 있을는지도 모른다. 그러므로 나 같은 사람이 「구약성경」 입문을 쓰는 것이 매우 외람되다고 생각한다.

이렇게 아무 것도 모르는 사람이 성경에 대해서 무엇을 쓸 수 있겠는가 하고 죄송스럽게 생각하면서 나는 계속 썼다.

"그러니까 좋아요."

격려해 주시는 분들은 이렇게 말씀하셨다.

나의 목적은 이 책이 변변치 않거나 잘못되었어도 구약을 그다지 읽은 일이 없는 사람이 이 책을 통해서 「구약성경」에 흥미를 가지고 읽기 시작해 주신다면 달성되는 것이다.

16

단 장(斷章)

나라면 어떻게 할까, 나는 어떻게 해야 할까를 항상 생
각하면서 성경을 읽으라. 그렇지 않으면 성경이 참으
로 재미있어질 리가 없다. 그렇지 않고서는 성경의 깊
이를 알 수가 없지 않을까? 그 참된 빛을 찾을 수 없
지 않을까? 그 참빛이 비칠 때에 비로소 우리는 '어두
움에서 빛으로' 옮겨지는 것이리라.

지면(紙面)에 한도가 있기 때문에 「구약성경」 전권에 걸쳐 언급
할 수 없는 것이 유감이다. 그래서 적어도 나에게 인상적이었던 몇
몇 부분을 소개하기로 하겠다.

아 가(雅歌)

남편 미우라와 서로 알게 되었을 때 그는 이미 「구약성경」을 일
곱 번이나 통독했었다. 그러나 아가(雅歌)만은 그리 읽지 못했다고
했다. 천생이 견실한 남편 미우라에게는 아가는 피하고 싶은 책이
었을 것이다. 확실히 독신 남성이었던 미우라에게는 괴롭히는 책
이었는지도 모른다(현대의 젊은이들에게는 아무렇지도 않겠지만).
아가는 첫머리부터,
"네 입의 입맞춤으로.
내게 입맞추기를 원하니 ······."
라고 쓰여 있으며,
"네 넓적다리는 둥글어서,
공교한 장색(匠色)의 만든 구슬꿰미 같구나."
"네 배꼽은
섞은 포도주를 가득히 부은
둥근 잔 같고,
네 허리는
백합화로 두른
밀단 같구나.
네 두 유방은 ······."(7 장 1~3 절=역자 주)
하는 등, 관능적인 말까지 있다.

사실은 나도 왜 아가가 성경을 편찬할 때에 편입되었을까 하고 매우 이상히 여겼다. 교회에서도 설교의 텍스트로 거의 사용하지 않는다. 확실히 우미(優美)한 말로 연결된 극시인데, 등장 인물이 몇 명인지 아무래도 잘 알 수 없다. 따라서 무엇을 말하려는 책인지도 알 수 없었다.

결혼한 후 남편 미우라한테서 배우기도 하고, 참고서를 보고서 겨우 알게 되었다. 대체적인 줄거리는 다음과 같다.

솔로몬왕이 이스라엘로 여행을 했다. 그 시골에서 드물게 보는 한 예쁜 소녀를 보고 마음을 뺏겼다. 솔로몬왕은 자기의 궁전으로 소녀를 데리고 돌아와서, 어떻게 해서든지 자기의 사람으로 만들려고 했다. 그러나 소녀에게는 목자인 애인이 있었다. 그녀는 금은 보화와 권력을 가진 왕보다 가난한 목자인 애인한테로 돌아가고 싶었다. 그 마음의 견고함에 솔로몬왕도 마침내 단념하고, 그녀를 왕궁으로부터 돌아가게 했다. 청년과 소녀는 기쁨에 넘쳐서 서로 사랑하게 되었다.

솔로몬이 아무리 세계의 제일인 지혜자라고 해도, 왕의 권위를 가지고 있어도, 또 아무리 막대한 재산을 가지고 있어도 한 소녀의 애인에 대한 열애(熱愛)를 변하게 할 수는 없었다. 하나님을 믿는 사람도 하나님에 대한 사랑을 이 소녀처럼 이 세상적인 권위에 굴하지 않고, 금전에 유혹당하는 일 없이 관철해야 한다는 교훈이 포함되어 있다.

생각해 보면, 왕실에 갇히고 권력자인 왕한테서 구애를 받으면서 그 요구를 거절하고 의연히 계속 애인을 생각한다는 것은 얼마나 기특한가. 더욱이 솔로몬은 미남이었다. 당대에도 첫째 가는 지혜자이기도 했다. 그 유혹의 말이 얼마나 교묘했을까. 게다가 막대한 재산이 있다. 솔로몬의 말만 들으면 그녀는 물질적으로는 풍요하게 되었을 것이다.

그러나 그것들을 가지고도 소녀의 마음을 돌이킬 수는 없었다.

이 소녀와 애인을 '하나님'과 '우리'로 바꾸어 놓고 보자. 우리는 하나님에 대한 신앙이 과연 이만큼 강할까? 권력으로서 개종을 강요당하고, 이 세상적인 유혹을 만나도 오히려 의연한 태도를 취할 수 있을 만큼 우리는 강한 신앙을 가지고 있을까?

전시(戰時)중 관헌의 압박을 받고 교회는 쇠잔했다. 어떠한 집회도 먼저 궁성 요배(遙拜)로서 시작해야 한다는 지령을 따라서 교회도 궁성을 향해서 머리를 숙였다. 그 일을 지금 생각할 때에 이 소녀의 진실하고 순수한 사랑이 얼마나 우리 신앙의 모범이 되는가를 배운다. 신앙은 물론이고, 연애도, 우정도 이래야 된다고 생각케 하는 감동적 드라마이며, 아름다운 하나의 시(詩)이다.

출애굽기

나는 남편 미우라한테서 책망을 받거나, 잔소리를 듣고 마음이 울적해지면 반드시 처음 만난 날의 미우라의 모습을 회상한다.

'이 사람은 그날 누워만 있는 내 앞에 나타났고, 그리고 1년 지나서 아직도 눕기만 하는 나에게 결혼을 신청했다. 그 후 여러 해 동안 기도해 주고, 격려해 주면서 기다리고 있었다. 그 덕택으로 나는 서른일곱 살이나 되어서 행복한 결혼을 할 수 있었다.'

이렇게 생각하면 마음에 감사가 차고 넘쳐서 울적한 마음이 맑게 개인다.

'두 사람이 과연 어떻게 해서 맺어졌는가! 어떻게 해서 출발했는가?'

를 우리가 결코 잊어서는 안될 일이다. 이것은 부부만 아니고, 학교도 회사도, 나라도 마찬가지일 것이다. 어떤 조직체라고 해도 처음으로 돌아가서 생각해야 할 때가 있지 않을까? 유행하는 말로 하면 '원점'이다.

우리 일본인에게 '패전'은 그런 하나의 되돌아가야 할 곳이라고 목사님이 말씀하신 일이 있다. 왜 일본은 전쟁을 했는가? 우리는 어떻게 싸웠는가? 죽은 사람들은 어떤 생각을 하면서 죽었는가? 그 혼란의 시대를 어떻게 살아왔는가? 그 전쟁을 통해서 무엇을 생각해야 할까?

이스라엘 민족이 되돌아가야 할 원점은 '출(出) 이집트'의 체험이었다고 하겠다. 그들은 이집트의 압제 밑에서 고생하고 있었다. 노예로서 가혹한 노동을 강요당하고 있었다.

하나님은 이 이스라엘 민족을 구출하기 위하여 지도자 모세를 세우셨다. 노예인 이스라엘 민족에게 물론 무력은 없다. 모세는 맨손으로 왕궁으로 가서, 그저 하나님이 지시하시는 대로 이집트 왕에게 민족의 해방을 요구했다. 하나님은 이 모세를 도우셔서 수많은 기적을 이집트 왕 바로에게 나타내 보이시고, 드디어 탈출시키셨다.

그러나 이집트를 나오자 곧 첫째 난관이 그들을 기다리고 있었다. 일단 국외 탈출을 허용한 이집트 왕이 이스라엘을 공격하려고 전차(戰車) 600대를 이끌고 추격해 왔다. 앞에는 파도치는 홍해가 있다. 모두 200만이라고 하지만, 노인과 여자, 아이를 포함한 집단이다. 이미 도저히 피할 수 없다. 도망칠 수도 없고, 전진할 수도 없다. 공포에 떠는 백성은 하나님을 향해서 소리를 지르고, 또 모세에게 대들었다.

"이 황야에서 전멸시키기 위해서 이집트에서 인도해 왔는가? 이런 곳에서 죽느니 차라리 이집트에서 죽어야 했다."

그러나 모세는 결연히 말했다.

"굳게 서서, 여호와께서 오늘 너희에게 행하시는 구원을 보라."

모세는 하나님의 구원, 하나님의 약속을 믿고 있었다. 하나님은 모세에게,

"이집트에서 이스라엘 민족을 구출하여, 젖과 꿀이 흐르는 땅으로 인도하겠다."

고 약속하셨던 것이다.

그렇다고 해도 다가오는 군세를 뒤에 두고 대체 모세는 어떻게 해서 난을 피하려고 했을까? 모세는 홍해 언덕에 서서 그저 손을 바다로 내밀었다. 그러자 하나님은 밤새도록 강풍을 일으키셔서 바다에 길을 만들어 주셨다. 이스라엘 사람들이 다 건넜을 때 이집트 군대도 이 길로 전차를 달렸다. 그러나 여기서 또다시 모세가 바다 위로 손을 내미니까 길은 다시 바다가 되고, 이집트 군대는 한 사람 남김없이 바다 속에 빠졌다. 그러나 이와 같이 분명한 하나님의 구원을 체험했으면서도 목적지에 도착하기까지의 오랜 세월에 걸친 여행중에서 이스라엘 민족은 수없이 하나님을 의심했다. 그리고,

"물이 없다. 목이 말라 죽을 것 같다."

"음식이 없다. 고기가 없다."

고 불평을 했다. 불평을 할 때마다 하나님은 바위에서 물을 내어 주시고, 하늘에서 만나를 내리셔서 먹이시고, 메추라기를 주셔서 고기를 먹게 하셨다.

출애굽(이집트)기(이하 가나안 땅으로 들어가기까지의 기록을 포함해서)는 파란만장한 얘기이며, 영화 〈십계〉 등으로도 제작된 일은 앞에서도 언급했다. 군데군데에 율법이 나오지만, 얘기는 쉽게 이해할 수 있다고 생각한다.

이곳을 읽고 먼저 생각하는 것은, 아무리 하나님이 기적을 나타내셔도 사람들은 너무나 속히 잊어버린다는 사실이다. 아무리 하나님이 필수품을 주시고 도와주셔도 사람들은 당장 모두 잊어버린다는 사실이다. 그리고 약간 곤란한 일이 생기면 당장에 또 불평을 하는 것이다. 바다 한가운데에 길을 열어 주신 일만 해도 하나님에 대한 감사를 잊어서야 되겠느냐고 생각하면서 읽노라니까 초

조해진다. 그 이스라엘 민족에게 하나님은 오래 참으시면서 여러 번 손을 내미셨다. 이렇게까지 신앙적이 아닌 사람에게 이렇게까지 하나님은 은혜를 주시는가 하고 놀랐다.

그러나 몇 번인가 되읽는 중에 이스라엘 민족의 모습은 우리 인간의 모습이라고 깨달았다. "목구멍만 지나면 뜨거움을 잊는다"는 격으로, 구원을 받고 은혜를 받았을 때는 고맙지만 곧 그 일을 잊는 것이 인간이다.

'이렇게 신앙적이 아닌 민족에게 왜 은혜를 주실까?' 하고 이상하게도 생각했지만, 하나님은 본래 그런 분이시다. 신앙적이 아닌 인간을 위해서 하나님은 그의 외아들 예수를 주셨다. 그의 외아들을 십자가에 못박아 버릴 만큼 인류는 죄가 깊다. 사실 그 십자가에 못박혀야 할 사람은 우리들 한 사람 한 사람이었다. 그러나 하나님은 그의 예수 한 사람이 십자가에 못박히신 일로서 온 인류의 죄를 탕감(蕩減)해 주신다. 하나님의 외아들에게는 그만한 가치(말이 적당치는 않지만)가 있다. 여하간 얼마나 관대하신 하나님이신가!

이스라엘 민족이 이집트를 나온 시대에 아직 예수님은 탄생하지 않으셨다. 그래도 하나님은 모세의 깊은 신앙을 보시고, 이스라엘 민족에게 여러 번이나 구원의 손을 내미셨을 것이다.

구약의 하나님은 진노의 하나님이라는 말을 때때로 듣지만, 이 출애굽기를 읽으면 인내의 하나님이라고 하는 편이 좋을 듯하다. 여하간 이 이스라엘은 하나님의 구원과 은혜로 하나님의 인도하심을 받아 세워진 나라임이 확실하다.

그 후 수천 년에 걸친 긴 역사 속에서 곤란에 부닥칠 때마다 이 '출 이집트'의 체험은 얼마나 이스라엘을 분기(奮起)시켰을까. 하나님을 알고 있는 사람은 자기 자신이 어떻게 하나님의 인도하심을 받고 보호하심을 받고 있는가, 끊임없는 은총 속에 있는가, 그런 체험을 많거나 적거나 했다고 생각한다. 그 일을 합쳐서 생각하면서 출애굽의 장(章)을 함께 숙독하기 바란다.

왕비 이세벨
(열왕기 상16장 29절~열왕기 하9 장)

열왕기 상·하와 역대 상·하에는 모두 역대 왕의 사적과 예언자의 활동이 쓰여 있다.

대체로 왕의 사적을 그 나라의 인간이 쓸 때 어련무던하게 왕을 칭찬하는 수가 많다. 결점은 거의 언급하지 않는다. 일본에서도 천황에 대해서 그렇다. 옛날, 역사책에서 중궁(中宮)이라든가 나인이라고 배웠지만, 결국은 첩이다. 그러나 그런 표현은 금지되었다. 하지만 성경이 역대의 왕에 대해서 서술하는 말에는 아무런 장애나 금지가 없다. 이스라엘 민족에게서 가장 사랑을 받은 다윗왕도 그의 범한 죄가 용서 없이 세상에 공개되었다.

이것은 절대 유일이신 하나님 외에 아무 것에게도 절하지 말라는 계율이 있기 때문이다. 아무리 공적이 있는 왕이라고 해도 결코 우상화해서는 안된다는 확실한 신앙이 이런 역사책을 낳은 것이리라.

성경의 역사에는 신앙적이 아닌 왕이 어떻게 하나님의 은혜로부터 떨어졌는가가 곳곳에 쓰여 있다. 그러므로 이것은 역사책인 동시에 신앙의 책이라고 해도 좋다. 이스라엘을 하나님에게로 되돌아가게 하기 위한 거룩한 책이다. 이 중에 나오는 다윗왕, 솔로몬왕에 대해서는 앞에서 언급했다.

역대의 왕 중에 악명 높은 한 사람으로 아합왕이 있다. 이 아합왕에게는 악처라고 할까 악녀라고 할까, 무서운 아내 이세벨이 있었다. 아합은 이 아내의 사주를 받아서 악한 일을 거듭했다고 말할 정도였다.

그래서 나는 이스라엘 역사상 최대의 맹녀(猛女) 이세벨에 대해

서 약간 언급하고자 한다. 그녀는 역대의 왕비 중에서 가장 악명이
높은 여자였다. 악녀라는 말을 듣는 여자는 어딘가에 매력적인 데
가 있는 법이다. 그러나 이 이세벨에게는 그런 마음 끌리는 것이
없다. 그녀는 상당한 미인이고, 화장도 화려하게 하고 있었던 모양
이다. 육순이 가까운 즈음에도,

"눈을 그리고, 머리를 꾸미고"(열왕기 하 9 장 30 절＝역자 주)
라고 성경에 쓰여 있다.

이세벨은 외국 왕의 딸이고, 아합왕에게 출가했어도 바알이라는
우상을 열심으로 섬기고 있었다. 그녀는 남편인 아합왕에게도 유
일하신 하나님을 버리고 우상을 섬기도록 강요했다. 그녀는 남편
보다 강한 여자인데, 성경에도,

"아합과 같이 스스로 팔려 여호와 보시기에 악을 행한 자가 없음
은 저가 그 아내 이세벨에게 충동되었음이라."(열왕기 상 21 장 25
절＝역자 주)
고 기록되어 있다. 그녀는 본래 남편이 믿고 있었던 하나님의 예언
자 1백 명을 박해했다. 왜 박해했는가 하면, 예언자들은 상대가
왕이거나 고관이거나 악은 악으로 지적하고 꺼리지 않았기 때문
이다.

그녀한테서 박해를 받은 사람들 중에는 엘리야와 엘리사라는 대
예언자가 있었다. 그들은 어떤 때에도 하나님을 떠난 일이 없는 거
룩한 예언자이고, 수많은 기적을 행했다. 엘리야의 기도로 3년이
나 비가 내리지 않은 일이 있었다. 그가 다시 기도하니까 큰 비가
내렸다. 또 그의 제자 엘리사는 어떤 가난한 과부를 돕느라고 병의
기름과 독의 밀가루를 줄곧 써도 줄지 않는 기적을 행했다. 그 외
에 죽은 사람을 다시 살린 얘기와, 빌린 도끼를 깊은 강물에 떨어
뜨리고 새파랗게 질린 사람을 위해서 나뭇가지를 던져 넣어서 도
끼를 떠오르게 한 얘기, 나병환자 나아만 장군을 고치는 얘기 등등
어른에게도 참으로 재미있는 얘기가 많이 나온다. 하나씩 언급할

시간이 없는 것이 유감이지만, 이 부분들도 꼭 한 번 읽기를 권한다.

그런데 아합왕의 궁전 바로 옆에 나봇이라는 사람의 포도원이 있었다. 아합왕은 그것에 눈독을 들이고는 그 소유자 나봇에게 말했다.

"더 좋은 땅을 대신 줄 테니, 네 포도원을 양보하라. 원한다면 돈으로 사도 좋다."

그러나 나봇은 조상 때부터의 기업(基業)이니까 팔지 못하겠다고 거절했다. 이스라엘에는 "토지를 영원히 팔지 말 것이니라"(레위기 25장 23절＝역자 주) "조상 대대의 기업을 지킬 것이니라"(민수기 36장 7절＝역자 주) 하는 율법이 있었다. 아무래도 토지를 경작할 수 없게 된 경우는 가까운 친척이 사는 것으로 되어 있어서 설혹 상대가 왕이라고 해도 법을 굽힐 수는 없다. 나봇의 거절은 당연했다. 그러므로 아합왕의 요구는 율법을 굽히라는 횡포스러운 요구이기도 했다. 아합 왕은 거절당하자 노하고 낙심해서 음식도 목으로 넘어가지 않아 침상에 누워 버렸다. 생각해 보면 가엾기도 하다. 아합왕에게는 이스라엘의 왕으로서의 양심이 아직 약간은 있었는지도 모른다. 그러나 그것을 본 이세벨은,

"당신은 왕이 아닙니까? 어째 끙끙 앓으십니까? 나봇의 포도원 따위는 간단하게 당신의 것으로 만들어 드리겠습니다."

하고 장담했다. 이세벨에게는 율법 따위가 안중에 없었다. 있는 것은 권력뿐이었다. 당장 그녀는 왕의 이름으로 편지를 쓰고는 성의 장로들과 유력자에게 보냈다.

"누가 속이 검은 인간 둘에게 나봇을 고소케 하라. 그리고 나봇이 하나님과 왕을 저주했다고 증언시켜라. 그 후에는 돌로 쳐 죽이라."

날조이다. 이스라엘의 율법에는,

"여호와의 이름을 훼방하면 그를 반드시 죽일지니 온 회중이 돌

로 그를 칠 것이라.”(레위기 24 장 16 절＝역자 주)

고 되어 있다. 그리고 사형에 처하려면 두 사람 이상의 증언이 필
요했다. 이세벨은 율법을 역이용한 것이다. 이세벨 자신은 유일하
신 하나님을 반역하고 우상을 섬기면서 진실한 신앙을 가진 나봇
을 무실한 죄에 빠뜨린 것이다.

나봇은 가련하게도 지은 일이 없는 죄로 돌로 치는 사형을 받고
죽었다. 이세벨은 나봇의 죽음을 남편 아합에게 자랑스러운 듯이
알렸다.

“자, 간단하지요? 그 남자는 죽었어요. 이웃의 포도원은 당신
것이에요.”

욕심을 위해서는 피도 눈물도 없는 사람이 하는 짓을 이세벨은
태연하게 해치웠다. 화려한 화장을 한 잔인한 여자, 이것이 이세벨
의 인상이다. 이 때 예언자 엘리야에게 하나님의 말씀이 임했다.
엘리야는 하나님의 말씀을 따라서 나봇의 포도원으로 갔다. 하나
님이 말씀하신 대로 아합왕이 그 곳에 와 있었다.

“왕이여, 나봇을 죽인 사람은 당신이오. 당신이 이 포도원을 빼
앗았소. 그러므로 왕이여, 들으시오. 하나님께서 말씀하시오. ‘개
가 나봇의 땅을 핥은 곳에서 너의 피를 개가 핥을 것이다’라고요.”

아합왕은,

“이 원수야, 마침내 냄새를 맡았구나！”

라고 몹시 미운 듯이 말했지만, 엘리야는,

“그렇소. 당신은 하나님을 두려워하지 않는 죄를 범했소. 그래서
하나님은 당신도, 당신의 신하도 노예도, 남자는 한 사람도 남김없
이 멸하실 거요. 그리고 당신의 아내 이세벨의 시체는 개한테 먹힐
거요. 이와 같이 하나님께서 말씀하셨소.”

라고 엄연히 말했다. 엘리야의 기백에 악한 아합도 무서워했다. 이
스라엘의 역사를 아합도 알고 있었다. 하나님 앞에 악을 행한 왕들
이 예언대로 멸망한 사실을 아합도 잘 알고 있었다. 아합은 전향해

서 자기의 잘못을 깨달았다. 그는 죄를 회개하여 옷을 찢으며 금식하고, 굵은 베옷을 입고 천천히 발걸음을 옮겼다. 이것을 보신 하나님은 엘리야에게 말씀을 주셨다.

"아합이 뉘우치고 있으니까, 그 예언은 아합의 다음 대까지 연기하겠다."

여기서도 또 회개하는 사람에게 관대하신 하나님의 마음을 알 수 있다. 그러나 이세벨은 조금도 회개하지 않고 더욱더 교만해졌다. 얼마 후에 아합왕이 죽고, 그의 아들 요람이 왕이 되었다. 요람은 아합보다는 약간 나은 왕이었지만, 여전히 이세벨이 권력을 휘둘렀다. 그 결과 아합의 신하였던 예후가 요람을 반역하게 되었다.

예후와 요람은 무실한 죄로 죽은 저 나봇의 포도원에서 대결했다. 요람은 예후가 쏜 화살에 심장이 꿰뚫려 죽었다. 그리고 그의 시체는 나봇의 포도원에 버려졌다. 이전에 하나님이 내리신 예언이 여기서 보기 좋게 성취된 셈이다.

승리의 장군 예후는 다시 차를 몰아서 이세벨이 있는 성의 문으로 들어왔다. 이세벨은 '눈을 그리고, 머리를 꾸미고' 창문에서 이것을 보고 있었는데, 예후가 접근하자,

"왕을 죽인 반역자여, 무사하게 잘 있었구나."

라고 조소했다. 예후는 창문을 쳐다보며,

"내 편이 될 사람은 없느냐? 이세벨을 내던져라."

고 외쳤다. 두세 사람이 이세벨을 붙잡아 창문에서 내던지니까 말이 이세벨을 밟았다. 예후가 안으로 들어가서 승리의 축하연을 베푸는 동안에 이세벨의 몸은 개에게 먹혀 버렸다. 이리하여,

"이즈르엘의 밭에서 개들이 이세벨의 고기를 먹을지라."(열왕기 상 21 장 23 절＝역자 주)

고 하신 하나님의 말씀은 무서울 만큼 확실하게 성취되었다.

열왕기 상·하, 역대 상·하에는 수많은 왕이 등장한다. 그러나 하나님을 배반한 왕이 참으로 번영한 예는 없다. 아무리 영화를 자랑하고 있어도 곧 멸망했다. 이 역사책은 그 증인이다.

여하간 왕의 여러 모양의 생애는 현대의 우리에게 어떻게 살아야 할까를 보여 준다. 특히 목숨을 걸고 하나님의 말씀을 계속 전한 예언자들의 생애는 우리의 자세를 바로잡는다.

호세아서

나의 어떤 남자 친구는,

"나는 호세아를 절대로 흉내낼 수 없다."

고 침울한 표정으로 말했다. 나는 동감했다. 또 작가인 후나꼬시 아끼라(船越明) 씨는,

"나는 호세아를 쓰고 싶습니다."

라고 뜨거운 어조로 말한 적이 있다. 나는 그가 나를 앞질렀구나 하고 생각했다. 남성에게 있어서 호세아는 아무렇지도 않은 듯이 말할 수 있는 인물이 아니다.

그 호세아란 어떤 사람인가? 그는 요컨대 음란한 아내를 가진 예언자였다. 이 아내는 불의의 아이를 둘이나 낳고, 남편 호세아를 배반한다. 마침내 창녀로까지 전락하는데, 그 아내를 호세아는 15세겔과 보리 한 호멜 반으로 되사왔다.

"간부(姦夫)에게 사랑을 받는 여자, 간음을 행하는 여자를 사랑하라."(3장 1절=역자 주)

고 하시는 하나님의 말씀을 따른 것이다. 호세아는 이 음녀인 아내에게 진실한 사랑을 쏟는다. 타락한 아내를 인내로서 끌어올리려고 한다. 이 호세아가 처음으로 들은 하나님의 말씀은,

"가서 음란한 아내를 취하여 음란한 자식들을 낳으라."

고 하시는, 아무래도 받아들이기 어려운 말씀이었다. 그의 결혼은
시초부터 고뇌중에 있었다고 해도 좋겠다. 호세아의 위대함은 이
수락하기 어려운 하나님의 말씀에 순종했다는 점에 있다. 나는 신
앙이란 바로 순종이라고 생각한다. "하나님의 명령이라면, 하나님
이 원하시는 일이라면, 하나님의 뜻이라면 기꺼이 따른다", 이것이
신앙이 아닐까고 생각한다. 이 하나님에 대한 절대 신뢰가 신앙이
라고 해도 좋지 않을까?

"하나님이 하시는 일에 틀림이 없다"는 확신, 그것이 곧 우리를
강하게 만들고, 순종하게 만든다. 순종이란 약함이 아니다. 약한
사람은 순종할 수 없다. 정으로서 용납하기 어려운 일도 하나님에
대한 신뢰 때문에 용납한다는 것은 약한 인간에게는 불가능할 것
이다.

하나님의 아들 예수님이 십자가에 못박히시기 전날 밤에 기도하
신 말씀은 우리의 모범이다. 예수님은,

"이 쓴 잔을 내게서 지나가게 하옵소서. 그러나 나의 뜻대로 마
옵시고, 아버지의 원대로 하옵소서."

라고 기도하셨다. 아마 '아버지의 뜻대로'는 시종 예수님의 기도였
을 것이다.

우리도 병에 걸리고 싶지 않다, 재난을 당하고 싶지 않다, 죽고
싶지 않다는 등등 여러 가지 피하고 싶은 일이 있다. 그러나 '아버
지의 뜻대로' 되기를 마음으로 원한다면 거기에는 확실한 평안이
있을 것이다.

호세아는 하나님의 말씀을 따라서 용납하기 어려운 아내를 아내
로 삼았다. 그리고 남편을 무시하는 음란한 아내를 진실하게 끝까
지 사랑하려고 했을 때에 비로소 하나님의 인간을 대하시는 사랑
의 깊이를 알 수 있었다.

·인간은 하나님 앞에서 결코 진실하지 못하다. 언제나 하나님을
배반하는 존재이다. 하나님을 무시하는 존재이다. 그런 인간에게

하나님은 인내로서 사랑을 쏟고 계신다. 그것이 얼마나 넓고 깊은 사랑인가는 헤아려 알 수 없다. 아내 단 한 사람의 배반에조차 흔들리는 자신을 응시하면서 호세아는 헤아리기 어려운 하나님의 사랑을 알았을 것이다. 그리고 그 때문에 그는 유일하신 하나님을 버리고 우상숭배로 달려가는 사람들에게 오래 참으며 하나님의 말씀을 전할 수 있었을 것이다.

그리고 이 음란한 여자와의 결혼에 대한 해석에 여러 설이 있다고 한다. 시초부터 음행이 많은 여자를 취했는지, 또는 결혼 후에 호세아를 배반하게 되어 집을 나간 그 아내를 되사다가 용납했는지 텍스트는 확실히 알기 어렵다. 그러나, 요컨대 여러 번 남편을 배반한 여성임에는 틀림이 없을 것이다.

말라기서

「구약성서」의 맨 끝부분이 이 말라기서(書)이다. "하나님이 천지를 창조하시니라"로 시작된 「구약성경」이 어떤 말로 끝나는가는 매우 흥미롭다.

말라기란 '나의 사자(使者)'라는 의미라고 한다. 이 예언이 전해진 시대는 매우 신앙적이 아닌 시절이었던 모양이다. 그 점에서는 참으로 현대적이라고 할 수 있을는지도 모른다. 아니, 인간은 어느 시대에도 신앙적이 아닐 것이다. 그리스도께서도 "믿음이 없고 패역한 세대여!"라고 한탄하셨다.

예언자 말라기는 하나님의 말씀을 다음과 같이 전했다.

"나를 공경함이 어디 있느냐?"(1장 6절＝역자 주)

"나를 두려워함이 어디 있느냐?"(1장 6절＝역자 주)

불신에 대한 날카로운 지적이다. 더구나,

"너희는 내게 코웃음하고 대한다."(1장 13절＝역자 주)

"내 이름을 멸시하는 제사장들아!"(1장 6절＝역자 주)

하고 하나님은 말씀하셨다. 제사장이란 하나님을 섬기는 사람
이다. 오늘날의 목사나 신부가 신앙적이 아닌 데로 떨어진 것과
같다. 하나님을 섬기는 사람들이 하나님을 멸시한대서야 말이 안
된다. 신앙적이 아닌 것도 극도에 달했다고 해야겠다. 그 신앙적이
아닌 현상으로서 하나님에게 드리는 소나 양이 병든 것, 흠이 있는
것이었다. 즉, 버려도 아깝지 않은 흠 있는 것을 하나님에게 드리
고도 뻔뻔스레 부끄러워 않는 시대였다.

인간끼리조차 손님을 대접하는 데 고기나 생선도 '가장 큰 것을'
하고 마음을 쓴다. 만일 이것이 손님에게는 작은 고기나 생선을 내
고, 상해서 버려도 좋을 과일이나 과자를 내고, 자기들은 크고 신
선한 것을 먹는다면 어찌 될까? 그런 대접을 받았다면 우리가 다
시는 그 집에 가지 않을 것이다. 한평생 절교할는지도 모른다.

그러나 생각해 보면 우리 신자가 하나님에게 드리는 헌금도 이
와 비슷하지 않을까? 헌금도 배가 아프지 않을 정도의 것을, 그것
도 아까워하면서 드리는 것이 아닐까? 하나님은 우리에게 돈을
달라고 하시지는 않는다.

"하나님의 은혜를 구해 보라."(3 장 10 절＝역자 주)
고 말라기서에 있는 것같이, 하나님은 참으로 '하나님에게 은혜를
구할 것'을 요구하신다. 그것은 즉, 하나님에 대한 신뢰이다. 헌금
은 그 신뢰의 표현 중 하나에 지나지 않는다.

3 장 10 절을 보면,
"온전한 십일조를 창고에 들여, 그것으로 나를 시험하여, 내가
하늘 문을 열고 너희에게 복을 쌓을 곳이 없도록 붓지 아니하나 보
라. 만군의 여호와가 이르노라."
는 유명한 말씀이 기록되어 있다. 수입의 10 분의 1 이라고 하면 5
만 엔 월급인 사람은 5 천 엔, 10 만 엔인 사람은 1 만 엔이라는 금
액이 된다. 이것은 약간 힘든 금액일 것이다. 얼마 전에, 우리 교
회의 친구가 "헌금은 약간 힘든 금액을 드리기로 하고 있습니다"라

고 말했다. 즉, 그것은 버려도 아깝지 않는 것을 하나님께 드리는 신앙은 아니라는 말이다.

사람에게는 각자의 생활이 있다. 나도 어버이들과, 병이 오랜 형제와 친척 등 몇 가족에게 달마다 도와주고 있다. 여러 가지 사정 속에 살고 있는 우리는 수입의 '10분의 1'이란 것이 괴로운 경우도 있다. 반대로 '10분의 1'은커녕 '10분의 9'라도 힘들지 않을 만큼 재산이 있는 사람도 있을는지도 모른다. 요는, 적어도 '약간 힘든 정도'로 할 필요가 있다. 그 정도인 '10분의 1'이라고 해도, 드린다면 하나님은 하늘의 창문을 여시고 넘치는 은혜를 주신다는 말이다.

진정 그렇게 하실까?

"온전한 십일조를 창고에 들이라. 그것으로 나를 시험해 보라." 고 하나님은 말씀하신다. 하나님을 시험한다, 즉 시험해 보는 것을 성경은 금하고 있다. 그것을 굳이 이렇게까지 말씀하시면서 하나님은 사람들에게 신뢰를 촉구하고 계신다. 이 사실은 그 당시에도 십일조를 드리는 사람이 적었다는 증명일 것이다. 지금도 마찬가지이다.

"힘든 정도로 드리고 있습니다"라고 할 수 있는 신앙은 어느 시대에도 그리 흔하게 발견되지 못할는지도 모른다. 되풀이하지만, 금액이 남보다 많으냐 적으냐의 문제가 아니고, 자기에게 그 금액은 '버려도 좋은 것'이어서는 안된다는 말이리라.

「신약성경」 마가복음 12장에는 다음과 같은 기록이 있다.

예수님이 연보궤를 향해 앉으셔서, 군중이 그 궤에 돈을 던져 넣는 모양을 보고 계셨다. 수많은 부자는 많은 돈을 던져 넣고 있었다. 그러나 한 가난한 과부가 와서 렙돈 둘을 넣었다. 그것은 1고드란트(1엔)에 해당한다. 이 때에 예수님이 제자들을 불러 모으시고 말씀하셨다. "잘 들어라. 저 가난한 과부는 연보궤에 던져 넣고 있는 사람들 중에서 누구보다 많이 넣었다. 저희는 쓰고 남은 중에서 넣었지만, 저 부인은 그 가난한 중에서 모든 소유물, 그 생활비 전부를 넣었기 때문이다."

3년 전에 발행된 「신성서대사전」에, 렙돈은 2분지 1엔에 해당한다고 쓰여 있다. 렙돈 둘이면 1엔이다. 1엔이라는 금액은 금액으로서 매우 적다. 그럼에도 불구하고 예수님은 "누구보다 많이 넣었다"고 하셨다.

여호와 하나님은 우리의 금액을 보지 않으시고, 신앙을 보신다. 그리스도께서 지켜 보시는 목전에서 드리게 된다면 우리의 헌금 금액이 달라질 것이 있는가? 그렇듯 하나님은 언제나 우리를 지켜 보신다.

전재산인 렙돈 둘을 드린 부인에게는 멀리 미치지 못하지만, 적어도 '약간 힘든 금액'을 기꺼이 드릴 수 있는 신앙이 되었으면 한다.

이 말라기서를 읽으면 나는 곧 학개서(書)를 생각한다. 학개서에는,

"만군의 여호와가 말하여 이르노라. 이 백성이 말하기를 여호와의 집을 건축할 시기가 이르지 아니하였다 하느니라."

"나(여호와)의 집은 황무하였거늘, 너희가 이 때에 널빤지로 지은 집에 거하는 것이 마땅하냐?"

"내 집은 황무하였으되, 너희는 각각 자기 집을 짓는 데만 빨랐음이니라."

"산에 올라가서 나무를 가져다가 나의 집을 건축하라."

이것들은 예배당 건축을 결심할 때에 내 마음을 누른 말씀들이었다.

신앙의 독립을 목표하고 아메리카로 건너간 이민들은 자기들의 집을 짓기 전에 먼저 예배당을 세웠다고 한다. 우리의 생활은 자기

의 형편이 중심이어야 하는지, 하나님 중심이어야 하는지 그 일이 여기서 새삼스럽게 생각이 난다.

구약이든 신약이든 성경은 자기의 생활 중에,

'나라면 어떻게 할까?'

'나는 어떻게 해야 할까?'

를 생각하면서 읽어야 할 것이라고 생각한다. 그렇지 않으면 성경이 참으로 재미있어질 리가 없다. 즉, 성경의 깊이를 알 수 없지 않을까? 참된 빛을 알 수 없지 않을까? 그 참빛이 비칠 때 우리는 '어두움에서 빛으로' 옮겨진다.

이 빛을 찾아서 성경을 읽으시기를 바란다. 「구약성경」의 첫머리에, 하나님은 "빛이 있으라"고 하셨다. 그 말씀이 지닌 무게가 다시 한번 돌이켜진다.

구약성경 이야기

1판 1쇄 인쇄 / 1991년 7월 15일
1판 1쇄 발행 / 1991년 7월 20일
2판 1쇄 발행 / 1993년 11월 25일
3판 1쇄 발행 / 2009년 9월 5일
4판 1쇄 발행 / 2024년 12월 10일

지은이 / 三浦綾子(미우라 아야꼬)
옮긴이 / 최 정 선
펴낸이 / 김 용 성
펴낸곳 / 지성문화사
등 록 / 제5-14호 (1976.10.21)
주 소 / 서울시 동대문구 신설동 117-8 예일빌딩
전 화 / 02)2236-0654
팩 스 / 02)2236-0655
정 가 / 13,000원